鉄板軸&ヒモ穴が簡単に見つかる本

競馬王編集部 編

本書のデータの特徴

1 良いとこ取りの混成ランキングシステム

12種類の予想ファクター、1000を超える項目を同列に並べ、最も信頼できる10のポイントをピックアップ!! 強力な傾向が並ぶため、コースの特徴もイメージしやすくなっています。

2 豊富なサンプル数で高い再現性を追求

偶然の高回収率やデータのブレを防ぐために、長期間での集計を行なっています（2014年1月5日〜2021年5月30日）。さらに3着内数順で並べることにより、好走実績の少ないパターンを排除しています。

3 障害を除く、施行されている全コース対応

JRAの平地85コースのデータを掲載しています（ローカルダート2400m以上はサンプル数確保のため統合。京都コースは当面開催されないので割愛）。必要なときに、いつでも使えます!!

4 下級条件と上級条件を別々に集計

「未勝利、1勝クラス」と「2勝クラス〜オープン」ではペースが違うため、同じコースでも全く違う傾向が出ることがあります。これらを別々に集計することでより正確な分析を試みました。

5 馬券裁判男こと卍氏の回収率の考え方を採用

馬券で1億5000万円稼いだ卍氏は、回収率80%以上の項目に複数該当する馬をシステマティックに狙い続けて財を築きました。本シリーズではその考え方に倣い、抽出条件を決定しました。

6 難しい理屈は一切なし

長文による説明は必要ありません。10個のポイントに多く該当する馬を選ぶだけです。本書は本の形をした予想ツールなのです。

データの見方

穴的基本データ

特定の人気内で決着する割合を表したデータ。カッコ内は全コース平均との差。集計期間は2014年1月5日〜2021年5月30日。

軸的基本データ

そのコースでの人気別の成績を表したデータ。カッコ内は全コース平均との差。集計期間は2014年1月5日〜2021年5月30日。

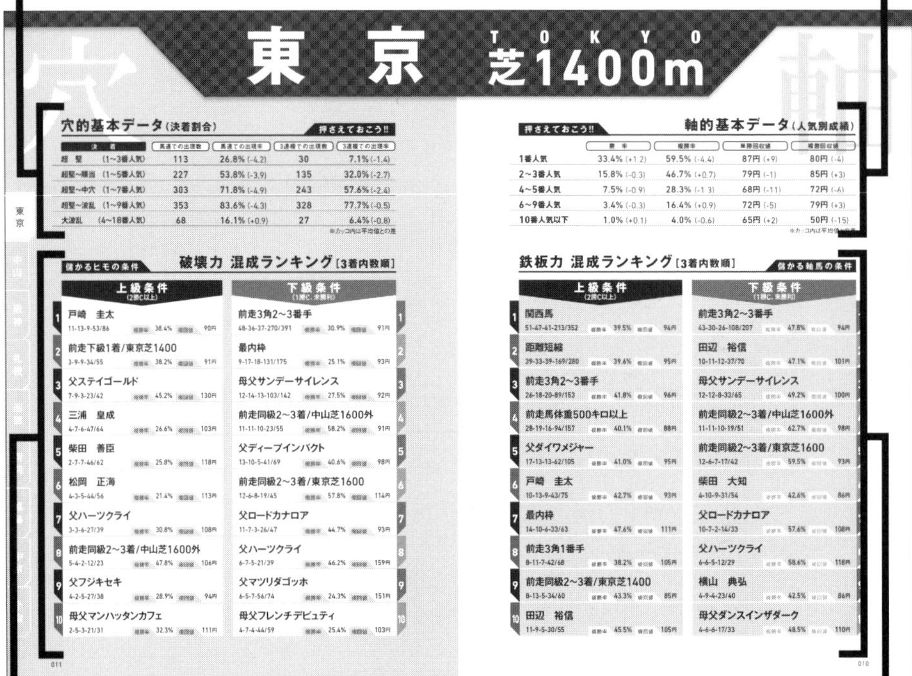

東京 TOKYO 芝1400m

穴的基本データ（決着割合） 押さえておこう!!

決着		馬連での出現数	馬連での出現率	3連複での出現数	3連複での出現率
超堅	(1〜3番人気)	113	26.8% (-4.2)	30	7.1% (-1.4)
超堅〜順当	(1〜5番人気)	227	53.8% (-3.9)	135	32.0% (-2.7)
超堅〜中穴	(1〜7番人気)	303	71.8% (-4.9)	243	57.6% (-2.4)
超堅〜波乱	(1〜9番人気)	353	83.6% (-4.3)	328	77.7% (-0.5)
大波乱	(4〜18番人気)	68	16.1% (+0.9)	27	6.4% (-0.8)

※カッコ内は平均値との差

軸的基本データ（人気別成績） 押さえておこう!!

	勝率	複勝率	単勝回収値	複勝回収値
1番人気	33.4% (+1.2)	59.5% (-4.4)	87円 (+9)	80円 (-4)
2〜3番人気	15.8% (-0.3)	46.7% (+0.7)	79円 (-1)	85円 (+3)
4〜5番人気	7.5% (-0.9)	28.3% (-1.3)	68円 (-11)	72円 (-6)
6〜9番人気	3.4% (-0.3)	16.4% (+0.9)	72円 (-5)	79円 (+3)
10番人気以下	1.0% (+0.1)	4.0% (-0.6)	65円 (+2)	50円 (-15)

※カッコ内は平均値との差

破壊力 混成ランキング［3着内数順］ 儲かるヒモの条件

上級条件（2勝C以上）

1	戸崎 圭太	11-13-9-53/86	38.4%	90円
2	前走下級1着/東京芝1400	3-9-9-34/55	38.2%	91円
3	父ステイゴールド	7-9-3-23/42	45.2%	130円
4	三浦 皇成	4-7-6-47/64	26.6%	103円
5	柴田 善臣	2-7-7-46/62	25.8%	118円
6	松岡 正海	4-3-5-44/56	21.4%	113円
7	父ハーツクライ	3-3-6-27/39	30.8%	108円
8	前走同級2〜3着/中山芝1600外	5-4-2-12/23	47.8%	106円
9	父フジキセキ	4-2-5-27/38	28.9%	94円
10	母父マンハッタンカフェ	2-5-3-21/31	32.3%	111円

下級条件（1勝C、未勝利）

1	前走3角2〜3番手	48-36-37-270/391	30.9%	91円
2	最内枠	9-17-18-131/175	25.1%	93円
3	母父サンデーサイレンス	12-14-13-103/142	27.5%	92円
4	前走同級2〜3着/中山芝1600外	11-11-10-23/55	58.2%	91円
5	父ディープインパクト	13-10-5-41/69	40.6%	98円
6	前走同級2〜3着/東京芝1600	12-6-8-19/45	57.8%	114円
7	父ロードカナロア	11-7-3-26/47	44.7%	93円
8	父ハーツクライ	6-7-5-21/39	46.2%	159円
9	父マツリダゴッホ	6-5-7-56/74	24.3%	151円
10	母父フレンチデピュティ	4-7-4-44/59	25.4%	103円

鉄板力 混成ランキング［3着内数順］ 儲かる軸馬の条件

上級条件（2勝C以上）

1	関西馬	51-47-41-213/352	39.5%	94円
2	距離短縮	39-33-39-169/280	39.6%	95円
3	前走3角2〜3番手	26-18-20-89/153	41.8%	96円
4	前走馬体重500キロ以上	28-19-16-94/157	40.1%	88円
5	父ダイワメジャー	17-13-13-62/105	41.0%	95円
6	戸崎 圭太	10-13-9-43/75	42.7%	93円
7	最内枠	14-10-6-33/63	47.6%	111円
8	前走3角1番手	8-11-7-42/68	38.2%	105円
9	前走同級2〜3着/東京芝1400	8-13-5-34/60	43.3%	85円
10	田辺 裕信	11-9-5-30/55	45.5%	105円

下級条件（1勝C、未勝利）

1	前走3角2〜3番手	43-30-26-108/207	47.8%	94円
2	田辺 裕信	10-11-12-37/70	47.1%	101円
3	母父サンデーサイレンス	12-12-8-33/65	49.2%	100円
4	前走同級2〜3着/中山芝1600外	11-11-10-19/51	62.7%	98円
5	前走同級2〜3着/東京芝1600	12-6-7-17/42	59.5%	93円
6	柴田 大知	4-10-9-31/54	42.6%	86円
7	父ロードカナロア	10-7-2-14/33	57.6%	108円
8	父ハーツクライ	6-6-5-12/29	58.6%	118円
9	横山 典弘	4-9-4-23/40	42.5%	86円
10	母父ダンスインザダーク	4-6-6-17/33	48.5%	110円

011 010

破壊力 混成ランキング

複勝回収率90％以上かつ複勝率10％以上のデータを3着内数順で並べています。抽出項目については左ページ参照。集計期間は、2014年1月5日〜2021年5月30日。新馬、障害レースは除く。

鉄板力 混成ランキング

単勝オッズ20倍以下の馬限定で、複勝回収率85％以上かつ複勝率30％以上のデータを3着内数順で並べています。抽出項目については左ページ参照。集計期間は2014年1月5日〜2021年5月30日。新馬、障害レースは除く。

混成ランキングの項目

予想ファクター	項目名	解説
血統	父 母父	そのコースでの適性が高い種牡馬を見るために採用（既に産駒がいない父・母父、産駒が極端に少ない父・母父は除く）。
ゲート	最内枠 大外枠	内外の有利不利を大枠で捉えるために採用（馬番、枠番だと出走頭数による変動が大きいため傾向が見えづらい）。
馬体重	前走馬体重500kg以上	力のいるコースかどうかを見るために採用。
斤量	斤量53kg以下 斤量57.5kg以上	軽量が恵まれるコース、斤量の影響が出にくいコースを見るために採用。
レース間隔	休み明け（中10週以上） 連闘	休み明けや連闘でも克服できるコースかどうかを見るために採用。
条件替わり	芝→ダ替わり ダ→芝替わり	芝適性のいるダートコース、ダート適性のいる芝コースかどうかを見るために採用。
前走コース	前走上級クラス/コース 前走下級1着/コース 前走同級1着/コース 前走同級2～3着/コース 前走同級4～5着/コース 前走同級6～9着/コース 前走同級10着以下/コース	前走使用コースと今回使用コースの関係性を見るために採用。前走上級（降級初戦、格上挑戦後の自己条件）、前走下級（昇級初戦、格上挑戦）、前走同級での着順ごとにデータを抽出。 ※重賞とOP特別は同級とする。
距離変更	同距離 距離短縮 距離延長	今回より長い距離を使っている馬や、短い距離を使っている馬のどちらが有利かどうかを見るために採用（芝コースなら前走芝、ダートコースなら前走ダートに限定）。
前走内容	前走3角1番手 前走3角2～3番手 前走3角10番手以下 前走上がり3ハロン1位	前走での位置取り、差し脚から、有利な脚質を見るために採用（芝コースなら前走芝、ダートコースなら前走ダートに限定）。 ※「前走地方競馬」は除く。
所属	関東馬 関西馬	番組編成上、所属による偏りが出るかどうかを見るために採用。
生産者	ノーザンファーム生産馬 社台ファーム生産馬 ダーレージャパン生産馬	昨今、大手生産牧場による寡占状態が顕著なため、特に複勝率の高い3つの生産牧場を採用。生産や育成の方針の違いから、偏りが見られると推測。
騎手	C.ルメール、M.デムーロ ＋　JRA所属全騎手	新規変更項目。前作では、馬券影響力を考慮してC.ルメール騎手とM.デムーロ騎手のみを採用していたが、日本人騎手による昨今の巻き返しを鑑みて全採用に変更。

序文

「軸」と「穴」のデータを同時掲載することでより使いやすく！

本書は、これまで「コース別馬券攻略ガイド」として、「軸」と「穴」のタイトルで二冊同時リリースしてきたシリーズの最新刊となります。コンセプトは変えず、タイトルだけ微妙に変えながら過去に三作（合計六冊）出してきましたが、今回四作目にして、初めて「軸」と「穴」を一冊にまとめることとしました。

「軸」と「穴」を分けて出すことは、本シリーズの〝こだわり〟の部分でありました。それは、本命党の方にとっては軸に関する有益なデータを、そして穴党の方にとっては穴に特化した内容のデータのみを提供した方が使いやすいのでは…と考えていたからです。ところが実際のところは、「二冊同時購入」する方が圧倒的に多いということが判明したのです。それならば「軸」と「穴」を一冊にまとめ、それぞれのデータ抽出はもちろん、オススメの買い目パターンまでアシストできるような一冊にした方が良いのでは？という考えから、今回のプチリニューアルとなったのです。

プチリニューアルと言っても、「軸」と「穴」を一冊にまとめただけで、本書の根幹の部分である〝データ出し〟に関しては、これまで同様のファクターから、成績の良いもののみを抽出していますので、その辺はご安心していただいて大丈夫です。

前作と今作を比較して、唯一データ出しの部分で変更を加えたのが、騎手に関してです。一作目、二作目までは、浮き沈みの激しいデータ（騎手・調教師・馬主）は入れない方針を取っていましたが、三作目となる前作で、「このまま無視したままでは逆にデータ面で悪い影響が出そう…」ということで、当時圧倒的な戦績を収めていたC・ルメール騎手、M・デムーロ騎手のデータを加えることとしました。

そして前作から約2年。例年であれば短期免許を取得して大活躍を果たす外国人騎手の来日が少なかった間隙を突いて、日本人の若手騎手が大いに躍進しました。信頼を勝ち取った若手騎手はこれからまだまだ活躍の余地があり、今敢えてそれらの好データをそぎ落とすことはないだろう…ということで、今回は騎手データを全面解禁することとしました。次作でまた騎手データをすべて外す可能性もなくはないですが、今作に関しては、実験的な意味も込めて騎手データを全入れすることとしました。

前作分の掲載データを検証して今後の馬券戦略に生かす！

また、本書では前作で掲載したデータを洗い出すこととしました。データの洗い出し自体は、これまでも新刊を制作する際に毎度やっていたことではありますが、あらゆる角度から徹底的に検証し、それを誌面で公開するのは初の試みとなります。「混成ランキングに該当している数によって複勝率や回収率は変わるのか？」とか、「軸や穴の該当馬は基準データと比較してどれくらい優位性があるのか？」など、読者の皆さんが気になるであろうデータを徹底的に検証しています。

もちろん、本来であれば本書にとって好都合となるデータばかりが並べば良かったのですが、厳正に抽出したデータだけに、必ずしもそう都合よくいってない部分もあります。想定通りのものもあれば、案外に終わったデータも多々あり、改めて考えさせられた部分が多かったのも事実です。しかし、それら〝不都合なデータ〟も含めてすべて見てもらうことが、今後の馬券戦略の一助になると確信し、すべてさらけ出して掲載しています。

今年のヴィクトリアマイルは軸項目に3つ該当の馬が上位独占！

さて、既に過去のシリーズを手に取って頂いている読者の方々には、本書の使い方、有用性を十分理解していただけているかと思いますが、初めて手に取った方々のために簡単に本書の利用法をご説明しようと思います。

本書は、各競馬場の各コース、各条件において、馬券に絡みやすい項目を混成ランキング形式で掲載している一冊になります。自身が狙おうと思っている馬が、どれだけ混成ランキングの項目に該当しているか。このチェック作業をするだけで、〝買い〟か〝消し〟かの判断材料になるわけです。

無論、使い方は人それぞれで、たとえば少し手間はかかりますが、出走馬全頭を調べ上げるのも一つの手です。レース(馬券)には参加したいけど、どれを買えば良いか迷っているケースなどで、出走各馬がどれくらい混成ランキングの条件を満たしているかを調べるわけです。混成ランキングの項目は、1つよりも2つ、2つよりも3つクリアしている方が好走確率は高まります。逆に人気を背負っていながら、1つも混成ランキングの項目をクリアできないようであれば、危険な人気馬と言わざるを得ません。

そういった意味においては、今年のヴィクトリアマイルは、本書の長所が全面に出たレースだったと言えます。このレースは18頭で行われたフルゲートの一戦で、メンバーの中にはグランアレグリアという圧倒的な人気馬がいましたが、2番人気以下は大混戦。相手選びは非常に難解なレースとされていました。

2021年5月16日(日)　東京11R　ヴィクトリアマイル
4歳以上・オープン・G1(定量)　(牝)(国際)(指定)　芝 1600m　18頭立

着	馬名	性齢	斤量	騎手	人気	単オッズ	厩舎	軸該当数	穴該当数
1	3⑥ グランアレグリア	牝5	55	ルメール	1	1.3	藤沢和	3	2
2	4⑧ ランブリングアレー	牝5	55	吉田隼	10	75.2	友道	3	1
3	1① マジックキャッスル	牝4	55	戸崎	5	14.7	国枝	3	1
4	7⑭ ディアンドル	牝5	55	団野	14	176.9	奥村豊	2	1
5	1② シゲルピンクダイヤ	牝5	55	和田竜	13	125.3	渡辺	1	0
6	8⑱ レシステンシア	牝4	55	武豊	2	7.1	松下	1	2
7	6⑪ ダノンファンタジー	牝5	55	藤岡佑	9	58.7	中内田	2	2
8	3⑤ デゼル	牝4	55	川田	4	13.7	友道	2	1
9	4⑦ マルターズディオサ	牝4	55	田辺	7	40.8	手塚	0	0
10	2③ クリスティ	牝4	55	斎藤新	15	181.3	杉山晴	0	0
11	6⑫ サウンドキアラ	牝6	55	松山	6	27.5	安達	2	1
12	5⑩ レッドベルディエス	牝5	55	石橋	17	301.0	鹿戸	2	2
13	8⑯ リアアメリア	牝4	55	福永	8	57.0	中内田	1	1
14	5⑨ テルツェット	牝4	55	デムーロ	3	13.6	和田正	1	1
15	8⑰ スマイルカナ	牝4	55	柴田大	12	103.9	高橋祥	2	2
16	7⑮ アフランシール	牝5	55	大野	18	487.7	尾関	1	0
17	7⑬ プールヴィル	牝5	55	三浦	11	90.3	庄野	1	0
18	2④ イベリス	牝5	55	酒井	16	207.2	角田	0	0

馬連⑥⑧3620円／3連複①⑥⑧8460円／3連単⑥⑧①28750円

ところが、本書（前作）の混成データをもとに、全頭の該当項目数を調べて馬券を買っていれば、至極簡単に高配当をせしめることが可能だったのです。なぜなら、混成ランキングのうち、「軸」の方の項目を3つ該当していた馬が3頭いたのですが、何とその3項目該当の3頭が、そのままワンツースリーフィニッシュを決めたからです。

先ほども書きましたが、混成データは過去の分析から〝馬券に絡みやすい条件〟を抽出したものですから、多く該当している方が良いわけです。ただ、多く該当している馬＝人気馬とは限りません。中には、とんでもない人気薄でありながら、混成ランキングの項目に複数該当する馬なども出現します。そして、そういったケースこそがお宝ゲットのチャンスとなるのです。

実際、このヴィクトリアマイルも、断然1番人気のグランアレグリアが馬券に絡みましたが、それでも3連複馬券では8460円という高配当になりました。このヴィクトリアマイルの例は少し出来過ぎなところもありましたが、混成ランキングの項目に該当している馬を買い続けるということは、期待値の高い馬を買い続けていることに他なりません。つまり、本書を読んで馬券を買い続ければ、いずれ大きな金脈を掘り当てる可能性が高いということなのです。是非、お試し下さい！

東京競馬場

TOKYO RACE COURCE

- 芝1400m
- 芝1600m
- 芝1800m
- 芝2000m
- 芝2300m
- 芝2400m
- 芝2500m
- 芝3400m
- ダ1300m
- ダ1400m
- ダ1600m
- ダ2100m
- ダ2400m

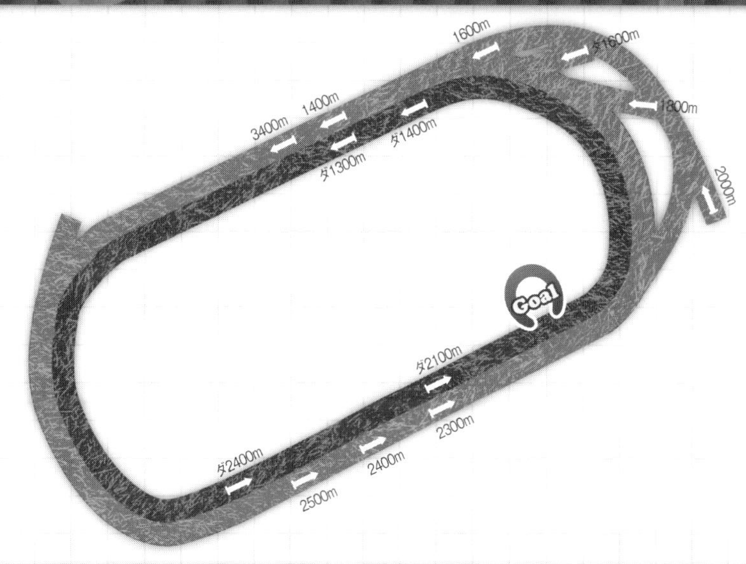

T O K Y O

芝1400m

軸

押さえておこう!!

軸的基本データ(人気別成績)

	勝率	複勝率	単勝回収値	複勝回収値
1番人気	33.4% (+1.2)	59.5% (-4.4)	87円 (+9)	80円 (-4)
2～3番人気	15.8% (-0.3)	46.7% (+0.7)	79円 (-1)	85円 (+3)
4～5番人気	7.5% (-0.9)	28.3% (-1.3)	68円 (-11)	72円 (-6)
6～9番人気	3.4% (-0.3)	16.4% (+0.9)	72円 (-5)	79円 (+3)
10番人気以下	1.0% (+0.1)	4.0% (-0.6)	65円 (+2)	50円 (-15)

※カッコ内は平均値との差

鉄板力 混成ランキング[3着内数順]

儲かる軸馬の条件

上級条件(2勝C以上)

順位	条件	成績	複勝率	複回値
1	関西馬	51-47-41-213/352	39.5%	94円
2	距離短縮	39-33-39-169/280	39.6%	95円
3	前走3角2～3番手	26-18-20-89/153	41.8%	96円
4	前走馬体重500キロ以上	28-19-16-94/157	40.1%	88円
5	父ダイワメジャー	17-13-13-62/105	41.0%	95円
6	戸崎　圭太	10-13-9-43/75	42.7%	93円
7	最内枠	14-10-6-33/63	47.6%	111円
8	前走3角1番手	8-11-7-42/68	38.2%	105円
9	前走同級2～3着/東京芝1400	8-13-5-34/60	43.3%	85円
10	田辺　裕信	11-9-5-30/55	45.5%	105円

下級条件(1勝C、未勝利)

順位	条件	成績	複勝率	複回値
1	前走3角2～3番手	43-30-26-108/207	47.8%	94円
2	田辺　裕信	10-11-12-37/70	47.1%	101円
3	母父サンデーサイレンス	12-12-8-33/65	49.2%	100円
4	前走同級2～3着/中山芝1600外	11-11-10-19/51	62.7%	98円
5	前走同級2～3着/東京芝1600	12-6-7-17/42	59.5%	93円
6	柴田　大知	4-10-9-31/54	42.6%	86円
7	父ロードカナロア	10-7-2-14/33	57.6%	108円
8	父ハーツクライ	6-6-5-12/29	58.6%	118円
9	横山　典弘	4-9-4-23/40	42.5%	86円
10	母父ダンスインザダーク	4-6-6-17/33	48.5%	110円

穴

東京

穴的基本データ（決着割合）

押さえておこう!!

決着	馬連での出現数	馬連での出現率	3連複での出現数	3連複での出現率
超堅 （1~3番人気）	113	26.8% (-4.2)	30	7.1% (-1.4)
超堅~順当 （1~5番人気）	227	53.8% (-3.9)	135	32.0% (-2.7)
超堅~中穴 （1~7番人気）	303	71.8% (-4.9)	243	57.6% (-2.4)
超堅~波乱 （1~9番人気）	353	83.6% (-4.3)	328	77.7% (-0.5)
大波乱 （4~18番人気）	68	16.1% (+0.9)	27	6.4% (-0.8)

※カッコ内は平均値との差

儲かるヒモの条件　破壊力 混成ランキング［3着内数順］

上級条件（2勝C以上）

順位	条件	成績	複勝率	複回値
1	戸崎　圭太	11-13-9-53/86	38.4%	90円
2	前走下級1着/東京芝1400	3-9-9-34/55	38.2%	91円
3	父ステイゴールド	7-9-3-23/42	45.2%	130円
4	三浦　皇成	4-7-6-47/64	26.6%	103円
5	柴田　善臣	2-7-7-46/62	25.8%	118円
6	松岡　正海	4-3-5-44/56	21.4%	113円
7	父ハーツクライ	3-3-6-27/39	30.8%	108円
8	前走同級2~3着/中山芝1600外	5-4-2-12/23	47.8%	106円
9	母父マンハッタンカフェ	2-5-3-21/31	32.3%	111円
10	前走下級1着/中山芝1600外	1-3-5-9/18	50.0%	122円

下級条件（1勝C、未勝利）

順位	条件	成績	複勝率	複回値
1	前走3角2~3番手	48-36-37-270/391	30.9%	91円
2	最内枠	9-17-18-131/175	25.1%	93円
3	母父サンデーサイレンス	12-14-13-103/142	27.5%	92円
4	前走同級2~3着/中山芝1600外	11-11-10-23/55	58.2%	91円
5	父ディープインパクト	13-10-5-41/69	40.6%	98円
6	前走同級2~3着/東京芝1600	12-6-8-19/45	57.8%	114円
7	父ロードカナロア	11-7-3-26/47	44.7%	93円
8	父ハーツクライ	6-7-5-21/39	46.2%	159円
9	父マツリダゴッホ	6-5-7-56/74	24.3%	151円
10	母父フレンチデピュティ	4-7-4-44/59	25.4%	103円

T O K Y O

芝1600m

軸

押さえておこう!!

軸的基本データ(人気別成績)

	勝率	複勝率	単勝回収値	複勝回収値
1番人気	34.0% (+1.8)	65.4% (+1.5)	82円 (+4)	86円 (+2)
2~3番人気	17.0% (+0.9)	48.1% (+2.1)	83円 (+3)	86円 (+4)
4~5番人気	7.3% (-1.0)	29.1% (-0.6)	74円 (-5)	78円 (+1)
6~9番人気	3.4% (-0.2)	14.7% (-0.7)	78円 (±0)	76円 (-1)
10番人気以下	0.7% (-0.2)	3.9% (-0.7)	51円 (-13)	60円 (-5)

※カッコ内は平均値との差

鉄板力 混成ランキング[3着内数順]

儲かる軸馬の条件

上級条件(2勝C以上)

順位	条件	成績	複勝率	複回値
1	ノーザンファーム生産馬	60-54-35-182/331	45.0%	87円
2	父ディープインパクト	40-33-29-126/228	44.7%	93円
3	前走3角10番手以下	32-34-25-140/231	39.4%	91円
4	C.ルメール	18-15-11-31/75	58.7%	100円
5	父ハーツクライ	15-11-5-36/67	46.3%	87円
6	前走同級2~3着/中山芝1600外	5-9-6-24/44	45.5%	100円
7	横山　典弘	10-4-6-24/44	45.5%	96円
8	前走同級2~3着/阪神芝1600外	6-4-5-7/22	68.2%	151円
9	父ステイゴールド	6-3-6-19/34	44.1%	108円
10	川田　将雅	7-4-4-14/29	51.7%	90円

下級条件(1勝C、未勝利)

順位	条件	成績	複勝率	複回値
1	関東馬	204-184-158-762/1308	41.7%	87円
2	同距離	117-109-102-418/746	44.0%	86円
3	距離短縮	62-49-45-215/371	42.0%	93円
4	ノーザンファーム生産馬	53-36-25-122/236	48.3%	88円
5	前走上がり3ハロン1位	43-30-38-110/221	50.2%	91円
6	休み明け(中10週以上)	41-44-25-163/273	40.3%	92円
7	前走3角2~3番手	39-38-29-144/250	42.4%	94円
8	前走同級2~3着/東京芝1600	40-31-27-89/187	52.4%	89円
9	社台ファーム生産馬	28-34-25-113/200	43.5%	92円
10	父ディープインパクト	31-25-19-66/141	53.2%	88円

穴 東京

穴的基本データ（決着割合）

押さえておこう!!

決着		馬連での出現数	馬連での出現率	3連複での出現数	3連複での出現率
超堅	(1～3番人気)	173	33.1% (+2.1)	51	9.8% (+1.2)
超堅～順当	(1～5番人気)	309	59.1% (+1.4)	206	39.4% (+4.7)
超堅～中穴	(1～7番人気)	411	78.6% (+1.9)	339	64.8% (+4.9)
超堅～波乱	(1～9番人気)	463	88.5% (+0.5)	421	80.5% (+2.3)
大波乱	(4～18番人気)	61	11.7% (-3.5)	30	5.7% (-1.5)

※カッコ内は平均値との差

儲かるヒモの条件 破壊力 混成ランキング［3着内数順］

上級条件（2勝C以上）

順位	条件	成績	複勝率	複回値
1	距離短縮	39-40-37-388/504	23.0%	91円
2	前走3角2～3番手	32-32-26-270/360	25.0%	96円
3	C.ルメール	18-15-11-33/77	57.1%	98円
4	大外枠	11-8-12-107/138	22.5%	121円
5	前走同級2～3着/中山芝1600外	6-10-6-38/60	36.7%	102円
6	田辺　裕信	6-11-5-67/89	24.7%	94円
7	父ステイゴールド	6-4-11-44/65	32.3%	115円
8	前走同級2～3着/阪神芝1600外	6-4-7-21/38	44.7%	121円
9	三浦　皇成	6-7-2-50/65	23.1%	109円
10	母父ダンシングブレーヴ	4-1-8-11/24	54.2%	152円

下級条件（1勝C、未勝利）

順位	条件	成績	複勝率	複回値
1	社台ファーム生産馬	32-38-33-267/370	27.8%	92円
2	母父サンデーサイレンス	15-15-24-146/200	27.0%	108円
3	戸崎　圭太	21-19-11-73/124	41.1%	92円
4	前走同級4～5着/東京芝1600	13-17-19-91/140	35.0%	99円
5	田辺　裕信	8-11-21-95/135	29.6%	102円
6	父ダイワメジャー	17-12-10-84/123	31.7%	95円
7	関西馬	10-7-15-62/94	34.0%	100円
8	大野　拓弥	10-12-6-105/133	21.1%	102円
9	母父キングカメハメハ	5-10-7-68/90	24.4%	109円
10	母父ルーラーシップ	9-8-3-31/51	39.2%	104円

T O K Y O

芝1800m

軸

押さえておこう!!

軸的基本データ(人気別成績)

	勝率	複勝率	単勝回収値	複勝回収値
1番人気	37.1% (+4.9)	69.2% (+5.4)	86円 (+8)	89円 (+5)
2~3番人気	16.1% (+0.0)	47.6% (+1.6)	79円 (-1)	84円 (+2)
4~5番人気	7.3% (-1.0)	31.6% (+2.0)	66円 (-13)	80円 (+2)
6~9番人気	3.2% (-0.4)	13.9% (-1.5)	72円 (-6)	73円 (-3)
10番人気以下	0.7% (-0.2)	3.9% (-0.7)	59円 (-4)	52円 (-13)

※カッコ内は平均値との差

鉄板力 混成ランキング[3着内数順]

儲かる軸馬の条件

上級条件(2勝C以上)

順位	条件	成績	複勝率	複回値
1	ノーザンファーム生産馬	45-49-38-153/285	46.3%	86円
2	距離短縮	30-42-42-151/265	43.0%	89円
3	休み明け(中10週以上)	38-35-34-131/238	45.0%	90円
4	戸崎　圭太	17-12-13-34/76	55.3%	109円
5	最内枠	13-8-14-41/76	46.1%	101円
6	母父サンデーサイレンス	16-12-6-44/78	43.6%	93円
7	父ステイゴールド	2-9-9-28/48	41.7%	88円
8	前走3角1番手	7-6-6-24/43	44.2%	108円
9	M.デムーロ	9-8-2-16/35	54.3%	96円
10	母父Storm Cat	8-6-2-12/28	57.1%	86円

下級条件(1勝C、未勝利)

順位	条件	成績	複勝率	複回値
1	距離短縮	52-60-48-209/369	43.4%	89円
2	休み明け(中10週以上)	41-25-29-136/231	41.1%	87円
3	前走上がり3ハロン1位	40-28-25-95/188	49.5%	90円
4	前走3角2~3番手	30-23-30-107/190	43.7%	92円
5	社台ファーム生産馬	33-26-22-90/171	47.4%	91円
6	前走馬体重500キロ以上	19-26-13-56/114	50.9%	91円
7	前走同級2~3着/東京芝1800	20-14-18-43/95	54.7%	87円
8	前走同級2~3着/中山芝2000内	13-17-9-33/72	54.2%	85円
9	斤量53キロ以下	15-8-13-48/84	42.9%	95円
10	父ハーツクライ	11-13-10-33/67	50.7%	98円

穴 東京

穴的基本データ(決着割合)

押さえておこう!!

決着		馬連での出現数	馬連での出現率	3連複での出現数	3連複での出現率
超堅	(1~3番人気)	149	34.7% (+3.8)	50	11.7% (+3.1)
超堅~順当	(1~5番人気)	275	64.1% (+6.4)	181	42.2% (+7.5)
超堅~中穴	(1~7番人気)	344	80.2% (+3.5)	285	66.4% (+6.5)
超堅~波乱	(1~9番人気)	386	90.0% (+2.0)	357	83.2% (+5.0)
大波乱	(4~18番人気)	62	14.5% (-0.7)	26	6.1% (-1.2)

※カッコ内は平均値との差

儲かるヒモの条件

破壊力 混成ランキング[3着内数順]

上級条件(2勝C以上)

順位	条件	成績	複勝率	複回値
1	前走3角2~3番手	23-31-21-199/274	27.4%	100円
2	母父サンデーサイレンス	19-14-11-112/156	28.2%	99円
3	戸崎　圭太	17-13-13-45/88	48.9%	113円
4	最内枠	13-10-16-85/124	31.5%	90円
5	C.ルメール	12-7-7-26/52	50.0%	95円
6	前走3角1番手	8-8-8-79/103	23.3%	103円
7	柴田　大知	6-5-9-56/76	26.3%	109円
8	M.デムーロ	9-8-2-18/37	51.4%	91円
9	武　豊	8-2-5-19/34	44.1%	109円
10	ダーレージャパンファーム生産馬	4-3-5-12/24	50.0%	110円

下級条件(1勝C、未勝利)

順位	条件	成績	複勝率	複回値
1	前走上がり3ハロン1位	28-26-21-115/190	39.5%	91円
2	前走馬体重500キロ以上	20-32-15-133/200	33.5%	95円
3	関西馬	11-16-13-63/103	38.8%	105円
4	前走同級2~3着/中山芝1800内	8-7-8-12/35	65.7%	97円
5	父ヴィクトワールピサ	8-5-4-37/54	31.5%	154円
6	母父スペシャルウィーク	4-7-5-43/59	27.1%	119円
7	母父クロフネ	7-6-3-41/57	28.1%	116円
8	田中　勝春	1-8-6-42/57	26.3%	117円
9	父ダイワメジャー	5-5-2-38/50	24.0%	161円
10	母父エルコンドルパサー	2-3-7-22/34	35.3%	133円

TOKYO

芝2000m

軸

押さえておこう!!

軸的基本データ(人気別成績)

	勝率	複勝率	単勝回収値	複勝回収値
1番人気	37.3% (+5.1)	68.8% (+5.0)	84円 (+7)	84円 (±0)
2~3番人気	18.1% (+2.1)	53.7% (+7.7)	86円 (+6)	90円 (+8)
4~5番人気	6.9% (-1.4)	29.5% (-0.1)	71円 (-8)	75円 (-2)
6~9番人気	3.0% (-0.7)	12.6% (-2.8)	86円 (+8)	65円 (-11)
10番人気以下	0.4% (-0.5)	4.6% (+0.1)	19円 (-45)	68円 (+4)

※カッコ内は平均値との差

鉄板力 混成ランキング[3着内数順]

儲かる軸馬の条件

上級条件(2勝C以上)

順位	条件	成績	複勝率	複回値
1	同距離	31-38-34-131/234	44.0%	91円
2	関西馬	30-33-28-133/224	40.6%	87円
3	休み明け(中10週以上)	25-17-26-80/148	45.9%	92円
4	前走3角2~3番手	19-15-11-70/115	39.1%	98円
5	戸崎　圭太	7-14-7-23/51	54.9%	103円
6	父ステイゴールド	12-9-6-29/56	48.2%	98円
7	C.ルメール	15-5-5-16/41	61.0%	87円
8	前走3角1番手	8-5-6-21/40	47.5%	96円
9	斤量57.5キロ以上	6-6-5-29/46	37.0%	94円
10	横山　典弘	4-7-2-17/30	43.3%	89円

下級条件(1勝C、未勝利)

順位	条件	成績	複勝率	複回値
1	ノーザンファーム生産馬	44-31-35-63/173	63.6%	102円
2	前走3角10番手以下	31-29-34-113/207	45.4%	86円
3	休み明け(中10週以上)	18-21-18-65/122	46.7%	91円
4	父ディープインパクト	11-21-15-46/93	50.5%	87円
5	C.ルメール	17-12-14-17/60	71.7%	94円
6	父ハーツクライ	14-16-12-28/70	60.0%	101円
7	関西馬	12-17-12-43/84	48.8%	89円
8	戸崎　圭太	16-13-10-29/68	57.4%	95円
9	最内枠	11-15-10-28/64	56.3%	99円
10	大外枠	10-6-14-29/59	50.8%	93円

東京

穴的基本データ（決着割合）

押さえておこう!!

決着		馬連での出現数	馬連での出現率	3連複での出現数	3連複での出現率
超堅	(1~3番人気)	125	42.4% (+11.4)	42	14.2% (+5.7)
超堅~順当	(1~5番人気)	203	68.8% (+11.1)	145	49.2% (+14.4)
超堅~中穴	(1~7番人気)	254	86.1% (+9.4)	217	73.6% (+13.6)
超堅~波乱	(1~9番人気)	273	92.5% (+4.5)	252	85.4% (+7.2)
大波乱	(4~18番人気)	34	11.5% (-3.7)	15	5.1% (-2.1)

※カッコ内は平均値との差

儲かるヒモの条件

破壊力 混成ランキング［3着内数順］

上級条件（2勝C以上）

順位	条件	成績	複勝率	複回値
1	同距離	32-42-44-273/391	30.2%	92円
2	戸崎　圭太	7-18-7-29/61	52.5%	136円
3	父ステイゴールド	12-10-9-60/91	34.1%	106円
4	最内枠	11-6-12-60/89	32.6%	118円
5	C.ルメール	15-6-5-16/42	61.9%	103円
6	前走3角1番手	8-6-8-65/87	25.3%	99円
7	M.デムーロ	4-4-4-16/28	42.9%	104円
8	柴田　大知	2-5-4-37/48	22.9%	208円
9	斤量53キロ以下	3-6-2-36/47	23.4%	128円
10	母父クロフネ	4-3-4-20/31	35.5%	119円

下級条件（1勝C、未勝利）

順位	条件	成績	複勝率	複回値
1	ノーザンファーム生産馬	46-34-36-103/219	53.0%	99円
2	休み明け(中10週以上)	21-27-24-159/231	31.2%	115円
3	関西馬	14-18-15-67/114	41.2%	107円
4	C.ルメール	17-12-14-17/60	71.7%	94円
5	距離短縮	5-13-17-118/153	22.9%	108円
6	田辺　裕信	9-7-11-47/74	36.5%	94円
7	前走同級2~3着/東京芝1800	10-6-6-24/46	47.8%	103円
8	母父シンボリクリスエス	5-5-9-29/48	39.6%	138円
9	北村　宏司	5-6-5-44/60	26.7%	108円
10	大野　拓弥	3-6-7-50/66	24.2%	93円

TOKYO

芝2300m

軸

押さえておこう!!

軸的基本データ(人気別成績)

	勝率	複勝率	単勝回収値	複勝回収値
1番人気	50.0% (+17.8)	72.2% (+8.4)	107円 (+29)	87円 (+4)
2～3番人気	11.1% (-5.0)	47.2% (+1.2)	47円 (-33)	78円 (-4)
4～5番人気	11.1% (+2.8)	36.1% (+6.5)	136円 (+56)	93円 (+15)
6～9番人気	1.5% (-2.1)	15.2% (-0.3)	26円 (-52)	106円 (+29)
10番人気以下	0.0% (-0.9)	2.1% (-2.5)	0円 (-64)	63円 (-1)

※カッコ内は平均値との差

鉄板力 混成ランキング[3着内数順]

儲かる軸馬の条件

上級条件(2勝C以上)

順位	条件	成績	複勝率	複回値
1				
2				
3				
4				
5				
6				
7				
8				
9				
10				

下級条件(1勝C、未勝利)

順位	条件	成績	複勝率	複回値
1	関東馬	11-8-13-45/77	41.6%	88円
2	前走3角2～3番手	6-2-1-9/18	50.0%	131円
3	母父サンデーサイレンス	5-0-3-4/12	66.7%	141円
4	距離短縮	1-2-3-4/10	60.0%	152円
5	社台ファーム生産馬	3-0-3-4/10	60.0%	124円
6	父ハービンジャー	2-1-3-2/8	75.0%	124円
7	関西馬	4-2-0-4/10	60.0%	96円
8	最内枠	4-0-1-3/8	62.5%	130円
9	前走同級6～9着/中山芝2200外	1-0-4-3/8	62.5%	125円
10	戸崎　圭太	4-0-1-2/7	71.4%	97円

穴 東京

穴的基本データ（決着割合）

押さえておこう!!

決着		馬連での出現数	馬連での出現率	3連複での出現数	3連複での出現率
超堅	（1~3番人気）	8	44.4%（+13.5）	1	5.6%（-3.0）
超堅~順当	（1~5番人気）	12	66.7%（+9.0）	8	44.4%（+9.7）
超堅~中穴	（1~7番人気）	14	77.8%（+1.1）	13	72.2%（+12.3）
超堅~波乱	（1~9番人気）	18	100.0%（+12.0）	17	94.4%（+16.2）
大波乱	（4~18番人気）	3	16.7%（+1.5）	1	5.6%（-1.7）

※カッコ内は平均値との差

儲かるヒモの条件 破壊力 混成ランキング［3着内数順］

上級条件（2勝C以上）

順位	条件	成績	複勝率	複回値
1				
2				
3				
4				
5				
6				
7				
8				
9				
10				

下級条件（1勝C、未勝利）

順位	条件	成績	複勝率	複回値
1	関東馬	11-12-15-119/157	24.2%	95円
2	距離延長	13-13-11-85/122	30.3%	96円
3	前走3角2~3番手	6-4-1-18/29	37.9%	124円
4	前走同級6~9着/中山芝2200外	1-3-5-8/17	52.9%	319円
5	社台ファーム生産馬	3-2-3-11/19	42.1%	241円
6	前走3角10番手以下	3-3-2-32/40	20.0%	114円
7	母父サンデーサイレンス	5-0-3-9/17	47.1%	99円
8	母父シンボリクリスエス	2-2-1-1/6	83.3%	198円
9	大外枠	3-1-1-10/15	33.3%	117円
10	戸崎　圭太	4-0-1-2/7	71.4%	97円

TOKYO

芝2400m

軸

押さえておこう!!

軸的基本データ(人気別成績)

	勝率	複勝率	単勝回収値	複勝回収値
1番人気	38.3% (+6.1)	70.1% (+6.2)	88円 (+10)	88円 (+5)
2~3番人気	15.2% (-0.9)	46.0% (+0.0)	73円 (-8)	79円 (-3)
4~5番人気	9.8% (+1.5)	33.6% (+4.0)	86円 (+7)	81円 (+4)
6~9番人気	2.7% (-1.0)	15.1% (-0.4)	59円 (-19)	74円 (-2)
10番人気以下	0.5% (-0.5)	3.3% (-1.3)	37円 (-27)	42円 (-22)

※カッコ内は平均値との差

鉄板力 混成ランキング[3着内数順]

儲かる軸馬の条件

上級条件(2勝C以上)

順位	条件	成績	複勝率	複回値
1	ノーザンファーム生産馬	45-41-30-119/235	49.4%	91円
2	前走3角10番手以下	24-15-24-85/148	42.6%	87円
3	距離短縮	15-14-15-56/100	44.0%	92円
4	最内枠	5-12-9-28/54	48.1%	96円
5	父ハーツクライ	9-5-11-30/55	45.5%	97円
6	C.ルメール	9-9-6-14/38	63.2%	97円
7	M.デムーロ	6-4-7-11/28	60.7%	106円
8	田辺　裕信	3-4-5-13/25	48.0%	112円
9	福永　祐一	4-2-6-15/27	44.4%	94円
10	母父ネオユニヴァース	3-5-3-8/19	57.9%	124円

下級条件(1勝C、未勝利)

順位	条件	成績	複勝率	複回値
1	距離延長	51-48-51-181/331	45.3%	87円
2	前走3角10番手以下	20-29-23-84/156	46.2%	92円
3	前走上がり3ハロン1位	20-11-14-36/81	55.6%	104円
4	前走馬体重500キロ以上	14-12-19-53/98	45.9%	89円
5	父ディープインパクト	20-7-11-30/68	55.9%	89円
6	父ステイゴールド	14-7-8-25/54	53.7%	90円
7	斤量53キロ以下	10-7-7-20/44	54.5%	92円
8	戸崎　圭太	10-8-5-20/43	53.5%	100円
9	関西馬	8-8-6-31/53	41.5%	88円
10	大外枠	7-8-6-16/37	56.8%	90円

穴

東京

穴的基本データ（決着割合）

押さえておこう!!

決着		馬連での出現数	馬連での出現率	3連複での出現数	3連複での出現率
超堅	(1~3番人気)	62	29.0% (-2.0)	22	10.3% (+1.7)
超堅~順当	(1~5番人気)	137	64.0% (+6.3)	90	42.1% (+7.3)
超堅~中穴	(1~7番人気)	180	84.1% (+7.4)	149	69.6% (+9.7)
超堅~波乱	(1~9番人気)	199	93.0% (+5.0)	188	87.9% (+9.6)
大波乱	(4~18番人気)	25	11.7% (-3.5)	10	4.7% (-2.5)

※カッコ内は平均値との差

儲かるヒモの条件

破壊力 混成ランキング［3着内数順］

上級条件（2勝C以上）

順位	条件	成績	複勝率	複回値
1	最内枠	6-14-11-60/91	34.1%	108円
2	C.ルメール	9-9-6-17/41	58.5%	90円
3	M.デムーロ	6-4-8-17/35	51.4%	97円
4	内田　博幸	7-3-5-47/62	24.2%	94円
5	前走下級1着/中京芝2200	3-4-2-6/15	60.0%	158円
6	前走同級1着/東京芝2000	1-3-4-8/16	50.0%	332円
7	前走同級4~5着/中山芝2500内	2-3-3-11/19	42.1%	128円
8	父タニノギムレット	2-2-4-23/31	25.8%	97円
9	前走同級2~3着/中山芝2500内	4-2-2-7/15	53.3%	96円
10	石橋　脩	2-1-4-23/30	23.3%	177円

下級条件（1勝C、未勝利）

順位	条件	成績	複勝率	複回値
1	父ディープインパクト	21-7-11-38/77	50.6%	92円
2	前走上がり3ハロン1位	15-6-11-44/76	42.1%	101円
3	戸崎　圭太	11-8-6-27/52	48.1%	100円
4	前走同級2~3着/中山芝2200外	5-3-5-4/17	76.5%	134円
5	石橋　脩	4-5-4-19/32	40.6%	130円
6	松岡　正海	1-6-5-25/37	32.4%	119円
7	北村　宏司	3-6-2-28/39	28.2%	104円
8	父オルフェーヴル	3-3-4-18/28	35.7%	135円
9	前走同級2~3着/東京芝2000	6-1-3-10/20	50.0%	108円
10	前走同級6~9着/東京芝2400	4-1-5-32/42	23.8%	99円

TOKYO

芝2500m

軸

押さえておこう!!

軸的基本データ(人気別成績)

	勝率	複勝率	単勝回収値	複勝回収値
1番人気	20.0% (-12.2)	60.0% (-3.9)	55円 (-23)	96円 (+13)
2～3番人気	23.3% (+7.3)	40.0% (-6.0)	124円 (+44)	83円 (+2)
4～5番人気	0.0% (-8.3)	23.3% (-6.3)	0円 (-79)	63円 (-15)
6～9番人気	6.7% (+3.0)	18.3% (+2.9)	116円 (+38)	88円 (+11)
10番人気以下	0.9% (+0.0)	5.6% (+1.0)	23円 (-40)	65円 (±0)

※カッコ内は平均値との差

鉄板力 混成ランキング[3着内数順]

儲かる軸馬の条件

上級条件(2勝C以上)

順位	条件	成績	複勝率	複回値
1	休み明け(中10週以上)	6-2-5-20/33	39.4%	92円
2	前走3角2～3番手	1-3-3-11/18	38.9%	96円
3	父ステイゴールド	3-0-3-4/10	60.0%	158円
4	戸崎　圭太	0-3-2-3/8	62.5%	130円
5	前走下級1着/東京芝2400	2-2-0-1/5	80.0%	232円
6	社台ファーム生産馬	0-2-2-8/12	33.3%	89円
7	M.デムーロ	1-1-2-4/8	50.0%	88円
8	母父キングカメハメハ	0-2-1-4/7	42.9%	171円
9	C.ルメール	2-0-1-5/8	37.5%	120円
10	福永　祐一	2-1-0-5/8	37.5%	86円

下級条件(1勝C、未勝利)

順位	条件	成績	複勝率	複回値
1				
2				
3				
4				
5				
6				
7				
8				
9				
10				

穴 東京

穴的基本データ（決着割合）

押さえておこう!!

決着	馬連での出現数	馬連での出現率	3連複での出現数	3連複での出現率
超 堅　（1～3番人気）	2	13.3% (-17.6)	0	0.0% (-8.6)
超堅～順当　（1～5番人気）	7	46.7% (-11.0)	4	26.7% (-8.1)
超堅～中穴　（1～7番人気）	10	66.7% (-10.0)	6	40.0% (-20.0)
超堅～波乱　（1～9番人気）	12	80.0% (-8.0)	9	60.0% (-18.2)
大波乱　（4～18番人気）	3	20.0% (+4.8)	1	6.7% (-0.5)

※カッコ内は平均値との差

儲かるヒモの条件　破壊力 混成ランキング［3着内数順］

上級条件（2勝C以上）

順位	条件	成績	複勝率	複回値
1	ノーザンファーム生産馬	8-7-5-55/75	26.7%	115円
2	父ハーツクライ	4-2-1-24/31	22.6%	164円
3	戸崎　圭太	0-4-2-3/9	66.7%	167円
4	母父キングカメハメハ	0-2-2-6/10	40.0%	174円
5	前走下級1着/東京芝2400	2-2-0-4/8	50.0%	145円
6	斤量53キロ以下	1-1-2-35/39	10.3%	133円
7	福永　祐一	2-1-1-6/10	40.0%	114円
8	川田　将雅	0-1-2-5/8	37.5%	169円
9	前走同級2～3着/東京芝2400	1-1-1-4/7	42.9%	139円
10	C.ルメール	2-0-1-6/9	33.3%	107円

下級条件（1勝C、未勝利）

順位	条件	成績	複勝率	複回値
1				
2				
3				
4				
5				
6				
7				
8				
9				
10				

T O K Y O

芝3400m

軸

押さえておこう!!

軸的基本データ(人気別成績)

	勝率	複勝率	単勝回収値	複勝回収値
1番人気	62.5% (+30.3)	75.0% (+11.1)	164円 (+86)	101円 (+18)
2~3番人気	0.0% (-16.1)	50.0% (+4.0)	0円 (-80)	99円 (+18)
4~5番人気	6.3% (-2.1)	18.8% (-10.9)	43円 (-37)	44円 (-34)
6~9番人気	3.1% (-0.5)	18.8% (+3.3)	54円 (-24)	73円 (-3)
10番人気以下	2.4% (+1.5)	2.4% (-2.2)	775円 (+711)	111円 (+47)

※カッコ内は平均値との差

鉄板力 混成ランキング[3着内数順]

儲かる軸馬の条件

上級条件(2勝C以上)

順位	条件	成績	複勝率	複回値
1	関東馬	5-3-4-15/27	44.4%	93円
2	父ハーツクライ	3-1-2-5/11	54.5%	90円
3	距離短縮	1-2-2-7/12	41.7%	92円
4	大外枠	3-1-0-0/4	100.0%	165円
5	父ディープインパクト	0-2-2-6/10	40.0%	108円
6	前走3角10番手以下	2-1-1-6/10	40.0%	96円
7	斤量57.5キロ以上	3-1-0-3/7	57.1%	94円
8	最内枠	1-1-1-3/6	50.0%	98円
9	三浦　皇成	1-1-0-0/2	100.0%	290円
10	母父ダンスインザダーク	0-0-2-1/3	66.7%	177円

下級条件(1勝C、未勝利)

順位	条件	成績	複勝率	複回値
1				
2				
3				
4				
5				
6				
7				
8				
9				
10				

穴

東京

穴的基本データ（決着割合）

押さえておこう!!

決着		馬連での出現数	馬連での出現率	3連複での出現数	3連複での出現率
超堅	（1～3番人気）	1	12.5% (-18.4)	0	0.0% (-8.6)
超堅～順当	（1～5番人気）	4	50.0% (-7.7)	1	12.5% (-22.2)
超堅～中穴	（1～7番人気）	6	75.0% (-1.7)	4	50.0% (-10.0)
超堅～波乱	（1～9番人気）	7	87.5% (-0.5)	7	87.5% (+9.3)
大波乱	（4～18番人気）	0	0.0% (-15.2)	0	0.0% (-7.2)

※カッコ内は平均値との差

儲かるヒモの条件　破壊力 混成ランキング［3着内数順］

上級条件（2勝C以上）

順位	条件	成績	複勝率	複回値
1	距離延長	7-5-6-69/87	20.7%	101円
2	関東馬	6-4-4-41/55	25.5%	143円
3	前走馬体重500キロ以上	2-1-3-32/38	15.8%	149円
4	大外枠	4-1-0-3/8	62.5%	668円
5	斤量57.5キロ以上	3-1-0-3/7	57.1%	94円
6	父タニノギムレット	0-2-0-0/2	100.0%	460円
7	前走上がり3ハロン1位	1-0-1-1/3	66.7%	167円
8	三浦　皇成	0-1-1-1/3	50.0%	145円
9	C.ルメール	1-1-0-2/4	100.0%	140円
10	母父ダンスインザダーク	0-0-2-2/4	50.0%	133円

下級条件（1勝C、未勝利）

順位	条件	成績	複勝率	複回値
1				
2				
3				
4				
5				
6				
7				
8				
9				
10				

TOKYO
ダ1300m

軸

押さえておこう!!

軸的基本データ(人気別成績)

	勝率	複勝率	単勝回収値	複勝回収値
1番人気	34.9% (+2.7)	67.0% (+3.1)	88円 (+10)	89円 (+5)
2~3番人気	14.4% (-1.7)	44.9% (-1.1)	71円 (-10)	79円 (-2)
4~5番人気	9.1% (+0.8)	30.7% (+1.1)	89円 (+10)	81円 (+4)
6~9番人気	3.1% (-0.5)	12.9% (-2.6)	59円 (-19)	61円 (-15)
10番人気以下	1.0% (+0.1)	4.5% (+0.0)	59円 (-4)	62円 (-2)

※カッコ内は平均値との差

鉄板力 混成ランキング[3着内数順]

儲かる軸馬の条件

上級条件(2勝C以上)

順位	条件	成績	複勝率	複回値
1	距離短縮	7-9-5-22/43	48.8%	90円
2	同距離	2-2-4-8/16	50.0%	97円
3	父キンシャサノキセキ	0-3-3-3/9	66.7%	94円
4	前走下級1着/東京ダ1300	2-1-2-3/8	62.5%	144円
5	前走同級4~5着/中山ダ1200	2-1-2-3/8	62.5%	131円
6	前走同級2~3着/東京ダ1400	3-0-2-2/7	71.4%	124円
7	社台ファーム生産馬	2-1-2-6/11	45.5%	98円
8	前走3角1番手	1-1-3-5/10	50.0%	85円
9	父キングヘイロー	2-0-2-0/4	100.0%	218円
10	母父サクラバクシンオー	2-0-2-2/6	66.7%	145円

下級条件(1勝C、未勝利)

順位	条件	成績	複勝率	複回値
1	斤量53キロ以下	11-14-14-62/101	38.6%	93円
2	前走同級2~3着/東京ダ1400	16-14-8-32/70	54.3%	85円
3	内田　博幸	18-9-9-30/66	54.5%	98円
4	田辺　裕信	10-14-10-38/72	47.2%	98円
5	芝→ダ替わり	8-7-10-47/72	34.7%	99円
6	北村　宏司	8-11-4-30/53	43.4%	94円
7	父サウスヴィグラス	10-4-9-30/53	43.4%	89円
8	横山　典弘	9-2-9-13/33	60.6%	111円
9	前走同級2~3着/新潟ダ1200	9-6-5-17/37	54.1%	99円
10	最内枠	4-7-9-34/54	37.0%	91円

穴

東京

穴的基本データ(決着割合)

押さえておこう!!

決着	馬連での出現数	馬連での出現率	3連複での出現数	3連複での出現率
超堅 (1~3番人気)	54	25.1% (-5.8)	13	6.0% (-2.5)
超堅~順当 (1~5番人気)	124	57.7% (±0.0)	78	36.3% (+1.5)
超堅~中穴 (1~7番人気)	165	76.7% (+0.1)	128	59.5% (-0.4)
超堅~波乱 (1~9番人気)	183	85.1% (-2.9)	157	73.0% (-5.2)
大波乱 (4~18番人気)	30	14.0% (-1.2)	12	5.6% (-1.6)

※カッコ内は平均値との差

儲かるヒモの条件 破壊力 混成ランキング[3着内数順]

上級条件(2勝C以上)

順位	条件	成績	複勝率	複回値
1	社台ファーム生産馬	3-1-4-20/28	28.6%	113円
2	父キンシャサノキセキ	1-3-3-4/11	63.6%	127円
3	前走3角1番手	2-1-3-10/16	37.5%	103円
4	前走下級1着/東京ダ1300	2-1-2-4/9	55.6%	128円
5	前走同級2~3着/東京ダ1400	3-0-2-2/7	71.4%	124円
6	父キングヘイロー	2-0-2-0/4	100.0%	218円
7	北村 宏司	1-1-2-10/14	28.6%	129円
8	C.ルメール	1-0-3-4/8	50.0%	113円
9	横山 典弘	2-0-2-9/13	30.8%	93円
10	父プリサイスエンド	2-0-1-5/8	37.5%	278円

下級条件(1勝C、未勝利)

順位	条件	成績	複勝率	複回値
1	前走同級4~5着/中山ダ1200	14-10-17-95/136	30.1%	100円
2	内田 博幸	18-10-12-59/99	40.4%	101円
3	前走同級2~3着/東京ダ1400	16-14-10-33/73	54.8%	94円
4	田辺 裕信	10-15-12-54/91	40.7%	114円
5	前走3角1番手	14-11-8-76/109	30.3%	112円
6	北村 宏司	11-11-4-55/81	32.1%	106円
7	横山 典弘	9-4-9-23/45	48.9%	142円
8	田中 勝春	5-7-6-54/72	25.0%	112円
9	父ファスリエフ	7-3-5-33/48	31.3%	128円
10	前走同級6~9着/東京ダ1300	2-5-7-36/50	28.0%	145円

TOKYO

ダ1400m

軸

軸的基本データ（人気別成績）

押さえておこう!!

	勝率	複勝率	単勝回収値	複勝回収値
1番人気	31.4% (-0.8)	63.4% (-0.5)	77円 (±0)	84円 (+1)
2～3番人気	15.9% (-0.2)	43.7% (-2.3)	81円 (+1)	79円 (-2)
4～5番人気	8.0% (-0.4)	29.2% (-0.4)	75円 (-4)	78円 (±0)
6～9番人気	3.8% (+0.2)	15.3% (-0.1)	81円 (+3)	76円 (-1)
10番人気以下	0.8% (-0.1)	4.5% (-0.1)	57円 (-7)	68円 (+4)

※カッコ内は平均値との差

鉄板力 混成ランキング［3着内数順］

儲かる軸馬の条件

上級条件（2勝C以上）

順位	条件	成績	複勝率	複回値
1	関西馬	58-59-48-251/416	39.7%	94円
2	距離短縮	26-20-26-114/186	38.7%	86円
3	戸崎　圭太	13-16-14-44/87	49.4%	98円
4	C.ルメール	13-9-9-21/52	59.6%	105円
5	前走下級1着/東京ダ1400	10-5-10-40/65	38.5%	87円
6	母父サンデーサイレンス	6-10-3-41/60	31.7%	94円
7	前走同級2～3着/阪神ダ1400	4-7-7-15/33	54.5%	99円
8	三浦　皇成	6-5-6-20/37	45.9%	94円
9	前走同級4～5着/東京ダ1400	5-7-5-28/45	37.8%	92円
10	前走同級4～5着/阪神ダ1400	6-3-4-12/25	52.0%	130円

下級条件（1勝C、未勝利）

順位	条件	成績	複勝率	複回値
1	前走3角2～3番手	85-73-52-272/482	43.6%	86円
2	距離短縮	76-58-47-277/458	39.5%	87円
3	芝→ダ替わり	41-41-36-217/335	35.2%	86円
4	社台ファーム生産馬	35-29-31-142/237	40.1%	88円
5	内田　博幸	31-28-22-100/181	44.8%	91円
6	大外枠	26-25-21-100/172	41.9%	94円
7	三浦　皇成	21-23-24-62/130	52.3%	98円
8	母父サンデーサイレンス	17-17-21-63/118	46.6%	111円
9	C.ルメール	25-14-16-35/90	61.1%	93円
10	大野　拓弥	19-27-7-74/127	41.7%	92円

穴

東京

穴的基本データ（決着割合）

押さえておこう!!

決着		馬連での出現数	馬連での出現率	3連複での出現数	3連複での出現率
超 堅	(1～3番人気)	194	27.3% (-3.6)	48	6.8% (-1.8)
超堅～順当	(1～5番人気)	385	54.2% (-3.5)	221	31.1% (-3.6)
超堅～中穴	(1～7番人気)	516	72.7% (-4.0)	379	53.4% (-6.6)
超堅～波乱	(1～9番人気)	601	84.6% (-3.3)	517	72.8% (-5.4)
大波乱	(4～18番人気)	126	17.7% (+2.6)	63	8.9% (+1.7)

※カッコ内は平均値との差

儲かるヒモの条件

破壊力 混成ランキング［3着内数順］

上級条件（2勝C以上）

順位	条件	成績	複勝率	複回値
1	距離短縮	31-25-40-299/395	24.3%	113円
2	戸崎　圭太	13-16-14-52/95	45.3%	90円
3	C.ルメール	13-9-9-22/53	58.5%	103円
4	父キングカメハメハ	11-8-10-89/118	24.6%	98円
5	内田　博幸	9-4-12-64/89	28.1%	106円
6	前走同級6～9着/東京ダ1400	7-10-4-88/109	19.3%	99円
7	父クロフネ	5-8-7-55/75	26.7%	107円
8	父サウスヴィグラス	2-8-8-65/83	21.7%	99円
9	石橋　脩	6-5-5-39/55	29.1%	98円
10	斤量53キロ以下	5-6-5-108/124	12.9%	94円

下級条件（1勝C、未勝利）

順位	条件	成績	複勝率	複回値
1	母父サンデーサイレンス	20-21-25-224/290	22.8%	106円
2	C.ルメール	25-14-16-36/91	60.4%	92円
3	父サウスヴィグラス	13-16-11-129/169	23.7%	99円
4	父シニスターミニスター	12-10-12-89/123	27.6%	123円
5	柴山　雄一	12-11-9-104/136	23.5%	90円
6	母父タイキシャトル	12-7-7-81/107	24.3%	100円
7	柴田　大知	8-8-6-174/196	11.2%	120円
8	父ヴァーミリアン	9-6-6-51/72	29.2%	132円
9	父フレンチデピュティ	5-11-5-46/67	31.3%	92円
10	前走同級6～9着/中山ダ1800	3-8-9-73/93	21.5%	148円

T O K Y O

ダ1600m

軸

押さえておこう!!

軸的基本データ（人気別成績）

	勝率	複勝率	単勝回収値	複勝回収値
1番人気	34.6% (+2.4)	67.2% (+3.4)	80円 (+3)	87円 (+3)
2～3番人気	15.6% (-0.4)	46.7% (+0.7)	77円 (-3)	82円 (+1)
4～5番人気	8.6% (+0.3)	28.8% (-0.8)	83円 (+4)	76円 (-1)
6～9番人気	3.3% (-0.4)	14.8% (-0.7)	69円 (-9)	73円 (-4)
10番人気以下	0.7% (-0.2)	3.8% (-0.7)	62円 (-2)	60円 (-4)

※カッコ内は平均値との差

鉄板力 混成ランキング［3着内数順］

儲かる軸馬の条件

上級条件（2勝C以上）

順位	条件	成績	複勝率	複回値
1	関西馬	58-42-51-234/385	39.2%	95円
2	休み明け(中10週以上)	32-28-27-152/239	36.4%	86円
3	社台ファーム生産馬	26-27-21-100/174	42.5%	88円
4	前走3角2～3番手	29-23-21-112/185	39.5%	86円
5	前走同級2～3着/東京ダ1600	16-11-20-42/89	52.8%	92円
6	大外枠	14-12-13-43/82	47.6%	113円
7	母父サンデーサイレンス	12-10-17-48/87	44.8%	106円
8	父キングカメハメハ	8-11-14-44/77	42.9%	93円
9	内田　博幸	11-12-8-33/64	48.4%	117円
10	田辺　裕信	10-9-10-32/61	47.5%	89円

下級条件（1勝C、未勝利）

順位	条件	成績	複勝率	複回値
1	芝→ダ替わり	74-59-45-337/515	34.6%	89円
2	ノーザンファーム生産馬	65-44-45-183/337	45.7%	92円
3	大外枠	34-40-39-123/236	47.9%	105円
4	C.ルメール	44-24-16-55/139	60.4%	97円
5	内田　博幸	21-33-28-107/189	43.4%	87円
6	関西馬	24-24-20-75/143	47.6%	102円
7	大野　拓弥	27-23-16-83/149	44.3%	92円
8	北村　宏司	26-19-11-82/138	40.6%	85円
9	前走同級6～9着/中山ダ1800	15-20-19-77/131	41.2%	98円
10	父ゼンノロブロイ	19-20-11-45/95	52.6%	116円

穴 東京

穴的基本データ（決着割合）

押さえておこう!!

決着		馬連での出現数	馬連での出現率	3連複での出現数	3連複での出現率
超堅	(1~3番人気)	278	34.0% (+3.1)	72	8.8% (+0.2)
超堅~順当	(1~5番人気)	490	59.9% (+2.2)	295	36.1% (+1.3)
超堅~中穴	(1~7番人気)	647	79.1% (+2.4)	500	61.1% (+1.2)
超堅~波乱	(1~9番人気)	731	89.4% (+1.4)	644	78.7% (+0.5)
大波乱	(4~18番人気)	115	14.1% (-1.1)	55	6.7% (-0.5)

※カッコ内は平均値との差

儲かるヒモの条件

破壊力 混成ランキング［3着内数順］

上級条件（2勝C以上）

順位	条件	成績	複勝率	複回値
1	父キングカメハメハ	8-15-18-124/165	24.8%	95円
2	田辺　裕信	12-11-12-64/99	35.4%	123円
3	母父フレンチデピュティ	7-9-12-56/84	33.3%	102円
4	北村　宏司	1-10-7-62/80	22.5%	91円
5	田中　勝春	6-4-6-53/69	23.2%	100円
6	斤量57.5キロ以上	7-4-3-27/41	34.1%	107円
7	前走同級1着/東京ダ1600	5-7-2-8/22	63.6%	96円
8	母父アグネスタキオン	7-3-3-18/31	41.9%	160円
9	前走同級10着以下/東京ダ1600	4-4-5-75/88	14.8%	109円
10	前走同級6~9着/中山ダ1800	4-4-3-64/75	14.7%	95円

下級条件（1勝C、未勝利）

順位	条件	成績	複勝率	複回値
1	ノーザンファーム生産馬	68-46-53-298/465	35.9%	98円
2	C.ルメール	44-24-16-58/142	59.2%	95円
3	関西馬	25-26-27-171/249	31.3%	90円
4	前走同級6~9着/東京ダ1600	22-25-29-367/443	17.2%	112円
5	父ゼンノロブロイ	22-20-16-125/183	31.7%	123円
6	父キングカメハメハ	19-18-18-98/153	35.9%	104円
7	横山　典弘	24-16-13-102/155	34.2%	94円
8	吉田　豊	13-23-13-167/216	22.7%	97円
9	父エンパイアメーカー	12-15-10-103/140	26.4%	114円
10	母父アフリート	9-11-15-78/113	31.0%	144円

T O K Y O

ダ2100m

軸

押さえておこう!!

軸的基本データ（人気別成績）

	勝率	複勝率	単勝回収値	複勝回収値
1番人気	29.9% (-2.3)	62.3% (-1.5)	74円 (-4)	84円 (±0)
2～3番人気	16.7% (+0.7)	45.1% (-0.9)	83円 (+3)	83円 (+1)
4～5番人気	8.3% (+0.0)	27.1% (-2.5)	75円 (-4)	74円 (-4)
6～9番人気	3.7% (+0.1)	16.9% (+1.4)	78円 (±0)	79円 (+2)
10番人気以下	1.0% (+0.1)	4.9% (+0.3)	76円 (+12)	77円 (+12)

※カッコ内は平均値との差

鉄板力 混成ランキング［3着内数順］

儲かる軸馬の条件

上級条件（2勝C以上）

順位	条件	成績	複勝率	複回値
1	ノーザンファーム生産馬	9-13-14-60/96	37.5%	88円
2	戸崎　圭太	8-6-7-20/41	51.2%	119円
3	内田　博幸	4-6-2-23/35	34.3%	87円
4	芝→ダ替わり	4-5-2-17/28	39.3%	133円
5	大野　拓弥	1-6-3-14/24	41.7%	117円
6	父クロフネ	5-3-2-13/23	43.5%	114円
7	父ネオユニヴァース	3-4-2-10/19	47.4%	91円
8	北村　宏司	2-4-3-16/25	36.0%	90円
9	前走同級6～9着/中山ダ1800	3-3-2-7/15	53.3%	176円
10	母父アフリート	3-3-1-8/15	46.7%	102円

下級条件（1勝C、未勝利）

順位	条件	成績	複勝率	複回値
1	同距離	48-50-43-157/298	47.3%	88円
2	前走3角2～3番手	28-33-20-84/165	49.1%	89円
3	前走同級2～3着/東京ダ2100	27-32-19-62/140	55.7%	91円
4	前走上がり3ハロン1位	22-24-22-80/148	45.9%	86円
5	ノーザンファーム生産馬	27-17-16-52/112	53.6%	115円
6	社台ファーム生産馬	15-13-18-62/108	42.6%	88円
7	芝→ダ替わり	18-8-10-73/109	33.0%	90円
8	前走同級4～5着/東京ダ2100	11-11-12-48/82	41.5%	94円
9	距離短縮	7-14-9-33/63	47.6%	100円
10	戸崎　圭太	13-9-8-34/64	46.9%	86円

穴 東京

穴的基本データ（決着割合）

押さえておこう!!

決着	馬連での出現数	馬連での出現率	3連複での出現数	3連複での出現率
超堅　（1〜3番人気）	87	30.6%（-0.3）	30	10.6%（+2.0）
超堅〜順当　（1〜5番人気）	152	53.5%（-4.2）	79	27.8%（-6.9）
超堅〜中穴　（1〜7番人気）	213	75.0%（-1.7）	153	53.9%（-6.1）
超堅〜波乱　（1〜9番人気）	251	88.4%（+0.4）	218	76.8%（-1.5）
大波乱　（4〜18番人気）	39	13.7%（-1.4）	16	5.6%（-1.6）

※カッコ内は平均値との差

儲かるヒモの条件　破壊力 混成ランキング［3着内数順］

上級条件（2勝C以上）

順位	条件	成績	複勝率	複回値
1	関東馬	39-47-49-602/737	18.3%	95円
2	前走3角10番手以下	18-22-22-310/372	16.7%	96円
3	ノーザンファーム生産馬	10-18-16-102/146	30.1%	108円
4	母父サンデーサイレンス	14-15-14-118/161	26.7%	109円
5	距離短縮	6-12-10-115/143	19.6%	106円
6	社台ファーム生産馬	5-14-9-117/145	19.3%	98円
7	父キングカメハメハ	5-9-11-82/107	23.4%	106円
8	戸崎　圭太	8-7-7-35/57	38.6%	93円
9	芝→ダ替わり	5-5-7-61/78	21.8%	145円
10	父クロフネ	7-4-5-35/51	31.4%	118円

下級条件（1勝C、未勝利）

順位	条件	成績	複勝率	複回値
1	ノーザンファーム生産馬	29-19-20-111/179	38.0%	101円
2	社台ファーム生産馬	18-17-22-136/193	29.5%	110円
3	内田　博幸	13-8-13-76/110	30.9%	118円
4	関西馬	8-12-12-54/86	37.2%	106円
5	父キングカメハメハ	7-11-7-38/63	39.7%	118円
6	吉田　豊	4-13-6-50/73	31.5%	90円
7	C.ルメール	6-10-6-15/37	59.5%	104円
8	石橋　脩	6-4-7-39/56	30.4%	100円
9	母父ジャングルポケット	4-6-4-24/38	36.8%	142円
10	柴田　善臣	2-5-6-20/33	39.4%	173円

TOKYO

ダ2400m

軸

押さえておこう!!

軸的基本データ(人気別成績)

	勝率	複勝率	単勝回収値	複勝回収値
1番人気	25.0% (-7.2)	50.0% (-13.9)	73円 (-5)	78円 (-6)
2~3番人気	12.5% (-3.6)	37.5% (-8.5)	60円 (-20)	85円 (+3)
4~5番人気	0.0% (-8.3)	25.0% (-4.6)	0円 (-79)	76円 (-1)
6~9番人気	12.5% (+8.9)	31.3% (+15.8)	227円 (+149)	129円 (+53)
10番人気以下	0.0% (-0.9)	0.0% (-4.5)	0円 (-64)	0円 (-64)

※カッコ内は平均値との差

鉄板力 混成ランキング[3着内数順]

儲かる軸馬の条件

上級条件(2勝C以上)

順位	条件	成績	複勝率	複回値
1	関東馬	1-3-2-14/20	30.0%	88円
2	関西馬	2-1-1-5/9	44.4%	103円
3	父キングカメハメハ	1-2-0-2/5	60.0%	144円
4	母父サンデーサイレンス	1-2-0-4/7	42.9%	103円
5	前走3角2~3番手	3-0-0-4/7	42.9%	99円
6	前走同級4~5着/東京ダ2100	0-1-1-1/3	66.7%	213円
7	同距離	1-1-0-3/5	40.0%	120円
8	母父マーベラスサンデー	0-1-0-0/1	100.0%	400円
9	田中 勝春	0-1-0-0/1	100.0%	400円
10	母父ブライアンズタイム	0-1-0-0/1	100.0%	390円

下級条件(1勝C、未勝利)

順位	条件	成績	複勝率	複回値
1				
2				
3				
4				
5				
6				
7				
8				
9				
10				

穴 東京

穴的基本データ（決着割合）

押さえておこう!!

決着	馬連での出現数	馬連での出現率	3連複での出現数	3連複での出現率
超堅（1～3番人気）	0	0.0%(-30.9)	0	0.0%(-8.6)
超堅～順当（1～5番人気）	2	50.0%(-7.7)	1	25.0%(-9.7)
超堅～中穴（1～7番人気）	3	75.0%(-1.7)	3	75.0%(+15.0)
超堅～波乱（1～9番人気）	4	100.0%(+12.0)	4	100.0%(+21.8)
大波乱（4～18番人気）	1	25.0%(+9.8)	0	0.0%(-7.2)

※カッコ内は平均値との差

儲かるヒモの条件 破壊力 混成ランキング［3着内数順］

上級条件（2勝C以上）

順位	条件	成績	複勝率	複回値
1	関西馬	2-1-2-8/13	38.5%	102円
2	同距離	2-1-1-11/15	26.7%	106円
3	父キングカメハメハ	1-2-0-5/8	37.5%	90円
4	母父サンデーサイレンス	1-2-0-5/8	37.5%	90円
5	内田　博幸	1-0-1-0/2	100.0%	370円
6	前走同級4～5着/東京ダ2100	0-1-1-1/3	66.7%	213円
7	母父スペシャルウィーク	0-0-1-0/1	100.0%	400円
8	母父マーベラスサンデー	0-1-0-0/1	100.0%	400円
9	母父ヴァーミリアン	0-0-1-0/1	100.0%	340円
10	母父アサティス	0-0-1-0/1	100.0%	340円

下級条件（1勝C、未勝利）

順位	条件	成績	複勝率	複回値
1				
2				
3				
4				
5				
6				
7				
8				
9				
10				

東京 中山 阪神 札幌 函館 新潟 福島 中京 小倉

鉄板力&破壊力ランキング

本書に掲載した各コースのうち、複勝率が高い軸データTOP3と、
複勝回収率が高い穴データTOP3の項目をピックアップしました。

※軸データ、穴データ共にサンプル数50以上のものに限る。

軸

1 東京芝2000 下級条件

C.ルメール

着別度数	複勝率	複回値
17-12-14-17/60	71.7%	94円

2 東京芝2000 下級条件

ノーザンファーム生産馬

着別度数	複勝率	複回値
44-31-35-63/173	63.6%	102円

3 東京芝1400 下級条件

前走同級2～3着/中山芝1600外

着別度数	複勝率	複回値
11-11-10-19/51	62.7%	98円

穴

1 東京芝1800 下級条件

父ダイワメジャー

着別度数	複勝率	複回値
5-5-2-38/50	24.0%	161円

2 東京芝1800 下級条件

父ヴィクトワールピサ

着別度数	複勝率	複回値
8-5-4-37/54	31.5%	154円

3 東京芝1400 下級条件

父マツリダゴッホ

着別度数	複勝率	複回値
6-5-7-56/74	24.3%	151円

中山競馬場

NAKAYAMA RACE COURCE

芝1200m外
芝1600m外
芝1800m内
芝2000m内
芝2200m外
芝2500m内
芝3600m内
ダ1200m
ダ1800m
ダ2400m
ダ2500m

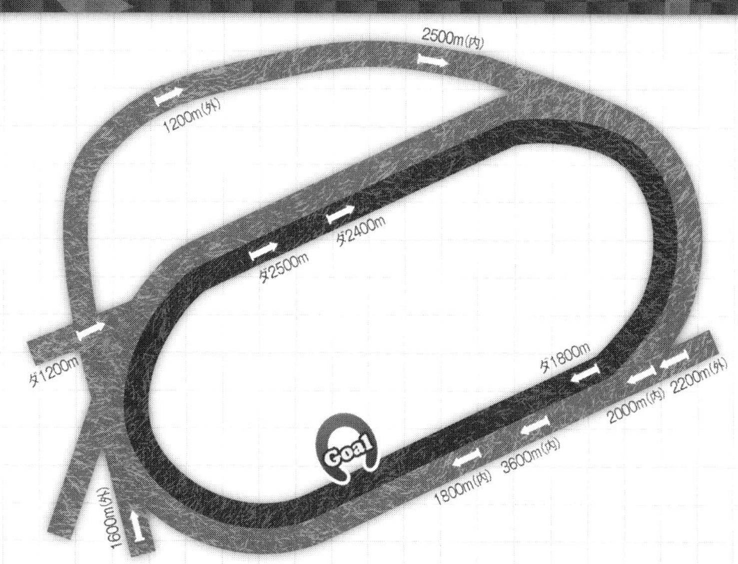

NAKAYAMA

芝1200m外

軸

押さえておこう!!

軸的基本データ(人気別成績)

	勝率	複勝率	単勝回収値	複勝回収値
1番人気	35.6% (+3.4)	61.7% (-2.2)	97円 (+19)	87円 (+3)
2~3番人気	13.2% (-2.8)	39.5% (-6.5)	69円 (-11)	75円 (-7)
4~5番人気	6.3% (-2.0)	27.1% (-2.6)	55円 (-24)	71円 (-7)
6~9番人気	4.3% (+0.6)	17.5% (+2.0)	86円 (+8)	87円 (+10)
10番人気以下	1.4% (+0.5)	5.9% (+1.3)	79円 (+15)	68円 (+3)

※カッコ内は平均値との差

鉄板力 混成ランキング[3着内数順]

儲かる軸馬の条件

上級条件(2勝C以上)

順位	条件	成績	複勝率	複回値
1	前走3角2~3番手	27-20-25-84/156	46.2%	105円
2	前走3角1番手	12-15-6-49/82	40.2%	113円
3	斤量53キロ以下	13-11-9-64/97	34.0%	90円
4	社台ファーム生産馬	11-13-6-32/62	48.4%	98円
5	父ダイワメジャー	5-17-7-41/70	41.4%	86円
6	父アドマイヤムーン	6-10-6-33/55	40.0%	87円
7	横山　典弘	7-6-5-21/39	46.2%	112円
8	前走同級4~5着/中山芝1200外	9-4-5-18/36	50.0%	99円
9	柴田　大知	5-4-4-14/27	48.1%	115円
10	石橋　脩	4-4-5-14/27	48.1%	113円

下級条件(1勝C、未勝利)

順位	条件	成績	複勝率	複回値
1	前走3角2~3番手	12-21-13-68/114	40.4%	89円
2	休み明け(中10週以上)	7-10-6-49/72	31.9%	93円
3	前走同級4~5着/中山芝1200外	4-6-5-21/36	41.7%	106円
4	田辺　裕信	5-3-7-16/31	48.4%	99円
5	前走馬体重500キロ以上	4-7-4-28/43	34.9%	92円
6	距離延長	5-3-2-14/24	41.7%	94円
7	前走同級2~3着/福島芝1200	7-2-1-17/27	37.0%	91円
8	社台ファーム生産馬	2-4-4-16/26	38.5%	90円
9	大外枠	3-3-4-18/28	35.7%	85円
10	三浦　皇成	4-2-3-8/17	52.9%	117円

穴 中山

穴的基本データ（決着割合）

押さえておこう!!

決着	馬連での出現数	馬連での出現率	3連複での出現数	3連複での出現率
超堅（1～3番人気）	71	28.1%(-2.9)	15	5.9%(-2.6)
超堅～順当（1～5番人気）	121	47.8%(-9.9)	61	24.1%(-10.6)
超堅～中穴（1～7番人気）	160	63.2%(-13.4)	115	45.5%(-14.5)
超堅～波乱（1～9番人気）	205	81.0%(-7.0)	171	67.6%(-10.6)
大波乱（4～18番人気）	56	22.1%(+7.0)	23	9.1%(+1.9)

※カッコ内は平均値との差

儲かるヒモの条件 破壊力 混成ランキング［3着内数順］

上級条件（2勝C以上）

順位	条件	成績	複勝率	複回値
1	前走3角2～3番手	33-25-30-193/281	31.3%	107円
2	斤量53キロ以下	20-17-13-195/245	20.4%	133円
3	父アドマイヤムーン	6-11-7-50/74	32.4%	115円
4	前走同級4～5着/中山芝1200外	9-6-6-33/54	38.9%	98円
5	横山　典弘	7-8-5-37/57	35.1%	97円
6	柴田　大知	6-5-5-42/58	27.6%	92円
7	柴田　善臣	5-3-7-26/41	36.6%	118円
8	田辺　裕信	3-6-6-42/57	26.3%	98円
9	ダーレージャパンファーム生産馬	6-3-6-26/41	36.6%	98円
10	ダ→芝替わり	3-7-4-101/115	12.2%	104円

下級条件（1勝C、未勝利）

順位	条件	成績	複勝率	複回値
1	最内枠	3-8-5-60/76	21.1%	135円
2	松岡　正海	1-10-1-23/35	34.3%	251円
3	大野　拓弥	6-3-2-26/37	29.7%	110円
4	父キンシャサノキセキ	3-4-4-39/50	22.0%	104円
5	母父ブライアンズタイム	3-2-5-23/33	30.3%	166円
6	津村　明秀	4-4-2-23/33	30.3%	129円
7	母父フジキセキ	2-6-1-27/36	25.0%	171円
8	父ベーカバド	2-3-3-8/16	50.0%	204円
9	江田　照男	3-5-0-24/32	25.0%	176円
10	前走同級4～5着/東京芝1400	2-3-3-9/17	47.1%	95円

NAKAYAMA

芝1600m外

軸

軸的基本データ（人気別成績）

押さえておこう!!

	勝率	複勝率	単勝回収値	複勝回収値
1番人気	32.1% (-0.1)	60.0% (-3.8)	76円 (-2)	79円 (-4)
2～3番人気	14.5% (-1.6)	44.9% (-1.1)	74円 (-6)	82円 (±0)
4～5番人気	8.8% (+0.5)	30.1% (+0.5)	83円 (+4)	79円 (+2)
6～9番人気	4.4% (+0.8)	16.7% (+1.2)	98円 (+20)	79円 (+3)
10番人気以下	0.6% (-0.3)	4.3% (-0.2)	40円 (-24)	56円 (-8)

※カッコ内は平均値との差

鉄板力 混成ランキング［3着内数順］

儲かる軸馬の条件

上級条件（2勝C以上）

順位	条件	成績	複勝率	複回値
1	前走3角10番手以下	36-18-23-126/203	37.9%	85円
2	前走3角2～3番手	25-32-13-111/181	38.7%	92円
3	距離延長	22-24-18-103/167	38.3%	93円
4	戸崎　圭太	7-23-14-33/77	57.1%	119円
5	斤量53キロ以下	10-15-7-47/79	40.5%	102円
6	最内枠	8-5-10-38/61	37.7%	89円
7	横山　典弘	9-7-3-25/44	43.2%	116円
8	父キングカメハメハ	5-9-5-25/44	43.2%	106円
9	北村　宏司	5-9-3-22/39	43.6%	103円
10	大野　拓弥	6-3-6-23/38	39.5%	103円

下級条件（1勝C、未勝利）

順位	条件	成績	複勝率	複回値
1	同距離	103-86-78-341/608	43.9%	88円
2	前走3角2～3番手	52-37-36-149/274	45.6%	87円
3	ノーザンファーム生産馬	40-29-19-89/177	49.7%	90円
4	前走同級2～3着/中山芝1600外	32-20-24-75/151	50.3%	87円
5	前走馬体重500キロ以上	18-18-10-52/98	46.9%	87円
6	母父サンデーサイレンス	12-12-9-33/66	50.0%	103円
7	前走同級4～5着/中山芝1600外	7-13-10-48/78	38.5%	90円
8	三浦　皇成	6-11-10-27/54	50.0%	92円
9	大野　拓弥	10-11-6-38/65	41.5%	88円
10	柴田　大知	8-13-4-39/64	39.1%	97円

穴的基本データ（決着割合）

押さえておこう!!

決着	馬連での出現数	馬連での出現率	3連複での出現数	3連複での出現率
超堅（1～3番人気）	125	27.9%（-3.0）	31	6.9%（-1.6）
超堅～順当（1～5番人気）	240	53.6%（-4.1）	146	32.6%（-2.1）
超堅～中穴（1～7番人気）	333	74.3%（-2.3）	253	56.5%（-3.5）
超堅～波乱（1～9番人気）	398	88.8%（+0.8）	353	78.8%（+0.6）
大波乱（4～18番人気）	82	18.3%（+3.1）	41	9.2%（+1.9）

※カッコ内は平均値との差

儲かるヒモの条件

破壊力 混成ランキング［3着内数順］

上級条件（2勝C以上）

順位	条件	成績	複勝率	複回値
1	戸崎　圭太	8-23-15-43/89	51.7%	114円
2	父キングカメハメハ	5-11-7-65/88	26.1%	92円
3	横山　典弘	10-7-4-37/58	36.2%	114円
4	大野　拓弥	7-5-8-55/75	26.7%	98円
5	父ハーツクライ	3-6-8-47/64	26.6%	97円
6	前走同級4～5着/中山芝1600外	5-4-6-33/48	31.3%	108円
7	前走同級4～5着/東京芝1600	3-9-2-21/35	40.0%	96円
8	父メイショウサムソン	0-4-8-15/27	44.4%	166円
9	前走同級2～3着/東京芝1600	3-3-6-16/28	42.9%	92円
10	前走同級10着以下/東京芝1600	4-3-4-42/53	20.8%	120円

下級条件（1勝C、未勝利）

順位	条件	成績	複勝率	複回値
1	ノーザンファーム生産馬	41-31-24-149/245	39.2%	93円
2	前走3角1番手	18-14-13-132/177	25.4%	91円
3	父ディープインパクト	19-11-12-69/111	37.8%	100円
4	田辺　裕信	12-13-11-69/105	34.3%	97円
5	大野　拓弥	12-13-9-86/120	28.3%	98円
6	父キングカメハメハ	10-6-7-34/57	40.4%	131円
7	前走同級2～3着/東京芝1400	8-9-4-23/44	47.7%	91円
8	父ハービンジャー	7-6-6-32/51	37.3%	112円
9	父マンハッタンカフェ	5-3-10-22/40	45.0%	125円
10	母父サクラバクシンオー	5-7-5-39/56	30.4%	127円

NAKAYAMA

芝1800m内

軸

押さえておこう!!

軸的基本データ(人気別成績)

	勝率	複勝率	単勝回収値	複勝回収値
1番人気	31.7% (-0.5)	64.1% (+0.3)	76円 (-2)	84円 (+1)
2～3番人気	17.9% (+1.9)	46.8% (+0.8)	87円 (+7)	81円 (-1)
4～5番人気	9.0% (+0.7)	33.2% (+3.6)	80円 (+1)	83円 (+5)
6～9番人気	3.0% (-0.7)	15.3% (-0.2)	67円 (-11)	77円 (+1)
10番人気以下	0.6% (-0.3)	3.6% (-1.0)	34円 (-30)	49円 (-15)

※カッコ内は平均値との差

鉄板力 混成ランキング[3着内数順]

儲かる軸馬の条件

上級条件(2勝C以上)

順位	条件	成績	複勝率	複回値
1	休み明け(中10週以上)	19-22-20-85/146	41.8%	91円
2	前走馬体重500キロ以上	20-20-20-68/128	46.9%	102円
3	前走上がり3ハロン1位	8-14-14-43/79	45.6%	92円
4	前走3角1番手	8-11-4-31/54	42.6%	93円
5	最内枠	9-4-8-25/46	45.7%	107円
6	斤量53キロ以下	6-7-7-31/51	39.2%	98円
7	大外枠	6-8-4-24/42	42.9%	94円
8	父ステイゴールド	9-7-1-22/39	43.6%	86円
9	父ダイワメジャー	3-5-5-11/24	54.2%	114円
10	北村　宏司	6-4-2-9/21	57.1%	121円

下級条件(1勝C、未勝利)

順位	条件	成績	複勝率	複回値
1	同距離	56-36-30-154/276	44.2%	86円
2	前走3角2～3番手	28-26-15-81/150	46.0%	89円
3	休み明け(中10週以上)	18-19-16-82/135	39.3%	91円
4	父ディープインパクト	19-12-5-29/65	55.4%	96円
5	前走3角1番手	11-9-12-25/57	56.1%	103円
6	母父アグネスタキオン	6-6-8-14/34	58.8%	104円
7	父ハーツクライ	8-7-5-20/40	50.0%	104円
8	関西馬	8-5-6-18/37	51.4%	109円
9	柴田　大知	5-7-7-25/44	43.2%	98円
10	父ステイゴールド	6-6-3-10/25	60.0%	113円

穴 中山

穴的基本データ（決着割合）

押さえておこう!!

決着	馬連での出現数	馬連での出現率	3連複での出現数	3連複での出現率
超堅（1～3番人気）	83	31.7%（+0.8）	19	7.3%（-1.3）
超堅～順当（1～5番人気）	168	64.1%（+6.4）	99	37.8%（+3.1）
超堅～中穴（1～7番人気）	219	83.6%（+6.9）	171	65.3%（+5.3）
超堅～波乱（1～9番人気）	244	93.1%（+5.1）	225	85.9%（+7.7）
大波乱（4～18番人気）	32	12.2%（-3.0）	19	7.3%（±0.0）

※カッコ内は平均値との差

儲かるヒモの条件　破壊力 混成ランキング［3着内数順］

上級条件（2勝C以上）

順位	条件	成績	複勝率	複回値
1	前走上がり3ハロン1位	9-11-13-51/84	39.3%	92円
2	最内枠	10-5-10-64/89	28.1%	96円
3	父ステイゴールド	9-7-3-39/58	32.8%	96円
4	父マンハッタンカフェ	4-7-5-25/41	39.0%	210円
5	父ダイワメジャー	4-6-6-29/45	35.6%	101円
6	前走同級2～3着/中山芝1800内	5-9-2-17/33	48.5%	91円
7	北村　宏司	7-4-3-21/35	40.0%	108円
8	横山　典弘	5-2-5-24/36	33.3%	107円
9	田辺　裕信	2-5-5-35/47	25.5%	92円
10	前走同級4～5着/中山芝1800内	4-5-2-13/24	45.8%	108円

下級条件（1勝C、未勝利）

順位	条件	成績	複勝率	複回値
1	前走3角2～3番手	29-29-26-151/235	35.7%	122円
2	前走馬体重500キロ以上	9-11-10-77/107	28.0%	146円
3	母父アグネスタキオン	7-8-10-43/68	36.8%	134円
4	母父サンデーサイレンス	5-7-12-94/118	20.3%	95円
5	関西馬	8-7-6-27/48	43.8%	113円
6	前走同級2～3着/東京芝1800	10-7-4-21/42	50.0%	90円
7	父ステイゴールド	6-8-5-42/61	31.1%	100円
8	前走同級4～5着/中山芝1800内	4-7-2-26/39	33.3%	97円
9	父アイルハヴアナザー	2-6-3-20/31	35.5%	185円
10	横山　典弘	4-1-5-24/34	29.4%	107円

NAKAYAMA

芝2000m内

軸

押さえておこう!!

軸的基本データ(人気別成績)

	勝率	複勝率	単勝回収値	複勝回収値
1番人気	34.4% (+2.2)	68.1% (+4.2)	80円 (+2)	88円 (+4)
2～3番人気	16.9% (+0.9)	47.8% (+1.8)	84円 (+4)	84円 (+2)
4～5番人気	8.2% (-0.1)	28.1% (-1.6)	75円 (-4)	69円 (-9)
6～9番人気	3.3% (-0.3)	16.1% (+0.6)	74円 (-4)	83円 (+6)
10番人気以下	0.4% (-0.5)	3.3% (-1.2)	41円 (-22)	50円 (-14)

※カッコ内は平均値との差

鉄板力 混成ランキング[3着内数順]

儲かる軸馬の条件

上級条件(2勝C以上)

順位	条件	成績	複勝率	複回値
1	ノーザンファーム生産馬	38-39-29-126/232	45.7%	86円
2	前走3角2～3番手	23-19-20-89/151	41.1%	91円
3	休み明け(中10週以上)	23-20-17-77/137	43.8%	100円
4	母父サンデーサイレンス	7-10-12-39/68	42.6%	92円
5	最内枠	7-10-11-35/63	44.4%	93円
6	父ステイゴールド	10-8-4-25/47	46.8%	94円
7	C.ルメール	9-6-6-13/34	61.8%	94円
8	父ハービンジャー	8-4-6-20/38	47.4%	99円
9	田辺　裕信	5-6-6-29/46	37.0%	108円
10	川田　将雅	7-5-2-6/20	70.0%	127円

下級条件(1勝C、未勝利)

順位	条件	成績	複勝率	複回値
1	前走3角2～3番手	45-40-29-120/234	48.7%	92円
2	ノーザンファーム生産馬	51-38-20-107/216	50.5%	94円
3	前走同級2～3着/中山芝2000内	17-20-21-33/91	63.7%	103円
4	戸崎　圭太	20-17-17-43/97	55.7%	91円
5	距離短縮	15-15-20-62/112	44.6%	91円
6	前走3角1番手	9-13-14-37/73	49.3%	87円
7	父ステイゴールド	10-10-14-44/78	43.6%	94円
8	柴田　大知	7-15-9-37/68	45.6%	87円
9	C.ルメール	18-4-5-11/38	71.1%	100円
10	母父ダンスインザダーク	7-5-8-22/42	47.6%	113円

穴 中山

穴的基本データ（決着割合）

押さえておこう!!

決着	馬連での出現数	馬連での出現率	3連複での出現数	3連複での出現率
超堅 （1～3番人気）	127	35.3%（+4.3）	41	11.4%（+2.8）
超堅～順当 （1～5番人気）	228	63.3%（+5.6）	130	36.1%（+1.4）
超堅～中穴 （1～7番人気）	290	80.6%（+3.9）	235	65.3%（+5.3）
超堅～波乱 （1～9番人気）	335	93.1%（+5.1）	305	84.7%（+6.5）
大波乱 （4～18番人気）	44	12.2%（-3.0）	20	5.6%（-1.7）

※カッコ内は平均値との差

儲かるヒモの条件　破壊力 混成ランキング［3着内数順］

上級条件（2勝C以上）

順位	条件	成績	複勝率	複回値
1	休み明け(中10週以上)	24-23-23-171/241	29.0%	113円
2	最内枠	8-10-13-66/97	32.0%	91円
3	父ステイゴールド	12-9-7-48/76	36.8%	110円
4	C.ルメール	9-6-6-13/34	61.8%	94円
5	父マンハッタンカフェ	3-4-7-28/42	33.3%	150円
6	川田　将雅	7-5-2-7/21	66.7%	121円
7	父ルーラーシップ	3-5-3-17/28	39.3%	141円
8	内田　博幸	4-3-4-41/52	21.2%	108円
9	松岡　正海	2-7-1-28/38	26.3%	122円
10	母父フレンチデピュティ	3-2-5-23/33	30.3%	106円

下級条件（1勝C、未勝利）

順位	条件	成績	複勝率	複回値
1	ノーザンファーム生産馬	54-41-27-198/320	38.1%	98円
2	父ハーツクライ	18-10-14-107/149	28.2%	100円
3	田辺　裕信	13-14-12-66/105	37.1%	99円
4	大外枠	11-11-9-147/178	17.4%	97円
5	C.ルメール	18-4-5-11/38	71.1%	100円
6	母父ダンスインザダーク	7-8-10-78/103	24.3%	92円
7	大野　拓弥	9-4-11-79/103	23.3%	104円
8	吉田　豊	6-9-3-57/75	24.0%	114円
9	前走同級6～9着/東京芝1800	2-10-4-54/70	22.9%	101円
10	母父スペシャルウィーク	6-4-5-45/60	25.0%	117円

NAKAYAMA

芝2200m外

軸

押さえておこう!!

軸的基本データ(人気別成績)

	勝率	複勝率	単勝回収値	複勝回収値
1番人気	31.4% (-0.8)	67.8% (+3.9)	75円 (-3)	88円 (+4)
2~3番人気	16.1% (+0.0)	47.1% (+1.1)	80円 (-1)	80円 (-2)
4~5番人気	12.4% (+4.1)	34.7% (+5.1)	105円 (+26)	84円 (+6)
6~9番人気	2.9% (-0.7)	14.2% (-1.3)	65円 (-13)	66円 (-11)
10番人気以下	0.0% (-0.9)	2.3% (-2.2)	0円 (-64)	33円 (-32)

※カッコ内は平均値との差

鉄板力 混成ランキング[3着内数順]

儲かる軸馬の条件

上級条件(2勝C以上)

順位	条件	成績	複勝率	複回値
1	休み明け(中10週以上)	14-15-12-45/86	47.7%	97円
2	距離延長	11-12-16-49/88	44.3%	97円
3	関西馬	13-9-9-48/79	39.2%	87円
4	前走3角2~3番手	10-6-8-33/57	42.1%	103円
5	社台ファーム生産馬	3-4-13-22/42	47.6%	106円
6	前走上がり3ハロン1位	8-6-3-20/37	45.9%	90円
7	最内枠	3-3-4-10/20	50.0%	103円
8	父ハーツクライ	0-3-6-9/18	50.0%	115円
9	C.ルメール	3-6-0-6/15	60.0%	86円
10	戸崎　圭太	2-5-2-11/20	45.0%	86円

下級条件(1勝C、未勝利)

順位	条件	成績	複勝率	複回値
1	前走上がり3ハロン1位	17-17-9-24/67	64.2%	109円
2	前走馬体重500キロ以上	15-13-12-42/82	48.8%	95円
3	社台ファーム生産馬	9-13-17-41/80	48.8%	92円
4	ノーザンファーム生産馬	17-15-4-41/77	46.8%	85円
5	前走同級2~3着/中山芝2000内	10-8-4-17/39	56.4%	87円
6	父ステイゴールド	10-3-6-17/36	52.8%	88円
7	父ハーツクライ	4-6-8-18/36	50.0%	97円
8	母父サンデーサイレンス	4-8-6-23/41	43.9%	88円
9	父ディープインパクト	9-5-3-17/34	50.0%	86円
10	父ハービンジャー	4-6-5-17/32	46.9%	98円

穴 中山

穴的基本データ（決着割合）

押さえておこう!!

決着	馬連での出現数	馬連での出現率	3連複での出現数	3連複での出現率
超堅　（1～3番人気）	42	34.7%（+3.8）	11	9.1%（+0.5）
超堅～順当　（1～5番人気）	85	70.2%（+12.6）	50	41.3%（+6.6）
超堅～中穴　（1～7番人気）	105	86.8%（+10.1）	91	75.2%（+15.2）
超堅～波乱　（1～9番人気）	117	96.7%（+8.7）	107	88.4%（+10.2）
大波乱　（4～18番人気）	15	12.4%（-2.8）	6	5.0%（-2.3）

※カッコ内は平均値との差

儲かるヒモの条件

破壊力 混成ランキング［3着内数順］

上級条件（2勝C以上）

順位	条件	成績	複勝率	複回値
1	父ステイゴールド	5-6-7-43/61	29.5%	121円
2	前走同級10着以下/東京芝2400	3-3-3-8/17	52.9%	181円
3	石橋　脩	1-3-3-16/23	30.4%	98円
4	母父クロフネ	1-4-1-2/8	75.0%	134円
5	母父ブライアンズタイム	1-3-2-8/14	42.9%	99円
6	北村　宏司	3-2-1-12/18	33.3%	97円
7	柴田　大知	1-2-2-18/23	21.7%	91円
8	父ドリームジャーニー	2-1-1-3/7	57.1%	110円
9	前走同級10着以下/中山芝2000内	1-1-1-5/8	37.5%	238円
10	前走同級6～9着/中山芝2000内	0-2-1-7/10	30.0%	222円

下級条件（1勝C、未勝利）

順位	条件	成績	複勝率	複回値
1	前走上がり3ハロン1位	12-14-5-27/58	53.4%	102円
2	父ディープインパクト	9-6-5-24/44	45.5%	103円
3	父ハーツクライ	4-6-9-37/56	33.9%	107円
4	関西馬	1-6-6-19/32	40.6%	91円
5	津村　明秀	3-4-3-13/23	43.5%	164円
6	内田　博幸	4-3-3-25/35	28.6%	106円
7	前走同級2～3着/東京芝2400	4-3-3-8/18	55.6%	91円
8	父オルフェーヴル	3-3-3-15/24	37.5%	139円
9	母父キングカメハメハ	3-4-1-18/26	30.8%	103円
10	横山　典弘	1-3-4-9/17	47.1%	96円

NAKAYAMA

芝2500m内

軸

押さえておこう!!

軸的基本データ(人気別成績)

	勝率	複勝率	単勝回収値	複勝回収値
1番人気	31.5% (-0.7)	64.4% (+0.5)	80円 (+2)	86円 (+2)
2~3番人気	17.1% (+1.1)	50.7% (+4.7)	87円 (+7)	87円 (+5)
4~5番人気	8.9% (+0.6)	29.5% (-0.2)	72円 (-7)	73円 (-4)
6~9番人気	3.5% (-0.1)	17.4% (+1.9)	94円 (+16)	77円 (+1)
10番人気以下	0.8% (-0.1)	2.3% (-2.3)	38円 (-26)	22円 (-42)

※カッコ内は平均値との差

鉄板力 混成ランキング[3着内数順]

儲かる軸馬の条件

上級条件(2勝C以上)

順位	条件	成績	複勝率	複回値
1	関西馬	17-15-15-63/110	42.7%	87円
2	前走馬体重500キロ以上	13-14-11-51/89	42.7%	92円
3	父ステイゴールド	11-12-11-36/70	48.6%	92円
4	同距離	10-9-12-37/68	45.6%	90円
5	前走上がり3ハロン1位	8-9-8-31/56	44.6%	90円
6	距離短縮	7-6-8-34/55	38.2%	86円
7	大外枠	6-6-1-16/29	44.8%	93円
8	前走同級4~5着/東京芝2400	3-2-5-6/16	62.5%	139円
9	前走3角1番手	3-4-3-13/23	43.5%	113円
10	田辺　裕信	1-1-8-14/24	41.7%	110円

下級条件(1勝C、未勝利)

順位	条件	成績	複勝率	複回値
1	前走3角2~3番手	2-1-2-3/8	62.5%	184円
2	ノーザンファーム生産馬	2-2-1-3/8	62.5%	121円
3	前走馬体重500キロ以上	1-3-0-4/8	50.0%	99円
4	休み明け(中10週以上)	2-1-1-5/9	44.4%	96円
5	最内枠	1-1-1-1/4	75.0%	148円
6	戸崎　圭太	1-2-0-1/4	75.0%	148円
7	北村　宏司	1-0-1-1/3	66.7%	280円
8	関西馬	0-1-1-1/3	66.7%	210円
9	父ドリームジャーニー	0-1-1-0/2	100.0%	205円
10	母父サンデーサイレンス	2-0-0-1/3	66.7%	167円

穴

中山

穴的基本データ（決着割合）

押さえておこう!!

決着	馬連での出現数	馬連での出現率	3連複での出現数	3連複での出現率
超堅　（1～3番人気）	24	32.9% (+1.9)	9	12.3% (+3.8)
超堅～順当　（1～5番人気）	40	54.8% (-2.9)	29	39.7% (+5.0)
超堅～中穴　（1～7番人気）	58	79.5% (+2.8)	49	67.1% (+7.2)
超堅～波乱　（1～9番人気）	68	93.2% (+5.2)	67	91.8% (+13.6)
大波乱　（4～18番人気）	12	16.4% (+1.3)	7	9.6% (+2.4)

※カッコ内は平均値との差

儲かるヒモの条件　破壊力 混成ランキング［3着内数順］

上級条件（2勝C以上）

順位	条件	成績	複勝率	複回値
1	母父サンデーサイレンス	2-7-8-47/64	26.6%	98円
2	田辺　裕信	2-2-8-22/34	35.3%	120円
3	前走同級4～5着/東京芝2400	3-2-6-10/21	52.4%	123円
4	C.ルメール	2-3-5-5/15	66.7%	115円
5	前走同級4～5着/中山芝2500内	1-3-5-12/21	42.9%	114円
6	岩田　康誠	3-2-2-12/19	36.8%	100円
7	母父エリシオ	2-3-2-5/12	58.3%	94円
8	吉田　隼人	3-2-1-6/12	50.0%	161円
9	前走下級1着/福島芝2600	2-3-1-7/13	46.2%	156円
10	父ネオユニヴァース	1-3-2-10/16	37.5%	115円

下級条件（1勝C、未勝利）

順位	条件	成績	複勝率	複回値
1	前走3角2～3番手	2-1-3-7/13	46.2%	152円
2	最内枠	1-1-1-1/4	75.0%	148円
3	戸崎　圭太	1-2-0-1/4	75.0%	148円
4	北村　宏司	1-0-1-1/3	66.7%	280円
5	父ドリームジャーニー	0-1-1-0/2	100.0%	205円
6	前走同級2～3着/新潟芝2400内	1-0-1-1/3	66.7%	160円
7	母父サンデーサイレンス	2-0-0-2/4	50.0%	125円
8	距離短縮	1-0-1-5/7	28.6%	99円
9	父ハーツクライ	1-1-0-2/4	50.0%	95円
10	関西馬	0-1-1-5/7	28.6%	90円

NAKAYAMA

芝3600m内

軸

押さえておこう!!

軸的基本データ(人気別成績)

	勝率	複勝率	単勝回収値	複勝回収値
1番人気	57.1% (+24.9)	100.0% (+36.1)	139円 (+61)	146円 (+62)
2~3番人気	7.1% (-8.9)	42.9% (-3.1)	37円 (-43)	64円 (-18)
4~5番人気	0.0% (-8.3)	21.4% (-8.2)	0円 (-79)	44円 (-34)
6~9番人気	7.1% (+3.5)	14.3% (-1.2)	94円 (+16)	55円 (-21)
10番人気以下	0.0% (-0.9)	3.1% (-1.4)	0円 (-64)	38円 (-27)

※カッコ内は平均値との差

鉄板力 混成ランキング[3着内数順]

儲かる軸馬の条件

上級条件(2勝C以上)

順位	条件	成績	複勝率	複回値
1	距離延長	7-7-6-24/44	45.5%	93円
2	関東馬	5-2-5-9/21	57.1%	108円
3	ノーザンファーム生産馬	4-3-4-3/14	78.6%	120円
4	前走3角10番手以下	2-3-2-6/13	53.8%	125円
5	父ディープインパクト	1-2-2-5/10	50.0%	95円
6	休み明け(中10週以上)	2-1-1-6/10	40.0%	112円
7	母父ダンスインザダーク	3-1-0-1/5	80.0%	110円
8	横山　典弘	2-1-0-0/3	100.0%	313円
9	母父ブライアンズタイム	1-0-2-0/3	100.0%	183円
10	前走3角2~3番手	1-1-1-3/6	50.0%	118円

下級条件(1勝C、未勝利)

順位	条件	成績	複勝率	複回値
1				
2				
3				
4				
5				
6				
7				
8				
9				
10				

穴的基本データ(決着割合)

押さえておこう!!

決着	馬連での出現数	馬連での出現率	3連複での出現数	3連複での出現率
超堅 (1~3番人気)	3	42.9% (+11.9)	2	28.6% (+20.0)
超堅~順当 (1~5番人気)	4	57.1% (-0.5)	4	57.1% (+22.4)
超堅~中穴 (1~7番人気)	6	85.7% (+9.1)	5	71.4% (+11.5)
超堅~波乱 (1~9番人気)	7	100.0% (+12.0)	6	85.7% (+7.5)
大波乱 (4~18番人気)	1	14.3% (-0.9)	0	0.0% (-7.2)

※カッコ内は平均値との差

儲かるヒモの条件

破壊力 混成ランキング[3着内数順]

上級条件(2勝C以上)

順位	条件	成績	複勝率	複回値
1	父ディープインパクト	1-2-2-5/10	50.0%	95円
2	横山 典弘	2-1-0-1/4	75.0%	235円
3	母父ブライアンズタイム	1-0-2-1/4	75.0%	138円
4	津村 明秀	0-1-1-2/4	50.0%	433円
5	父オルフェーヴル	1-1-0-1/3	66.7%	317円
6	C.ルメール	0-0-2-0/2	100.0%	150円
7	前走上がり3ハロン1位	1-1-0-2/4	50.0%	93円
8	母父ルーラーシップ	0-0-1-0/1	100.0%	1210円
9	前走同級6~9着/東京芝3400	0-1-0-0/1	100.0%	520円
10	母父Bahri	1-0-0-0/1	100.0%	430円

下級条件(1勝C、未勝利)

順位	条件	成績	複勝率	複回値
1				
2				
3				
4				
5				
6				
7				
8				
9				
10				

NAKAYAMA
ダ1200m

軸

押さえておこう!!

軸的基本データ（人気別成績）

	勝率	複勝率	単勝回収値	複勝回収値
1番人気	32.9% (+0.7)	63.1% (-0.8)	81円 (+3)	83円 (±0)
2～3番人気	16.0% (+0.0)	44.7% (-1.3)	84円 (+4)	81円 (-1)
4～5番人気	8.5% (+0.2)	30.0% (+0.3)	80円 (±0)	81円 (+4)
6～9番人気	3.0% (-0.6)	15.5% (+0.0)	67円 (-11)	76円 (±0)
10番人気以下	0.9% (+0.0)	3.9% (-0.7)	57円 (-6)	58円 (-6)

※カッコ内は平均値との差

鉄板力 混成ランキング［3着内数順］

儲かる軸馬の条件

上級条件（2勝C以上）

順位	条件	成績	複勝率	複回値
1	前走馬体重500キロ以上	54-57-49-258/418	38.3%	90円
2	関西馬	44-42-44-244/374	34.8%	86円
3	前走3角10番手以下	22-24-32-150/228	34.2%	86円
4	社台ファーム生産馬	13-10-13-50/86	41.9%	103円
5	父サウスヴィグラス	5-11-8-37/61	39.3%	96円
6	内田　博幸	10-6-8-34/58	41.4%	96円
7	父キンシャサノキセキ	5-7-7-24/43	44.2%	111円
8	田辺　裕信	6-5-7-33/51	35.3%	97円
9	母父サンデーサイレンス	7-6-5-31/49	36.7%	95円
10	横山　典弘	8-2-8-28/46	39.1%	90円

下級条件（1勝C、未勝利）

順位	条件	成績	複勝率	複回値
1	距離短縮	116-133-115-494/858	42.4%	90円
2	前走馬体重500キロ以上	98-78-65-332/573	42.1%	89円
3	田辺　裕信	37-36-32-124/229	45.9%	89円
4	父サウスヴィグラス	38-35-30-106/209	49.3%	103円
5	大外枠	37-36-30-160/263	39.2%	88円
6	大野　拓弥	21-28-22-87/158	44.9%	98円
7	前走同級2～3着/東京ダ1400	24-27-11-45/107	57.9%	88円
8	父キンシャサノキセキ	19-22-17-63/121	47.9%	93円
9	横山　典弘	20-20-12-53/105	49.5%	97円
10	母父クロフネ	12-18-13-43/86	50.0%	104円

穴

中山

穴的基本データ（決着割合）

押さえておこう!!

決着	馬連での出現数	馬連での出現率	3連複での出現数	3連複での出現率
超堅 (1～3番人気)	284	29.9% (-1.1)	73	7.7% (-0.9)
超堅～順当 (1～5番人気)	543	57.1% (-0.6)	309	32.5% (-2.2)
超堅～中穴 (1～7番人気)	712	74.9% (-1.8)	552	58.0% (-1.9)
超堅～波乱 (1～9番人気)	817	85.9% (-2.1)	723	76.0% (-2.2)
大波乱 (4～18番人気)	136	14.3% (-0.9)	71	7.5% (+0.3)

※カッコ内は平均値との差

儲かるヒモの条件　破壊力 混成ランキング［3着内数順］

上級条件（2勝C以上）

順位	条件	成績	複勝率	複回値
1	前走馬体重500キロ以上	64-72-68-668/872	23.4%	96円
2	関西馬	61-49-56-556/722	23.0%	97円
3	距離短縮	43-34-42-469/588	20.2%	118円
4	前走3角2～3番手	35-31-26-303/395	23.3%	90円
5	休み明け(中10週以上)	28-24-19-367/438	16.2%	96円
6	前走3角1番手	17-18-13-117/165	29.1%	117円
7	社台ファーム生産馬	15-13-16-122/166	26.5%	115円
8	前走同級6～9着/中山ダ1200	6-10-19-171/206	17.0%	92円
9	最内枠	12-9-9-119/149	20.1%	99円
10	田辺　裕信	7-7-8-60/82	26.8%	103円

下級条件（1勝C、未勝利）

順位	条件	成績	複勝率	複回値
1	大野　拓弥	22-33-33-236/324	27.2%	91円
2	父キンシャサノキセキ	22-24-22-162/230	29.6%	102円
3	北村　宏司	18-17-30-160/225	28.9%	99円
4	母父サンデーサイレンス	22-19-20-269/330	18.5%	93円
5	母父クロフネ	15-19-21-145/200	27.5%	106円
6	武藤　雅	13-16-7-135/171	21.1%	112円
7	前走同級6～9着/新潟ダ1200	4-12-16-143/175	18.3%	100円
8	前走同級2～3着/福島ダ1150	13-5-9-20/47	57.4%	104円
9	父ヘニーヒューズ	16-3-8-68/95	28.4%	94円
10	父ブラックタイド	5-9-9-49/72	31.9%	117円

NAKAYAMA

ダ1800m

軸

押さえておこう!!

軸的基本データ（人気別成績）

	勝率	複勝率	単勝回収値	複勝回収値
1番人気	33.9% (+1.7)	64.2% (+0.3)	78円 (±0)	82円 (-1)
2～3番人気	15.2% (-0.9)	46.1% (+0.1)	75円 (-5)	82円 (±0)
4～5番人気	7.6% (-0.7)	28.8% (-0.9)	76円 (-4)	76円 (-2)
6～9番人気	4.0% (+0.3)	15.6% (+0.1)	87円 (+9)	79円 (+3)
10番人気以下	0.8% (-0.1)	4.1% (-0.4)	61円 (-3)	65円 (+1)

※カッコ内は平均値との差

鉄板力 混成ランキング［3着内数順］

儲かる軸馬の条件

上級条件（2勝C以上）

順位	条件	成績	複勝率	複回値
1	前走3角2～3番手	40-34-30-154/258	40.3%	88円
2	前走3角10番手以下	28-27-27-143/225	36.4%	89円
3	前走上がり3ハロン1位	33-21-17-100/171	41.5%	88円
4	前走同級2～3着/中山ダ1800	28-16-18-68/130	47.7%	88円
5	母父サンデーサイレンス	22-17-18-93/150	38.0%	91円
6	父キングカメハメハ	17-15-10-58/100	42.0%	96円
7	前走下級1着/中山ダ1800	21-11-10-54/96	43.8%	87円
8	大野　拓弥	8-12-10-31/61	49.2%	101円
9	内田　博幸	10-12-4-35/61	42.6%	98円
10	母父フジキセキ	11-7-3-20/41	51.2%	98円

下級条件（1勝C、未勝利）

順位	条件	成績	複勝率	複回値
1	前走上がり3ハロン1位	86-70-64-225/445	49.4%	87円
2	大外枠	52-39-42-141/274	48.5%	100円
3	母父サンデーサイレンス	44-34-21-122/221	44.8%	89円
4	斤量53キロ以下	34-26-36-158/254	37.8%	97円
5	前走同級6～9着/中山ダ1800	28-24-37-149/238	37.4%	96円
6	三浦　皇成	34-33-18-95/180	47.2%	86円
7	大野　拓弥	31-16-26-118/191	38.2%	87円
8	父クロフネ	33-17-18-71/139	48.9%	91円
9	横山　典弘	26-22-17-62/127	51.2%	94円
10	父キングカメハメハ	29-26-9-61/125	51.2%	91円

穴的基本データ（決着割合）

押さえておこう!!

決着	馬連での出現数	馬連での出現率	3連複での出現数	3連複での出現率
超堅（1~3番人気）	338	33.4%(+2.4)	90	8.9%(+0.3)
超堅~順当（1~5番人気）	570	56.3%(-1.4)	355	35.0%(+0.3)
超堅~中穴（1~7番人気）	770	76.0%(-0.7)	608	60.0%(+0.1)
超堅~波乱（1~9番人気）	893	88.2%(+0.2)	802	79.2%(+1.0)
大波乱（4~18番人気）	162	16.0%(+0.8)	82	8.1%(+0.9)

※カッコ内は平均値との差

儲かるヒモの条件

破壊力 混成ランキング［3着内数順］

上級条件（2勝C以上）

順位	条件	成績	複勝率	複回値
1	前走馬体重500キロ以上	79-59-68-740/946	21.8%	93円
2	前走3角2~3番手	45-39-37-312/433	27.9%	96円
3	距離延長	35-37-45-518/635	18.4%	100円
4	前走3角10番手以下	38-37-41-569/685	16.9%	96円
5	母父サンデーサイレンス	25-19-27-231/302	23.5%	105円
6	ノーザンファーム生産馬	16-21-15-169/221	23.5%	92円
7	前走3角1番手	17-16-9-127/169	24.9%	96円
8	斤量53キロ以下	7-9-8-138/162	14.8%	133円
9	母父ブライアンズタイム	7-7-10-75/99	24.2%	110円
10	田中　勝春	5-7-7-64/83	22.9%	154円

下級条件（1勝C、未勝利）

順位	条件	成績	複勝率	複回値
1	ノーザンファーム生産馬	75-49-65-348/537	35.2%	99円
2	父キングカメハメハ	33-28-12-109/182	40.1%	92円
3	横山　典弘	28-23-19-94/164	42.7%	93円
4	父ネオユニヴァース	19-14-18-125/176	29.0%	108円
5	父アイルハヴアナザー	13-20-14-129/176	26.7%	121円
6	父ダイワメジャー	20-12-13-101/146	30.8%	100円
7	柴田　善臣	4-13-13-147/177	16.9%	99円
8	前走同級2~3着/福島ダ1700	11-8-8-22/49	55.1%	102円
9	母父フォーティナイナー	5-8-13-104/130	20.0%	109円
10	父スクリーンヒーロー	9-6-10-73/98	25.5%	96円

NAKAYAMA

ダ2400m

軸

押さえておこう!!

軸的基本データ(人気別成績)

	勝率	複勝率	単勝回収値	複勝回収値
1番人気	28.6% (-3.6)	51.4% (-12.4)	73円 (-5)	69円 (-14)
2～3番人気	11.4% (-4.6)	40.7% (-5.3)	53円 (-27)	77円 (-4)
4～5番人気	14.3% (+6.0)	37.1% (+7.5)	132円 (+53)	99円 (+21)
6～9番人気	4.7% (+1.1)	17.4% (+1.9)	127円 (+49)	92円 (+16)
10番人気以下	0.4% (-0.6)	6.0% (+1.5)	12円 (-52)	104円 (+39)

※カッコ内は平均値との差

鉄板力 混成ランキング[3着内数順]

儲かる軸馬の条件

上級条件(2勝C以上)

順位	条件	成績	複勝率	複回値
1	前走3角10番手以下	6-5-6-30/47	36.2%	89円
2	前走同級2～3着/東京ダ2100	3-3-2-3/11	72.7%	129円
3	大外枠	2-3-3-10/18	44.4%	94円
4	父キングカメハメハ	1-3-2-13/19	31.6%	96円
5	ノーザンファーム生産馬	3-2-1-14/20	30.0%	95円
6	柴田　大知	4-1-0-3/8	62.5%	110円
7	田辺　裕信	0-1-4-6/11	45.5%	103円
8	母父エルコンドルパサー	1-1-2-4/8	50.0%	126円
9	母父コマンダーインチーフ	0-0-4-2/6	66.7%	118円
10	横山　典弘	2-2-0-5/9	44.4%	94円

下級条件(1勝C、未勝利)

順位	条件	成績	複勝率	複回値
1	距離延長	10-12-11-43/76	43.4%	98円
2	前走3角10番手以下	6-3-8-26/43	39.5%	90円
3	同距離	6-3-5-24/38	36.8%	87円
4	前走3角2～3番手	6-3-4-17/30	43.3%	95円
5	休み明け(中10週以上)	4-1-3-11/19	42.1%	111円
6	社台ファーム生産馬	4-2-2-10/18	44.4%	103円
7	母父エルコンドルパサー	1-4-1-2/8	75.0%	171円
8	前走同級10着以下/中山ダ1800	2-3-1-4/10	60.0%	167円
9	前走同級6～9着/東京ダ2100	2-1-2-3/8	62.5%	156円
10	父ナカヤマフェスタ	0-4-1-2/7	71.4%	150円

穴

穴的基本データ（決着割合）

押さえておこう!!

決着	馬連での出現数	馬連での出現率	3連複での出現数	3連複での出現率
超堅（1～3番人気）	12	17.1%(-13.8)	4	5.7%(-2.8)
超堅～順当（1～5番人気）	39	55.7%(-2.0)	20	28.6%(-6.2)
超堅～中穴（1～7番人気）	48	68.6%(-8.1)	37	52.9%(-7.1)
超堅～波乱（1～9番人気）	61	87.1%(-0.9)	55	78.6%(+0.4)
大波乱（4～18番人気）	16	22.9%(+7.7)	8	11.4%(+4.2)

※カッコ内は平均値との差

儲かるヒモの条件

破壊力 混成ランキング［3着内数順］

上級条件（2勝C以上）

順位	条件	成績	複勝率	複回値
1	母父ブライアンズタイム	3-3-3-12/21	42.9%	164円
2	父キングカメハメハ	4-3-2-20/29	31.0%	149円
3	母父サンデーサイレンス	3-5-1-33/42	21.4%	91円
4	前走同級2～3着/東京ダ2100	3-3-2-4/12	66.7%	118円
5	田辺　裕信	1-1-4-9/15	40.0%	143円
6	母父エルコンドルパサー	1-1-3-10/15	33.3%	151円
7	戸崎　圭太	1-1-3-11/16	31.3%	119円
8	前走同級6～9着/中山ダ1800	2-0-2-3/7	57.1%	341円
9	勝浦　正樹	0-3-1-2/6	66.7%	275円
10	母父アフリート	2-0-2-4/8	50.0%	156円

下級条件（1勝C、未勝利）

順位	条件	成績	複勝率	複回値
1	関東馬	23-24-19-216/282	23.4%	132円
2	距離延長	12-14-16-119/161	26.1%	120円
3	前走3角10番手以下	8-6-13-82/109	24.8%	192円
4	前走3角2～3番手	6-4-5-30/45	33.3%	180円
5	休み明け（中10週以上）	4-2-4-26/36	27.8%	109円
6	距離短縮	3-4-2-24/33	27.3%	348円
7	母父サンデーサイレンス	1-3-4-16/24	33.3%	640円
8	前走同級10着以下/中山ダ1800	2-3-3-23/31	25.8%	220円
9	ノーザンファーム生産馬	2-2-4-24/32	25.0%	144円
10	母父エルコンドルパサー	1-4-2-4/11	63.6%	153円

NAKAYAMA

ダ2500m

軸

押さえておこう!!

軸的基本データ(人気別成績)

	勝率	複勝率	単勝回収値	複勝回収値
1番人気	85.7% (+53.5)	100.0% (+36.1)	240円 (+162)	139円 (+55)
2~3番人気	0.0% (-16.1)	50.0% (+4.0)	0円 (-80)	84円 (+2)
4~5番人気	7.1% (-1.2)	14.3% (-15.3)	65円 (-14)	24円 (-53)
6~9番人気	0.0% (-3.6)	14.3% (-1.2)	0円 (-78)	63円 (-13)
10番人気以下	0.0% (-0.9)	2.7% (-1.8)	0円 (-64)	29円 (-35)

※カッコ内は平均値との差

鉄板力 混成ランキング[3着内数順]

儲かる軸馬の条件

上級条件(2勝C以上)

順位	条件	成績	複勝率	複回値
1				
2				
3				
4				
5				
6				
7				
8				
9				
10				

下級条件(1勝C、未勝利)

順位	条件	成績	複勝率	複回値
1	社台ファーム生産馬	4-0-2-2/8	75.0%	128円
2	前走同級2~3着/東京ダ2100	1-2-0-2/5	60.0%	116円
3	前走上がり3ハロン1位	2-1-0-1/4	75.0%	113円
4	前走3角1番手	2-1-0-1/4	75.0%	108円
5	父マンハッタンカフェ	1-0-1-0/2	100.0%	205円
6	母父アグネスワールド	1-0-1-0/2	100.0%	205円
7	芝→ダ替わり	0-1-1-0/2	100.0%	200円
8	丹内　祐次	0-1-1-0/2	100.0%	170円
9	前走同級4~5着/東京ダ2100	2-0-0-0/2	100.0%	155円
10	父ステイゴールド	1-1-0-2/4	50.0%	105円

穴

中山

穴的基本データ（決着割合）

押さえておこう!!

決着	馬連での出現数	馬連での出現率	3連複での出現数	3連複での出現率
超堅（1~3番人気）	3	42.9% (+11.9)	1	14.3% (+5.7)
超堅~順当（1~5番人気）	5	71.4% (+13.7)	3	42.9% (+8.1)
超堅~中穴（1~7番人気）	6	85.7% (+9.1)	4	57.1% (-2.8)
超堅~波乱（1~9番人気）	7	100.0% (+12.0)	6	85.7% (+7.5)
大波乱（4~18番人気）	0	0.0% (-15.2)	0	0.0% (-7.2)

※カッコ内は平均値との差

儲かるヒモの条件

破壊力 混成ランキング［3着内数順］

上級条件（2勝C以上）

順位	条件	成績	複勝率	複回値
1				
2				
3				
4				
5				
6				
7				
8				
9				
10				

下級条件（1勝C、未勝利）

順位	条件	成績	複勝率	複回値
1	社台ファーム生産馬	4-1-2-4/11	63.6%	145円
2	休み明け(中10週以上)	3-0-1-8/12	33.3%	91円
3	前走同級2~3着/東京ダ2100	1-2-0-2/5	60.0%	116円
4	大外枠	0-1-1-3/5	40.0%	248円
5	父マンハッタンカフェ	1-0-1-0/2	100.0%	205円
6	母父アグネスワールド	1-0-1-0/2	100.0%	205円
7	前走同級4~5着/東京ダ2100	2-0-0-0/2	100.0%	155円
8	父ステイゴールド	1-1-0-2/4	50.0%	105円
9	前走同級10着以下/中京ダ1800	0-0-1-0/1	100.0%	1090円
10	黛 弘人	0-0-1-0/1	100.0%	1090円

鉄板力&破壊力ランキング

本書に掲載した各コースのうち、複勝率が高い軸データTOP3と、
複勝回収率が高い穴データTOP3の項目をピックアップしました。

※軸データ、穴データ共にサンプル数50以上のものに限る。

軸

1 中山芝2200外 下級条件
前走上がり3ハロン1位
着別度数 17-17-9-24/67 複勝率 64.2% 複回値 109円

2 中山芝2000内 下級条件
前走同級2～3着/中山芝2000内
着別度数 17-20-21-33/91 複勝率 63.7% 複回値 103円

3 中山ダ1200 下級条件
前走同級2～3着/東京ダ1400
着別度数 24-27-11-45/107 複勝率 57.9% 複回値 88円

穴

1 中山ダ2400 下級条件
前走3角10番手以下
着別度数 8-6-13-82/109 複勝率 24.8% 複回値 192円

2 中山ダ1800 上級条件
田中　勝春
着別度数 5-7-7-64/83 複勝率 22.9% 複回値 154円

3 中山芝1800内 下級条件
前走馬体重500キロ以上
着別度数 9-11-10-77/107 複勝率 28.0% 複回値 146円

阪神競馬場

HANSHIN RACE COURCE

芝1200m内	芝2200m	ダ1400m
芝1400m	芝2400m外	ダ1800m
芝1600m外	芝2600m	ダ2000m
芝1800m外	芝3000m	
芝2000m	ダ1200m	

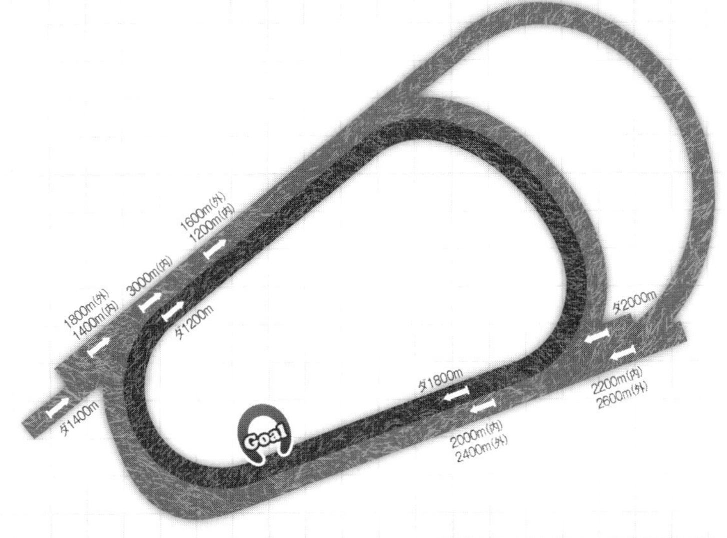

HANSHIN

芝1200m外

軸

押さえておこう!! 軸的基本データ(人気別成績)

	勝率	複勝率	単勝回収値	複勝回収値
1番人気	28.4% (-3.8)	60.7% (-3.2)	68円 (-10)	81円 (-3)
2～3番人気	16.1% (+0.1)	45.9% (-0.1)	82円 (+2)	82円 (±0)
4～5番人気	11.2% (+2.9)	33.9% (+4.2)	101円 (+22)	86円 (+8)
6～9番人気	3.3% (-0.3)	13.8% (-1.7)	66円 (-12)	61円 (-15)
10番人気以下	0.8% (-0.1)	5.8% (+1.3)	47円 (-17)	75円 (+11)

※カッコ内は平均値との差

鉄板力 混成ランキング[3着内数順] 儲かる軸馬の条件

上級条件(2勝C以上)

順位	条件	成績	複勝率	複回値
1	前走3角2～3番手	10-12-13-36/71	49.3%	109円
2	距離短縮	12-10-10-51/83	38.6%	87円
3	前走馬体重500キロ以上	13-7-9-40/69	42.0%	97円
4	前走3角1番手	5-7-6-21/39	46.2%	97円
5	父アドマイヤムーン	8-6-3-16/33	51.5%	92円
6	前走上がり3ハロン1位	7-4-6-26/43	39.5%	91円
7	関東馬	6-7-3-17/33	48.5%	129円
8	ダーレージャパンファーム生産馬	8-1-4-9/22	59.1%	104円
9	浜中 俊	5-3-4-12/24	50.0%	100円
10	母父ダイワメジャー	1-5-5-13/24	45.8%	95円

下級条件(1勝C、未勝利)

順位	条件	成績	複勝率	複回値
1	関西馬	60-53-52-241/406	40.6%	86円
2	距離短縮	10-18-18-62/108	42.6%	88円
3	前走3角2～3番手	19-12-14-59/104	43.3%	87円
4	休み明け(中10週以上)	7-10-11-34/62	45.2%	102円
5	前走同級2～3着/小倉芝1200	8-9-6-21/44	52.3%	102円
6	前走3角10番手以下	8-5-10-36/59	39.0%	95円
7	斤量53キロ以下	6-10-5-25/46	45.7%	113円
8	前走上がり3ハロン1位	8-8-4-29/49	40.8%	89円
9	ダ→芝替わり	4-8-5-23/40	42.5%	102円
10	ノーザンファーム生産馬	6-4-6-21/37	43.2%	87円

穴

阪神

穴的基本データ（決着割合）

押さえておこう!!

決着		馬連での出現数	馬連での出現率	3連複での出現数	3連複での出現率
超堅	(1〜3番人気)	58	31.7% (+0.8)	13	7.1% (-1.5)
超堅〜順当	(1〜5番人気)	112	61.2% (+3.5)	65	35.5% (+0.8)
超堅〜中穴	(1〜7番人気)	147	80.3% (+3.7)	120	65.6% (+5.6)
超堅〜波乱	(1〜9番人気)	158	86.3% (-1.7)	141	77.0% (-1.2)
大波乱	(4〜18番人気)	32	17.5% (+2.3)	15	8.2% (+1.0)

※カッコ内は平均値との差

儲かるヒモの条件

破壊力 混成ランキング［3着内数順］

上級条件（2勝C以上）

順位	条件	成績	複勝率	複回値
1	父ダイワメジャー	1-6-8-27/42	35.7%	119円
2	ノーザンファーム生産馬	3-5-7-48/63	23.8%	115円
3	前走上がり3ハロン1位	6-3-6-38/53	28.3%	95円
4	ダーレージャパンファーム生産馬	8-1-5-17/31	45.2%	90円
5	浜中　俊	5-4-4-16/29	44.8%	104円
6	前走下級1着/小倉芝1200	4-4-4-15/27	44.4%	136円
7	前走下級1着/阪神芝1200	2-2-7-6/17	64.7%	157円
8	母父サクラバクシンオー	1-4-6-23/34	32.4%	105円
9	大外枠	3-2-5-46/56	17.9%	131円
10	川田　将雅	1-6-3-13/23	43.5%	104円

下級条件（1勝C、未勝利）

順位	条件	成績	複勝率	複回値
1	ダ→芝替わり	6-10-8-129/153	15.7%	93円
2	父ダイワメジャー	6-2-9-42/59	28.8%	96円
3	武　豊	5-6-4-13/28	53.6%	135円
4	最内枠	5-3-7-49/64	23.4%	105円
5	川田　将雅	4-3-2-12/21	42.9%	103円
6	M.デムーロ	4-4-1-8/17	52.9%	98円
7	前走同級4〜5着/阪神芝1400	3-4-2-9/18	50.0%	94円
8	C.ルメール	2-4-2-3/11	72.7%	133円
9	秋山　真一郎	3-2-3-14/22	36.4%	114円
10	父ヨハネスブルグ	1-4-2-13/20	35.0%	267円

HANSHIN

芝1400m

軸

押さえておこう!!

軸的基本データ(人気別成績)

	勝率	複勝率	単勝回収値	複勝回収値
1番人気	29.6% (-2.6)	61.6% (-2.2)	74円 (-4)	80円 (-3)
2~3番人気	16.7% (+0.7)	46.7% (+0.7)	82円 (+2)	85円 (+3)
4~5番人気	9.0% (+0.7)	28.5% (-1.1)	91円 (+11)	80円 (+2)
6~9番人気	3.8% (+0.2)	16.0% (+0.5)	88円 (+10)	80円 (+3)
10番人気以下	0.8% (-0.1)	4.7% (+0.2)	31円 (-32)	83円 (+18)

※カッコ内は平均値との差

鉄板力 混成ランキング[3着内数順]

儲かる軸馬の条件

上級条件(2勝C以上)

順位	条件	成績	複勝率	複回値
1	関西馬	63-70-53-331/517	36.0%	85円
2	距離短縮	26-25-27-129/207	37.7%	90円
3	前走3角2~3番手	22-15-12-84/133	36.8%	94円
4	前走3角10番手以下	14-20-15-86/135	36.3%	92円
5	休み明け(中10週以上)	15-12-22-79/128	38.3%	87円
6	社台ファーム生産馬	16-14-8-50/88	43.2%	91円
7	距離延長	12-14-12-82/120	31.7%	91円
8	前走馬体重500キロ以上	14-15-7-65/101	35.6%	86円
9	前走上がり3ハロン1位	13-11-6-44/74	40.5%	88円
10	父ディープインパクト	9-8-8-40/65	38.5%	94円

下級条件(1勝C、未勝利)

順位	条件	成績	複勝率	複回値
1	距離短縮	32-32-33-139/236	41.1%	91円
2	前走3角2~3番手	35-21-20-97/173	43.9%	97円
3	ノーザンファーム生産馬	16-18-17-54/105	48.6%	96円
4	距離延長	14-15-15-79/123	35.8%	87円
5	社台ファーム生産馬	14-5-11-42/72	41.7%	85円
6	川田 将雅	15-6-7-21/49	57.1%	102円
7	斤量53キロ以下	8-10-9-42/69	39.1%	116円
8	父ダイワメジャー	9-7-9-36/61	41.0%	98円
9	最内枠	8-9-7-19/43	55.8%	140円
10	福永 祐一	8-2-13-27/50	46.0%	103円

穴的基本データ（決着割合）

押さえておこう!!

決着		馬連での出現数	馬連での出現率	3連複での出現数	3連複での出現率
超堅	(1~3番人気)	79	27.8% (-3.1)	24	8.5% (-0.1)
超堅~順当	(1~5番人気)	157	55.3% (-2.4)	87	30.6% (-4.1)
超堅~中穴	(1~7番人気)	214	75.4% (-1.3)	162	57.0% (-2.9)
超堅~波乱	(1~9番人気)	253	89.1% (+1.1)	218	76.8% (-1.5)
大波乱	(4~18番人気)	37	13.0% (-2.2)	19	6.7% (-0.5)

※カッコ内は平均値との差

儲かるヒモの条件

破壊力 混成ランキング［3着内数順］

上級条件（2勝C以上）

順位	条件	成績	複勝率	複回値
1	距離短縮	30-29-34-273/366	25.4%	97円
2	休み明け(中10週以上)	15-17-28-184/244	24.6%	101円
3	前走3角2~3番手	25-17-17-170/229	25.8%	91円
4	川田　将雅	7-12-7-28/54	48.1%	113円
5	福永　祐一	9-9-4-25/47	46.8%	100円
6	前走3角1番手	8-7-5-76/96	20.8%	117円
7	M.デムーロ	10-5-5-14/34	58.8%	113円
8	父アドマイヤムーン	2-4-8-36/50	28.0%	129円
9	母父サンデーサイレンス	3-6-4-51/64	20.3%	99円
10	母父フレンチデピュティ	4-3-4-30/41	26.8%	100円

下級条件（1勝C、未勝利）

順位	条件	成績	複勝率	複回値
1	距離短縮	35-40-42-382/499	23.4%	93円
2	前走3角2~3番手	35-24-24-223/306	27.1%	113円
3	距離延長	18-19-25-314/376	16.5%	103円
4	斤量53キロ以下	9-15-17-221/262	15.6%	134円
5	最内枠	8-11-10-88/117	24.8%	111円
6	松山　弘平	12-13-3-49/77	36.4%	143円
7	福永　祐一	8-2-14-36/60	40.0%	97円
8	母父フジキセキ	7-4-7-38/56	32.1%	150円
9	浜中　俊	6-4-8-34/52	34.6%	98円
10	父ロードカナロア	7-1-7-28/43	34.9%	99円

HANSHIN

芝1600m外

軸

軸的基本データ(人気別成績)

押さえておこう!!

	勝率	複勝率	単勝回収値	複勝回収値
1番人気	37.1% (+4.9)	66.0% (+2.1)	88円 (+10)	84円 (±0)
2～3番人気	14.3% (-1.8)	47.2% (+1.2)	66円 (-14)	79円 (-2)
4～5番人気	7.9% (-0.5)	28.9% (-0.8)	79円 (±0)	73円 (-5)
6～9番人気	3.6% (+0.0)	14.9% (-0.6)	89円 (+11)	74円 (-3)
10番人気以下	1.0% (+0.1)	4.6% (+0.1)	85円 (+22)	72円 (+8)

※カッコ内は平均値との差

鉄板力 混成ランキング[3着内数順]

儲かる軸馬の条件

上級条件(2勝C以上)

順位	条件	成績	複勝率	複回値
1	前走3角2～3番手	22-20-16-80/138	42.0%	89円
2	距離延長	19-14-15-77/125	38.4%	88円
3	川田　将雅	14-9-10-34/67	49.3%	94円
4	前走同級2～3着/阪神芝1600外	10-7-5-17/39	56.4%	104円
5	父ステイゴールド	9-5-6-20/40	50.0%	120円
6	岩田　康誠	2-6-5-16/29	44.8%	93円
7	母父スペシャルウィーク	4-5-3-11/23	52.2%	121円
8	斤量53キロ以下	4-3-5-23/35	34.3%	107円
9	和田　竜二	3-6-3-16/28	42.9%	100円
10	前走同級1着/阪神芝1600外	5-3-4-6/18	66.7%	89円

下級条件(1勝C、未勝利)

順位	条件	成績	複勝率	複回値
1	前走3角2～3番手	33-31-30-99/193	48.7%	96円
2	父ダイワメジャー	9-12-10-29/60	51.7%	96円
3	C.ルメール	12-8-5-11/36	69.4%	102円
4	前走同級2～3着/中京芝1600	8-6-9-14/37	62.2%	97円
5	和田　竜二	8-10-3-31/52	40.4%	87円
6	父ロードカナロア	7-7-6-19/39	51.3%	100円
7	父キングカメハメハ	7-3-8-16/34	52.9%	117円
8	岩田　康誠	8-8-2-24/42	42.9%	85円
9	母父ダンスインザダーク	7-6-3-9/25	64.0%	142円
10	前走同級2～3着/阪神芝1800外	6-5-5-11/27	59.3%	97円

穴

阪神

穴的基本データ(決着割合)

押さえておこう!!

決着		馬連での出現数	馬連での出現率	3連複での出現数	3連複での出現率
超堅	(1～3番人気)	134	34.5% (+3.6)	32	8.2% (-0.3)
超堅～順当	(1～5番人気)	231	59.5% (+1.9)	144	37.1% (+2.4)
超堅～中穴	(1～7番人気)	294	75.8% (-0.9)	243	62.6% (+2.7)
超堅～波乱	(1～9番人気)	332	85.6% (-2.4)	306	78.9% (+0.6)
大波乱	(4～18番人気)	59	15.2% (±0.0)	26	6.7% (-0.5)

※カッコ内は平均値との差

儲かるヒモの条件

破壊力 混成ランキング[3着内数順]

上級条件(2勝C以上)

順位	条件	成績	複勝率	複回値
1	川田 将雅	14-9-11-42/76	44.7%	102円
2	父ダイワメジャー	11-12-10-82/115	28.7%	102円
3	福永 祐一	8-8-11-45/72	37.5%	95円
4	父ステイゴールド	10-7-8-47/72	34.7%	126円
5	前走同級2～3着/阪神芝1600外	10-7-6-23/46	50.0%	94円
6	斤量53キロ以下	6-4-7-80/97	17.5%	123円
7	母父スペシャルウィーク	5-5-5-37/52	28.8%	111円
8	母父フレンチデピュティ	5-4-4-36/49	26.5%	96円
9	松山 弘平	2-2-8-53/65	18.5%	92円
10	母父アドマイヤムーン	4-3-3-23/33	30.3%	128円

下級条件(1勝C、未勝利)

順位	条件	成績	複勝率	複回値
1	前走3角2～3番手	37-36-38-247/358	31.0%	106円
2	休み明け(中10週以上)	23-29-29-439/520	15.6%	95円
3	大外枠	12-15-10-121/158	23.4%	95円
4	川田 将雅	15-10-11-41/77	46.8%	92円
5	和田 竜二	11-12-6-80/109	26.6%	99円
6	浜中 俊	8-13-7-54/82	34.1%	95円
7	C.ルメール	12-9-5-14/40	65.0%	103円
8	前走同級4～5着/阪神芝1600外	10-4-7-39/60	35.0%	106円
9	母父ダンスインザダーク	9-7-4-50/70	28.6%	109円
10	松山 弘平	6-8-5-80/99	19.2%	116円

HANSHIN

芝1800m外

軸

押さえておこう!!

軸的基本データ(人気別成績)

	勝率	複勝率	単勝回収値	複勝回収値
1番人気	36.7% (+4.5)	64.2% (+0.3)	81円 (+3)	78円 (-5)
2～3番人気	17.8% (+1.7)	52.5% (+6.5)	80円 (±0)	87円 (+6)
4～5番人気	6.7% (-1.6)	32.1% (+2.5)	66円 (-13)	80円 (+3)
6～9番人気	3.0% (-0.6)	13.4% (-2.1)	69円 (-9)	70円 (-7)
10番人気以下	0.7% (-0.2)	3.8% (-0.7)	88円 (+24)	67円 (+2)

※カッコ内は平均値との差

鉄板力 混成ランキング[3着内数順]

儲かる軸馬の条件

上級条件(2勝C以上)

順位	条件	成績	複勝率	複回値
1	ノーザンファーム生産馬	32-30-23-79/164	51.8%	88円
2	距離短縮	26-25-24-92/167	44.9%	86円
3	前走3角2～3番手	16-13-21-56/106	47.2%	96円
4	福永　祐一	9-8-5-9/31	71.0%	118円
5	C.ルメール	6-5-7-11/29	62.1%	115円
6	父ハービンジャー	7-5-5-10/27	63.0%	114円
7	斤量53キロ以下	6-5-4-17/32	46.9%	118円
8	浜中　俊	3-6-5-14/28	50.0%	99円
9	武　豊	6-3-5-18/32	43.8%	85円
10	池添　謙一	6-4-1-12/23	47.8%	94円

下級条件(1勝C、未勝利)

順位	条件	成績	複勝率	複回値
1	ノーザンファーム生産馬	63-36-41-124/264	53.0%	95円
2	父ディープインパクト	49-24-28-104/205	49.3%	87円
3	距離延長	36-34-30-144/244	41.0%	86円
4	前走上がり3ハロン1位	37-25-30-81/173	53.2%	94円
5	休み明け(中10週以上)	31-26-19-95/171	44.4%	96円
6	川田　将雅	18-17-15-29/79	63.3%	94円
7	最内枠	16-14-12-46/88	47.7%	101円
8	福永　祐一	18-12-5-33/68	51.5%	98円
9	父キングカメハメハ	10-11-11-29/61	52.5%	99円
10	大外枠	5-9-14-42/70	40.0%	87円

穴的基本データ（決着割合）

押さえておこう!!

決着	馬連での出現数	馬連での出現率	3連複での出現数	3連複での出現率
超堅 （1～3番人気）	128	38.2% (+7.3)	41	12.2% (+3.7)
超堅～順当 （1～5番人気）	216	64.5% (+6.8)	155	46.3% (+11.5)
超堅～中穴 （1～7番人気）	271	80.9% (+4.2)	231	69.0% (+9.0)
超堅～波乱 （1～9番人気）	306	91.3% (+3.3)	287	85.7% (+7.5)
大波乱 （4～18番人気）	44	13.1% (-2.0)	17	5.1% (-2.1)

※カッコ内は平均値との差

儲かるヒモの条件

破壊力 混成ランキング［3着内数順］

上級条件（2勝C以上）

順位	条件	成績	複勝率	複回値
1	距離短縮	27-33-33-244/337	27.6%	102円
2	ノーザンファーム生産馬	32-33-27-148/240	38.3%	94円
3	母父サンデーサイレンス	8-14-11-80/113	29.2%	139円
4	福永　祐一	9-9-5-17/40	57.5%	132円
5	父キングカメハメハ	7-7-6-44/64	31.3%	178円
6	父ハービンジャー	7-5-7-23/42	45.2%	103円
7	川田　将雅	10-6-3-27/46	41.3%	98円
8	C.ルメール	6-5-7-12/30	60.0%	111円
9	浜中　俊	3-8-5-25/41	39.0%	113円
10	松山　弘平	6-2-7-25/40	37.5%	193円

下級条件（1勝C、未勝利）

順位	条件	成績	複勝率	複回値
1	前走馬体重500キロ以上	20-17-21-160/218	26.6%	109円
2	川田　将雅	18-17-17-36/88	59.1%	92円
3	父ハーツクライ	10-8-13-91/122	25.4%	92円
4	武　豊	5-8-9-44/66	33.3%	98円
5	父ダイワメジャー	4-9-7-42/62	32.3%	157円
6	岩田　康誠	3-7-10-46/66	30.3%	122円
7	松若　風馬	4-5-7-69/85	18.8%	166円
8	父ステイゴールド	5-4-5-70/84	16.7%	101円
9	前走同級2～3着/中京芝2000	6-2-3-5/16	68.8%	109円
10	父ブラックタイド	5-2-4-34/45	24.4%	100円

HANSHIN

芝2000m

軸

押さえておこう!!

軸的基本データ（人気別成績）

	勝率	複勝率	単勝回収値	複勝回収値
1番人気	32.2% (+0.0)	65.4% (+1.6)	68円 (-10)	77円 (-6)
2～3番人気	20.0% (+4.0)	53.4% (+7.4)	94円 (+14)	89円 (+7)
4～5番人気	7.0% (-1.3)	32.2% (+2.6)	64円 (-15)	82円 (+5)
6～9番人気	3.1% (-0.6)	12.5% (-2.9)	81円 (+3)	63円 (-13)
10番人気以下	0.9% (+0.0)	5.4% (+0.9)	69円 (+5)	94円 (+29)

※カッコ内は平均値との差

鉄板力 混成ランキング［3着内数順］

儲かる軸馬の条件

上級条件（2勝C以上）

順位	条件	成績	複勝率	複回値
1	関西馬	75-70-69-285/499	42.9%	88円
2	同距離	25-32-34-114/205	44.4%	96円
3	前走3角2～3番手	21-19-14-62/116	46.6%	95円
4	前走馬体重500キロ以上	16-20-15-75/126	40.5%	87円
5	前走3角10番手以下	13-17-12-66/108	38.9%	91円
6	最内枠	8-8-13-25/54	53.7%	102円
7	川田　将雅	11-7-9-22/49	55.1%	90円
8	前走3角1番手	8-10-8-32/58	44.8%	99円
9	斤量53キロ以下	11-7-7-43/68	36.8%	105円
10	父マンハッタンカフェ	1-8-9-13/31	58.1%	144円

下級条件（1勝C、未勝利）

順位	条件	成績	複勝率	複回値
1	前走馬体重500キロ以上	28-21-10-48/107	55.1%	89円
2	前走3角10番手以下	18-15-23-55/111	50.5%	104円
3	前走上がり3ハロン1位	11-17-20-43/91	52.7%	95円
4	社台ファーム生産馬	24-12-4-36/76	52.6%	94円
5	父キングカメハメハ	10-12-8-21/51	58.8%	110円
6	父ハービンジャー	11-7-12-22/52	57.7%	98円
7	距離短縮	11-12-7-39/69	43.5%	86円
8	大外枠	9-10-8-24/51	52.9%	88円
9	川田　将雅	9-12-6-21/48	56.3%	87円
10	母父サンデーサイレンス	14-7-5-21/47	55.3%	103円

穴 阪神

穴的基本データ(決着割合)

押さえておこう!!

決着		馬連での出現数	馬連での出現率	3連複での出現数	3連複での出現率
超堅	(1~3番人気)	116	39.7% (+8.8)	36	12.3% (+3.8)
超堅~順当	(1~5番人気)	206	70.5% (+12.9)	135	46.2% (+11.5)
超堅~中穴	(1~7番人気)	248	84.9% (+8.3)	214	73.3% (+13.3)
超堅~波乱	(1~9番人気)	269	92.1% (+4.1)	248	84.9% (+6.7)
大波乱	(4~18番人気)	28	9.6% (-5.6)	10	3.4% (-3.8)

※カッコ内は平均値との差

儲かるヒモの条件

破壊力 混成ランキング[3着内数順]

上級条件(2勝C以上)

順位	条件	成績	複勝率	複回値
1	関西馬	85-82-81-654/902	27.5%	95円
2	同距離	31-36-42-239/348	31.3%	133円
3	前走3角2~3番手	24-28-16-136/204	33.3%	115円
4	休み明け(中10週以上)	14-12-18-140/184	23.9%	129円
5	最内枠	10-10-13-55/88	37.5%	91円
6	斤量53キロ以下	11-10-11-115/147	21.8%	97円
7	前走3角1番手	9-11-10-63/93	32.3%	114円
8	川田 将雅	11-8-9-25/53	52.8%	105円
9	大外枠	5-12-6-66/89	25.8%	96円
10	父マンハッタンカフェ	2-8-11-24/45	46.7%	143円

下級条件(1勝C、未勝利)

順位	条件	成績	複勝率	複回値
1	父キングカメハメハ	12-12-11-42/77	45.5%	213円
2	距離短縮	12-13-10-86/121	28.9%	92円
3	大外枠	10-12-10-86/118	27.1%	109円
4	父ハーツクライ	10-13-6-52/81	35.8%	104円
5	川田 将雅	9-12-7-23/51	54.9%	95円
6	岩田 康誠	6-11-8-21/46	54.3%	206円
7	ダ→芝替わり	5-6-11-143/165	13.3%	153円
8	和田 竜二	7-6-7-58/78	25.6%	100円
9	父ルーラーシップ	3-8-6-45/62	27.4%	115円
10	松山 弘平	3-6-7-41/57	28.1%	104円

HANSHIN
芝2200m

軸

押さえておこう!!

軸的基本データ(人気別成績)

	勝率	複勝率	単勝回収値	複勝回収値
1番人気	34.6% (+2.4)	72.8% (+9.0)	78円 (±0)	86円 (+3)
2~3番人気	18.5% (+2.4)	42.6% (-3.4)	87円 (+7)	73円 (-9)
4~5番人気	5.6% (-2.8)	33.3% (+3.7)	60円 (-19)	81円 (+4)
6~9番人気	3.6% (+0.0)	15.8% (+0.3)	75円 (-3)	70円 (-6)
10番人気以下	1.0% (+0.1)	4.4% (-0.1)	69円 (+5)	69円 (+5)

※カッコ内は平均値との差

鉄板力 混成ランキング[3着内数順]

儲かる軸馬の条件

上級条件(2勝C以上)

順位	条件	成績	複勝率	複回値
1	ノーザンファーム生産馬	17-13-9-47/86	45.3%	87円
2	前走3角2~3番手	8-8-4-21/41	48.8%	93円
3	父キングカメハメハ	6-2-4-10/22	54.5%	128円
4	川田　将雅	7-3-2-9/21	57.1%	104円
5	母父サンデーサイレンス	5-3-3-9/20	55.0%	96円
6	前走3角1番手	2-4-3-8/17	52.9%	144円
7	M.デムーロ	2-1-5-6/14	57.1%	99円
8	父ルーラーシップ	1-4-2-4/11	63.6%	105円
9	最内枠	2-3-2-7/14	50.0%	104円
10	浜中　俊	0-1-4-5/10	50.0%	158円

下級条件(1勝C、未勝利)

順位	条件	成績	複勝率	複回値
1	距離短縮	9-8-14-34/65	47.7%	91円
2	ノーザンファーム生産馬	8-8-9-27/52	48.1%	99円
3	前走馬体重500キロ以上	9-7-6-22/44	50.0%	92円
4	母父サンデーサイレンス	9-4-4-11/28	60.7%	133円
5	前走3角1番手	4-4-3-9/20	55.0%	94円
6	斤量53キロ以下	3-6-2-13/24	45.8%	86円
7	武　豊	6-3-1-6/16	62.5%	132円
8	父キングカメハメハ	3-3-4-9/19	52.6%	105円
9	川田　将雅	5-1-2-4/12	66.7%	107円
10	最内枠	3-4-1-8/16	50.0%	91円

穴 阪神

穴的基本データ（決着割合）

押さえておこう!!

決着		馬連での出現数	馬連での出現率	3連複での出現数	3連複での出現率
超堅	(1~3番人気)	28	34.6% (+3.6)	5	6.2% (-2.4)
超堅~順当	(1~5番人気)	49	60.5% (+2.8)	35	43.2% (+8.5)
超堅~中穴	(1~7番人気)	65	80.2% (+3.6)	58	71.6% (+11.6)
超堅~波乱	(1~9番人気)	75	92.6% (+4.6)	70	86.4% (+8.2)
大波乱	(4~18番人気)	11	13.6% (-1.6)	3	3.7% (-3.5)

※カッコ内は平均値との差

儲かるヒモの条件

破壊力 混成ランキング［3着内数順］

上級条件（2勝C以上）

順位	条件	成績	複勝率	複回値
1	関西馬	26-25-28-197/276	28.6%	100円
2	前走馬体重500キロ以上	7-12-6-43/68	36.8%	149円
3	父ディープインパクト	5-5-5-44/59	25.4%	95円
4	父キングカメハメハ	7-2-4-22/35	37.1%	97円
5	母父サンデーサイレンス	5-3-5-21/34	38.2%	95円
6	川田　将雅	7-3-2-11/23	52.2%	95円
7	前走3角1番手	3-4-4-14/25	44.0%	149円
8	最内枠	2-3-3-19/27	29.6%	114円
9	M.デムーロ	2-1-5-6/14	57.1%	99円
10	父マンハッタンカフェ	1-2-3-7/13	46.2%	514円

下級条件（1勝C、未勝利）

順位	条件	成績	複勝率	複回値
1	母父サンデーサイレンス	9-5-4-33/51	35.3%	96円
2	父ディープインパクト	7-3-3-25/38	34.2%	90円
3	武　豊	6-3-1-8/18	55.6%	117円
4	父マンハッタンカフェ	4-4-1-12/21	42.9%	132円
5	和田　竜二	3-2-3-15/23	34.8%	98円
6	川田　将雅	5-1-2-6/14	57.1%	91円
7	前走同級4~5着/阪神芝2400外	2-3-2-7/14	50.0%	121円
8	松山　弘平	1-4-2-10/17	41.2%	92円
9	幸　英明	2-0-3-17/22	22.7%	128円
10	前走同級2~3着/中京芝2000	3-1-0-1/5	80.0%	130円

HANSHIN

芝2400m外

軸

押さえておこう!!

軸的基本データ(人気別成績)

	勝率	複勝率	単勝回収値	複勝回収値
1番人気	35.0% (+2.8)	65.9% (+2.0)	76円 (-2)	79円 (-4)
2~3番人気	13.0% (-3.1)	46.7% (+0.8)	66円 (-14)	77円 (-5)
4~5番人気	12.2% (+3.9)	38.2% (+8.6)	137円 (+58)	103円 (+25)
6~9番人気	4.0% (+0.3)	15.0% (-0.4)	124円 (+46)	84円 (+8)
10番人気以下	0.3% (-0.6)	3.5% (-1.0)	12円 (-51)	52円 (-12)

※カッコ内は平均値との差

鉄板力 混成ランキング[3着内数順]

儲かる軸馬の条件

上級条件(2勝C以上)

順位	条件	成績	複勝率	複回値
1	ノーザンファーム生産馬	19-14-14-44/91	51.6%	85円
2	前走馬体重500キロ以上	17-13-13-37/80	53.8%	101円
3	前走上がり3ハロン1位	17-12-8-25/62	59.7%	103円
4	前走3角10番手以下	9-8-5-24/46	47.8%	94円
5	前走3角2~3番手	8-6-5-29/48	39.6%	92円
6	関東馬	9-5-4-21/39	46.2%	97円
7	最内枠	8-4-3-11/26	57.7%	95円
8	父ハーツクライ	4-6-5-14/29	51.7%	90円
9	距離短縮	8-4-2-14/28	50.0%	110円
10	大外枠	3-3-6-15/27	44.4%	102円

下級条件(1勝C、未勝利)

順位	条件	成績	複勝率	複回値
1	関西馬	46-47-37-162/292	44.5%	90円
2	距離延長	33-27-18-104/182	42.9%	86円
3	ノーザンファーム生産馬	10-18-10-47/85	44.7%	94円
4	前走3角10番手以下	17-9-10-40/76	47.4%	100円
5	父ディープインパクト	9-10-4-28/51	45.1%	96円
6	前走馬体重500キロ以上	7-6-9-34/56	39.3%	90円
7	休み明け(中10週以上)	7-8-6-18/39	53.8%	117円
8	母父サンデーサイレンス	5-6-6-14/31	54.8%	117円
9	福永　祐一	5-9-1-13/28	53.6%	86円
10	M.デムーロ	7-6-1-6/20	70.0%	99円

穴

阪神

穴的基本データ（決着割合）

押さえておこう!!

決着		馬連での出現数	馬連での出現率	3連複での出現数	3連複での出現率
超堅	(1~3番人気)	38	30.9%(±0.0)	15	12.2%(+3.6)
超堅~順当	(1~5番人気)	84	68.3%(+10.6)	56	45.5%(+10.8)
超堅~中穴	(1~7番人気)	105	85.4%(+8.7)	91	74.0%(+14.0)
超堅~波乱	(1~9番人気)	118	95.9%(+7.9)	112	91.1%(+12.8)
大波乱	(4~18番人気)	16	13.0%(-2.2)	7	5.7%(-1.5)

※カッコ内は平均値との差

儲かるヒモの条件

破壊力 混成ランキング［3着内数順］

上級条件（2勝C以上）

順位	条件	成績	複勝率	複回値
1	前走馬体重500キロ以上	17-14-17-91/139	34.5%	99円
2	前走上がり3ハロン1位	15-11-10-40/76	47.4%	101円
3	関東馬	9-6-5-45/65	30.8%	114円
4	距離短縮	9-5-4-50/68	26.5%	152円
5	川田　将雅	3-7-2-11/23	52.2%	116円
6	父キングカメハメハ	5-6-1-23/35	34.3%	91円
7	酒井　学	0-0-7-10/17	41.2%	354円
8	父マンハッタンカフェ	1-2-4-16/23	30.4%	138円
9	父ネオユニヴァース	3-2-2-9/16	43.8%	132円
10	母父クロフネ	3-2-2-3/10	70.0%	93円

下級条件（1勝C、未勝利）

順位	条件	成績	複勝率	複回値
1	前走馬体重500キロ以上	9-7-13-91/120	24.2%	97円
2	休み明け(中10週以上)	8-10-8-62/88	29.5%	118円
3	父ディープインパクト	10-10-5-39/64	39.1%	102円
4	ダ→芝替わり	5-4-8-76/93	18.3%	150円
5	福永　祐一	6-9-1-15/31	51.6%	114円
6	M.デムーロ	7-6-1-8/22	63.6%	90円
7	最内枠	4-5-2-42/53	20.8%	97円
8	浜中　俊	3-2-5-14/24	41.7%	104円
9	岩田　康誠	2-3-5-11/21	47.6%	101円
10	父ハービンジャー	4-2-4-26/36	27.8%	95円

HANSHIN

芝2600m外

軸

押さえておこう!!

軸的基本データ(人気別成績)

	勝率	複勝率	単勝回収値	複勝回収値
1番人気	40.0% (+7.8)	73.3% (+9.5)	103円 (+25)	101円 (+18)
2~3番人気	20.0% (+3.9)	53.3% (+7.3)	108円 (+28)	91円 (+9)
4~5番人気	6.7% (-1.6)	36.7% (+7.0)	52円 (-27)	100円 (+22)
6~9番人気	1.7% (-2.0)	8.3% (-7.1)	77円 (-1)	45円 (-31)
10番人気以下	0.0% (-0.9)	2.3% (-2.3)	0円 (-64)	49円 (-15)

※カッコ内は平均値との差

鉄板力 混成ランキング[3着内数順]

儲かる軸馬の条件

上級条件(2勝C以上)

順位	条件	成績	複勝率	複回値
1	関西馬	1-1-1-2/5	60.0%	116円
2	距離延長	0-1-1-0/2	100.0%	195円
3	父ディープインパクト	0-0-1-0/1	100.0%	280円
4	母父Champs Elysees	0-0-1-0/1	100.0%	280円
5	休み明け(中10週以上)	0-0-1-0/1	100.0%	280円
6	前走同級10着以下/中京芝2200	0-0-1-0/1	100.0%	280円
7	吉田　隼人	0-0-1-0/1	100.0%	280円
8	父タニノギムレット	1-0-0-0/1	100.0%	190円
9	母父サンデーサイレンス	1-0-0-0/1	100.0%	190円
10	前走同級10着以下/東京芝3400	1-0-0-0/1	100.0%	190円

下級条件(1勝C、未勝利)

順位	条件	成績	複勝率	複回値
1	社台ファーム生産馬	1-1-2-1/5	80.0%	138円
2	福永　祐一	3-0-1-1/5	80.0%	118円
3	前走3角2~3番手	2-0-2-5/9	44.4%	108円
4	前走上がり3ハロン1位	0-1-3-5/9	44.4%	87円
5	ノーザンファーム生産馬	2-0-2-6/10	40.0%	85円
6	前走同級2~3着/中京芝2200	1-1-1-0/3	100.0%	160円
7	川田　将雅	2-1-0-1/4	75.0%	135円
8	斤量53キロ以下	0-0-3-4/7	42.9%	114円
9	母父ダンスインザダーク	2-1-0-1/4	75.0%	105円
10	父スクリーンヒーロー	2-0-0-0/2	100.0%	150円

穴 阪神

穴的基本データ（決着割合）

押さえておこう!!

決着	馬連での出現数	馬連での出現率	3連複での出現数	3連複での出現率
超堅（1～3番人気）	7	46.7% (+15.7)	1	6.7% (-1.9)
超堅～順当（1～5番人気）	9	60.0% (+2.3)	9	60.0% (+25.3)
超堅～中穴（1～7番人気）	11	73.3% (-3.3)	11	73.3% (+13.4)
超堅～波乱（1～9番人気）	13	86.7% (-1.3)	13	86.7% (+8.4)
大波乱（4～18番人気）	2	13.3% (-1.8)	1	6.7% (-0.5)

※カッコ内は平均値との差

儲かるヒモの条件

破壊力 混成ランキング［3着内数順］

上級条件（2勝C以上）

順位	条件	成績	複勝率	複回値
1	父ディープインパクト	0-0-1-0/1	100.0%	280円
2	母父Champs Elysees	0-0-1-0/1	100.0%	280円
3	前走同級10着以下/中京芝2200	0-0-1-0/1	100.0%	280円
4	吉田　隼人	0-0-1-0/1	100.0%	280円
5	父タニノギムレット	1-0-0-0/1	100.0%	190円
6	母父サンデーサイレンス	1-0-0-0/1	100.0%	190円
7	前走同級10着以下/東京芝3400	1-0-0-0/1	100.0%	190円
8	福永　祐一	1-0-0-0/1	100.0%	190円
9	休み明け（中10週以上）	0-0-1-1/2	50.0%	140円
10	父キングカメハメハ	0-1-0-0/1	100.0%	110円

下級条件（1勝C、未勝利）

順位	条件	成績	複勝率	複回値
1	前走3角10番手以下	1-4-2-32/39	17.9%	130円
2	社台ファーム生産馬	1-2-2-8/13	38.5%	345円
3	斤量53キロ以下	0-2-3-22/27	18.5%	190円
4	休み明け（中10週以上）	2-1-1-22/26	15.4%	167円
5	福永　祐一	3-0-1-1/5	80.0%	118円
6	父ハーツクライ	0-2-1-8/11	27.3%	399円
7	前走同級6～9着/中京芝2200	1-2-0-4/7	42.9%	161円
8	前走同級2～3着/中京芝2200	1-1-1-0/3	100.0%	160円
9	川田　将雅	2-1-0-1/4	75.0%	135円
10	大外枠	0-1-2-6/9	33.3%	99円

HANSHIN

芝3000m

軸

押さえておこう!!

軸的基本データ(人気別成績)

	勝率	複勝率	単勝回収値	複勝回収値
1番人気	62.5% (+30.3)	75.0% (+11.1)	120円 (+42)	85円 (+2)
2~3番人気	18.8% (+2.7)	50.0% (+4.0)	136円 (+56)	154円 (+72)
4~5番人気	0.0% (-8.3)	37.5% (+7.9)	0円 (-79)	89円 (+12)
6~9番人気	0.0% (-3.6)	9.4% (-6.1)	0円 (-78)	101円 (+24)
10番人気以下	0.0% (-0.9)	7.7% (+3.1)	0円 (-64)	63円 (-1)

※カッコ内は平均値との差

鉄板力 混成ランキング[3着内数順]

儲かる軸馬の条件

上級条件(2勝C以上)

順位	条件	成績	複勝率	複回値
1	関西馬	8-6-5-16/35	54.3%	128円
2	距離延長	8-6-4-15/33	54.5%	126円
3	休み明け(中10週以上)	5-5-1-5/16	68.8%	187円
4	ノーザンファーム生産馬	5-5-0-10/20	50.0%	108円
5	前走3角10番手以下	2-2-2-3/9	66.7%	202円
6	父ディープインパクト	1-2-2-2/7	71.4%	177円
7	前走同級6~9着/中山芝2500内	1-3-1-0/5	100.0%	156円
8	岩田　康誠	4-0-1-1/6	83.3%	122円
9	父ステイゴールド	3-0-0-1/4	75.0%	90円
10	前走同級10着以下/中山芝2500内	0-2-0-1/3	66.7%	310円

下級条件(1勝C、未勝利)

順位	条件	成績	複勝率	複回値
1				
2				
3				
4				
5				
6				
7				
8				
9				
10				

穴

阪神

穴的基本データ(決着割合)

押さえておこう!!

決着	馬連での出現数	馬連での出現率	3連複での出現数	3連複での出現率
超堅 (1~3番人気)	2	25.0% (-5.9)	0	0.0% (-8.6)
超堅~順当 (1~5番人気)	6	75.0% (+17.3)	5	62.5% (+27.8)
超堅~中穴 (1~7番人気)	8	100.0% (+23.3)	6	75.0% (+15.0)
超堅~波乱 (1~9番人気)	8	100.0% (+12.0)	7	87.5% (+9.3)
大波乱 (4~18番人気)	0	0.0% (-15.2)	0	0.0% (-7.2)

※カッコ内は平均値との差

儲かるヒモの条件

破壊力 混成ランキング[3着内数順]

上級条件(2勝C以上)

順位	条件	成績	複勝率	複回値
1	関西馬	8-7-8-49/72	31.9%	118円
2	距離延長	8-7-6-40/61	34.4%	91円
3	休み明け(中10週以上)	5-5-2-11/23	52.2%	138円
4	前走3角10番手以下	2-2-3-16/23	30.4%	192円
5	前走同級6~9着/中山芝2500内	1-3-1-0/5	100.0%	156円
6	父ディープインパクト	1-2-2-4/9	55.6%	138円
7	岩田　康誠	4-0-1-3/8	62.5%	91円
8	距離短縮	0-1-2-14/17	17.6%	179円
9	最内枠	1-0-2-5/8	37.5%	134円
10	前走同級4~5着/東京芝3400	0-1-1-5/7	28.6%	390円

下級条件(1勝C、未勝利)

順位	条件	成績	複勝率	複回値
1				
2				
3				
4				
5				
6				
7				
8				
9				
10				

HANSHIN

ダ1200m

軸

押さえておこう!!

軸的基本データ(人気別成績)

	勝率	複勝率	単勝回収値	複勝回収値
1番人気	33.6% (+1.4)	65.7% (+1.9)	78円 (±0)	85円 (+2)
2～3番人気	15.2% (-0.9)	44.9% (-1.1)	77円 (-3)	82円 (+1)
4～5番人気	8.0% (-0.3)	29.8% (+0.1)	83円 (+3)	79円 (+1)
6～9番人気	3.9% (+0.2)	15.6% (+0.1)	86円 (+8)	84円 (+7)
10番人気以下	0.8% (-0.1)	3.8% (-0.7)	57円 (-7)	53円 (-11)

※カッコ内は平均値との差

鉄板力 混成ランキング[3着内数順]

儲かる軸馬の条件

上級条件(2勝C以上)

順位	条件	成績	複勝率	複回値
1	前走3角2～3番手	14-17-10-56/97	42.3%	90円
2	前走3角1番手	8-7-12-21/48	56.3%	128円
3	休み明け(中10週以上)	7-4-9-36/56	35.7%	92円
4	前走同級2～3着/阪神ダ1200	4-3-7-11/25	56.0%	110円
5	父クロフネ	6-3-4-4/17	76.5%	142円
6	幸　英明	4-8-1-10/23	56.5%	111円
7	福永　祐一	2-3-4-9/18	50.0%	106円
8	藤岡　佑介	0-4-3-4/11	63.6%	152円
9	母父フジキセキ	2-4-1-13/20	35.0%	85円
10	池添　謙一	1-3-2-5/11	54.5%	151円

下級条件(1勝C、未勝利)

順位	条件	成績	複勝率	複回値
1	同距離	149-149-125-536/959	44.1%	85円
2	前走3角2～3番手	73-73-61-238/445	46.5%	86円
3	距離短縮	49-50-48-212/359	40.9%	86円
4	前走同級2～3着/阪神ダ1200	52-28-27-84/191	56.0%	86円
5	前走3角10番手以下	24-29-31-142/226	37.2%	92円
6	斤量53キロ以下	28-31-21-141/221	36.2%	86円
7	大外枠	20-33-13-76/142	46.5%	94円
8	前走同級4～5着/阪神ダ1200	10-19-19-52/100	48.0%	95円
9	父サウスヴィグラス	18-17-12-52/99	47.5%	101円
10	幸　英明	17-18-11-59/105	43.8%	89円

穴

阪神

穴的基本データ（決着割合）

押さえておこう!!

決着	馬連での出現数	馬連での出現率	3連複での出現数	3連複での出現率
超堅（1~3番人気）	130	28.8% (-2.2)	33	7.3% (-1.3)
超堅~順当（1~5番人気）	260	57.5% (-0.2)	150	33.2% (-1.5)
超堅~中穴（1~7番人気）	349	77.2% (+0.5)	266	58.8% (-1.1)
超堅~波乱（1~9番人気）	405	89.6% (+1.6)	358	79.2% (+1.0)
大波乱（4~18番人気）	59	13.1% (-2.1)	28	6.2% (-1.0)

※カッコ内は平均値との差

儲かるヒモの条件

破壊力 混成ランキング［3着内数順］

上級条件（2勝C以上）

順位	条件	成績	複勝率	複回値
1	前走3角2~3番手	17-17-15-116/165	29.7%	101円
2	父サウスヴィグラス	9-5-3-41/58	29.3%	102円
3	父クロフネ	7-3-5-15/30	50.0%	195円
4	大外枠	5-5-5-39/54	27.8%	174円
5	前走同級2~3着/阪神ダ1200	4-3-7-12/26	53.8%	106円
6	母父フジキセキ	3-5-4-38/50	24.0%	112円
7	斤量53キロ以下	3-3-5-37/48	22.9%	170円
8	福永　祐一	2-3-4-10/19	47.4%	101円
9	池添　謙一	1-3-4-12/20	40.0%	171円
10	武　豊	7-1-0-14/22	36.4%	93円

下級条件（1勝C、未勝利）

順位	条件	成績	複勝率	複回値
1	父サウスヴィグラス	24-19-17-133/193	31.1%	107円
2	前走同級4~5着/阪神ダ1200	12-22-24-102/160	36.3%	94円
3	小牧　太	10-13-11-83/117	29.1%	106円
4	父ダイワメジャー	12-12-7-109/140	22.1%	108円
5	父クロフネ	11-4-12-75/102	26.5%	103円
6	母父サンデーサイレンス	8-10-4-121/143	15.4%	103円
7	前走同級4~5着/阪神ダ1400	7-7-8-30/52	42.3%	99円
8	父ロードカナロア	6-6-9-31/52	40.4%	128円
9	父エンパイアメーカー	5-5-7-42/59	28.8%	133円
10	前走同級6~9着/中京ダ1200	7-8-2-46/63	27.0%	119円

HANSHIN

ダ1400m

軸

押さえておこう!!

軸的基本データ(人気別成績)

	勝率	複勝率	単勝回収値	複勝回収値
1番人気	32.2% (+0.0)	64.1% (+0.3)	77円 (±0)	83円 (±0)
2~3番人気	16.5% (+0.4)	45.9% (-0.1)	85円 (+5)	84円 (+2)
4~5番人気	9.3% (+1.0)	29.2% (-0.4)	92円 (+13)	77円 (-1)
6~9番人気	3.0% (-0.7)	15.2% (-0.3)	61円 (-17)	74円 (-3)
10番人気以下	0.7% (-0.2)	4.1% (-0.4)	50円 (-14)	65円 (+1)

※カッコ内は平均値との差

鉄板力 混成ランキング[3着内数順]

儲かる軸馬の条件

上級条件(2勝C以上)

順位	条件	成績	複勝率	複回値
1	関西馬	97-84-81-392/654	40.1%	86円
2	前走3角2~3番手	31-21-22-106/180	41.1%	86円
3	前走3角10番手以下	24-17-24-103/168	38.7%	91円
4	距離短縮	24-11-17-58/110	47.3%	100円
5	休み明け(中10週以上)	18-18-16-92/144	36.1%	86円
6	川田　将雅	14-13-8-29/64	54.7%	98円
7	前走同級2~3着/阪神ダ1400	10-11-8-25/54	53.7%	93円
8	大外枠	10-5-7-32/54	40.7%	99円
9	浜中　俊	7-7-3-22/39	43.6%	105円
10	松山　弘平	8-5-3-14/30	53.3%	103円

下級条件(1勝C、未勝利)

順位	条件	成績	複勝率	複回値
1	距離短縮	40-42-42-199/323	38.4%	85円
2	前走上がり3ハロン1位	47-28-44-129/248	48.0%	86円
3	前走3角1番手	34-29-24-95/182	47.8%	88円
4	ノーザンファーム生産馬	24-23-30-107/184	41.8%	90円
5	大外枠	33-20-19-81/153	47.1%	91円
6	福永　祐一	19-16-15-58/108	46.3%	97円
7	幸　英明	16-18-13-60/107	43.9%	91円
8	松山　弘平	18-9-13-53/93	43.0%	96円
9	父クロフネ	15-15-8-30/68	55.9%	105円
10	母父ダンスインザダーク	10-9-11-25/55	54.5%	123円

穴

阪神

穴的基本データ（決着割合）

押さえておこう!!

決着		馬連での出現数	馬連での出現率	3連複での出現数	3連複での出現率
超 堅	（1~3番人気）	181	31.4% (+0.4)	46	8.0% (-0.6)
超堅~順当	（1~5番人気）	326	56.5% (-1.2)	201	34.8% (+0.1)
超堅~中穴	（1~7番人気）	426	73.8% (-2.8)	330	57.2% (-2.8)
超堅~波乱	（1~9番人気）	502	87.0% (-1.0)	442	76.6% (-1.6)
大波乱	（4~18番人気）	83	14.4% (-0.8)	38	6.6% (-0.6)

※カッコ内は平均値との差

儲かるヒモの条件

破壊力 混成ランキング［3着内数順］

上級条件（2勝C以上）

順位	条件	成績	複勝率	複回値
1	前走同級2~3着/阪神ダ1400	10-11-8-25/54	53.7%	93円
2	浜中 俊	7-7-5-38/57	33.3%	100円
3	斤量57.5キロ以上	7-4-5-40/56	28.6%	143円
4	父シニスターミニスター	5-5-5-16/31	48.4%	114円
5	母父アフリート	3-5-5-26/39	33.3%	103円
6	秋山 真一郎	7-4-1-36/48	25.0%	114円
7	前走同級6~9着/阪神ダ1400	1-4-6-34/45	24.4%	112円
8	母父フジキセキ	2-5-3-33/43	23.3%	109円
9	父ストリートセンス	4-3-2-3/12	75.0%	119円
10	前走下級1着/中京ダ1400	5-4-0-16/25	36.0%	96円

下級条件（1勝C、未勝利）

順位	条件	成績	複勝率	複回値
1	ノーザンファーム生産馬	26-26-35-242/329	26.4%	93円
2	大外枠	39-21-24-262/346	24.3%	95円
3	父エンパイアメーカー	16-10-8-85/119	28.6%	115円
4	父ヘニーヒューズ	8-9-12-79/108	26.9%	110円
5	母父クロフネ	7-13-6-77/103	25.2%	106円
6	母父キングカメハメハ	6-11-9-76/102	25.5%	101円
7	前走同級6~9着/小倉ダ1700	2-11-12-57/82	30.5%	103円
8	国分 恭介	8-5-11-121/145	16.6%	196円
9	秋山 真一郎	9-5-10-53/77	31.2%	174円
10	藤岡 康太	10-7-6-77/100	23.0%	151円

HANSHIN

ダ1800m

軸

押さえておこう!!

軸的基本データ（人気別成績）

	勝率	複勝率	単勝回収値	複勝回収値
1番人気	33.5% (+1.3)	67.9% (+4.0)	75円 (-3)	85円 (+2)
2～3番人気	16.5% (+0.4)	48.4% (+2.4)	83円 (+2)	83円 (+2)
4～5番人気	8.3% (+0.0)	28.9% (-0.8)	84円 (+5)	77円 (-1)
6～9番人気	3.2% (-0.4)	14.7% (-0.8)	80円 (+2)	75円 (-1)
10番人気以下	0.9% (+0.0)	4.1% (-0.4)	76円 (+12)	60円 (-4)

※カッコ内は平均値との差

鉄板力 混成ランキング［3着内数順］

儲かる軸馬の条件

上級条件（2勝C以上）

順位	条件	成績	複勝率	複回値
1	同距離	71-59-60-261/451	42.1%	86円
2	前走馬体重500キロ以上	44-41-34-174/293	40.6%	89円
3	福永　祐一	7-7-8-24/46	47.8%	93円
4	父カネヒキリ	9-7-4-16/36	55.6%	109円
5	関東馬	5-8-7-33/53	37.7%	93円
6	武　豊	5-9-3-14/31	54.8%	109円
7	北村　友一	3-6-3-15/27	44.4%	90円
8	幸　英明	6-3-2-19/30	36.7%	90円
9	小牧　太	4-4-2-16/26	38.5%	88円
10	酒井　学	3-2-4-4/13	69.2%	153円

下級条件（1勝C、未勝利）

順位	条件	成績	複勝率	複回値
1	前走上がり3ハロン1位	93-78-51-194/416	53.4%	88円
2	川田　将雅	34-30-27-79/170	53.5%	88円
3	岩田　康誠	29-20-37-101/187	46.0%	90円
4	浜中　俊	30-26-19-65/140	53.6%	91円
5	距離短縮	24-21-27-92/164	43.9%	88円
6	前走同級2～3着/小倉ダ1700	26-21-15-39/101	61.4%	104円
7	M.デムーロ	25-14-22-56/117	52.1%	88円
8	母父クロフネ	19-21-16-57/113	49.6%	91円
9	母父フレンチデピュティ	14-17-19-64/114	43.9%	92円
10	母父ハーツクライ	19-14-16-56/105	46.7%	97円

穴

阪神

穴的基本データ(決着割合)

押さえておこう!!

決着		馬連での出現数	馬連での出現率	3連複での出現数	3連複での出現率
超　堅	(1~3番人気)	290	33.9% (+2.9)	91	10.6% (+2.1)
超堅~順当	(1~5番人気)	507	59.2% (+1.5)	336	39.3% (+4.5)
超堅~中穴	(1~7番人気)	673	78.6% (+2.0)	553	64.6% (+4.6)
超堅~波乱	(1~9番人気)	772	90.2% (+2.2)	703	82.1% (+3.9)
大波乱	(4~18番人気)	124	14.5% (-0.7)	46	5.4% (-1.8)

※カッコ内は平均値との差

儲かるヒモの条件

破壊力 混成ランキング[3着内数順]

上級条件(2勝C以上)

順位	条件	成績	複勝率	複回値
1	大外枠	5-16-6-88/115	23.5%	95円
2	福永　祐一	8-8-9-25/50	50.0%	120円
3	最内枠	8-7-9-91/115	20.9%	102円
4	川田　将雅	11-11-2-35/59	40.7%	98円
5	武　豊	5-9-3-20/37	45.9%	91円
6	C.ルメール	5-5-5-15/30	50.0%	95円
7	松若　風馬	2-6-6-39/53	26.4%	129円
8	酒井　学	4-3-5-26/38	31.6%	166円
9	母父ハーツクライ	2-5-3-29/39	25.6%	95円
10	前走同級6~9着/阪神ダ1800	1-4-5-57/67	14.9%	94円

下級条件(1勝C、未勝利)

順位	条件	成績	複勝率	複回値
1	M.デムーロ	26-15-22-61/124	50.8%	92円
2	前走同級2~3着/小倉ダ1700	26-21-15-47/109	56.9%	97円
3	父ゼンノロブロイ	21-15-18-132/186	29.0%	119円
4	父エンパイアメーカー	21-12-19-148/200	26.0%	110円
5	前走同級6~9着/小倉ダ1700	12-11-12-163/198	17.7%	91円
6	藤岡　佑介	6-14-14-100/134	25.4%	114円
7	ダーレージャパンファーム生産馬	9-16-7-83/115	27.8%	105円
8	父オルフェーヴル	14-11-7-58/90	35.6%	98円
9	母父ネオユニヴァース	9-11-9-53/82	35.4%	97円
10	父キズナ	9-13-4-30/56	46.4%	99円

HANSHIN
ダ2000m

軸

押さえておこう!!

軸的基本データ（人気別成績）

	勝率	複勝率	単勝回収値	複勝回収値
1番人気	33.3% (+1.1)	66.7% (+2.8)	78円 (±0)	87円 (+4)
2～3番人気	13.0% (-3.1)	47.0% (+1.0)	66円 (-15)	80円 (-2)
4～5番人気	9.3% (+0.9)	28.1% (-1.5)	77円 (-3)	69円 (-9)
6～9番人気	3.6% (+0.0)	16.3% (+0.9)	91円 (+13)	74円 (-2)
10番人気以下	2.0% (+1.1)	4.8% (+0.2)	169円 (+106)	58円 (-6)

※カッコ内は平均値との差

鉄板力 混成ランキング［3着内数順］

儲かる軸馬の条件

上級条件（2勝C以上）

順位	条件	成績	複勝率	複回値
1	小牧　太	3-7-0-4/14	71.4%	161円
2	最内枠	6-3-1-9/19	52.6%	103円
3	和田　竜二	3-2-5-10/20	50.0%	92円
4	父ゴールドアリュール	4-1-3-5/13	61.5%	112円
5	川田　将雅	1-4-3-8/16	50.0%	101円
6	母父フレンチデピュティ	1-6-1-4/12	66.7%	98円
7	父ハーツクライ	2-1-4-8/15	46.7%	99円
8	父ネオユニヴァース	1-4-1-4/10	60.0%	133円
9	福永　祐一	3-2-1-4/10	60.0%	99円
10	岩田　康誠	4-2-0-6/12	50.0%	89円

下級条件（1勝C、未勝利）

順位	条件	成績	複勝率	複回値
1	社台ファーム生産馬	5-8-3-17/33	48.5%	92円
2	大外枠	5-4-5-14/28	50.0%	103円
3	父キングカメハメハ	5-4-4-6/19	68.4%	114円
4	浜中　俊	3-1-6-6/16	62.5%	136円
5	和田　竜二	2-8-0-12/22	45.5%	105円
6	母父ブライアンズタイム	3-1-5-6/15	60.0%	104円
7	前走同級4～5着/阪神ダ1800	2-5-2-8/17	52.9%	92円
8	福永　祐一	4-3-2-8/17	52.9%	89円
9	前走同級6～9着/阪神ダ1800	2-4-2-7/15	53.3%	133円
10	斤量53キロ以下	3-3-2-10/18	44.4%	121円

穴 阪神

穴的基本データ（決着割合）

押さえておこう!!

決着		馬連での出現数	馬連での出現率	3連複での出現数	3連複での出現率
超堅	(1~3番人気)	39	28.9% (-2.0)	11	8.1% (-0.4)
超堅~順当	(1~5番人気)	74	54.8% (-2.9)	44	32.6% (-2.1)
超堅~中穴	(1~7番人気)	104	77.0% (+0.4)	82	60.7% (+0.8)
超堅~波乱	(1~9番人気)	120	88.9% (+0.9)	109	80.7% (+2.5)
大波乱	(4~18番人気)	23	17.0% (+1.9)	5	3.7% (-3.5)

※カッコ内は平均値との差

儲かるヒモの条件 破壊力 混成ランキング［3着内数順］

上級条件（2勝C以上）

順位	条件	成績	複勝率	複回値
1	距離短縮	7-4-7-40/58	31.0%	92円
2	小牧　太	3-8-0-12/23	47.8%	115円
3	父ハーツクライ	3-2-4-20/29	31.0%	99円
4	父ゴールドアリュール	5-1-3-18/27	33.3%	95円
5	斤量57.5キロ以上	2-2-4-18/26	30.8%	90円
6	福永　祐一	4-2-1-5/12	58.3%	178円
7	母父エンドスウィープ	4-1-1-5/11	54.5%	120円
8	父シンボリクリスエス	0-5-1-15/21	28.6%	91円
9	前走同級6~9着/東京ダ2100	0-1-4-8/13	38.5%	121円
10	松山　弘平	1-0-4-14/19	26.3%	102円

下級条件（1勝C、未勝利）

順位	条件	成績	複勝率	複回値
1	社台ファーム生産馬	7-9-3-43/62	30.6%	100円
2	父キングカメハメハ	7-4-5-21/37	43.2%	194円
3	浜中　俊	3-1-6-9/19	52.6%	115円
4	父マンハッタンカフェ	4-0-4-13/21	38.1%	119円
5	C.ルメール	2-2-3-2/9	77.8%	116円
6	父シンボリクリスエス	2-1-3-5/11	54.5%	200円
7	母父アドマイヤベガ	0-4-2-6/12	50.0%	149円
8	父ハービンジャー	3-2-0-12/17	29.4%	192円
9	母父シンボリクリスエス	5-0-0-5/10	50.0%	178円
10	母父サマーバード	2-2-1-4/9	55.6%	169円

鉄板力&破壊力ランキング

本書に掲載した各コースのうち、複勝率が高い軸データTOP3と、
複勝回収率が高い穴データTOP3の項目をピックアップしました。

※軸データ、穴データ共にサンプル数50以上のものに限る。

軸

1 阪神芝1800外 下級条件

川田　将雅

着別度数 18-17-15-29/79　複勝率 63.3%　複回値 94円

2 阪神ダ1800 下級条件

前走同級2〜3着/小倉ダ1700

着別度数 26-21-15-39/101　複勝率 61.4%　複回値 104円

3 阪神芝2400外 上級条件

前走上がり3ハロン1位

着別度数 17-12-8-25/62　複勝率 59.7%　複回値 103円

穴

1 阪神芝2000 下級条件

父キングカメハメハ

着別度数 12-12-11-42/77　複勝率 45.5%　複回値 212円

2 阪神ダ1400 下級条件

国分　恭介

着別度数 8-5-11-121/145　複勝率 16.6%　複回値 196円

3 阪神芝1800外 上級条件

父キングカメハメハ

着別度数 7-7-6-44/64　複勝率 31.3%　複回値 178円

札幌競馬場

SAPPORO RACE COURCE

- 芝1200m
- 芝1500m
- 芝1800m
- 芝2000m
- 芝2600m
- ダ1000m
- ダ1700m

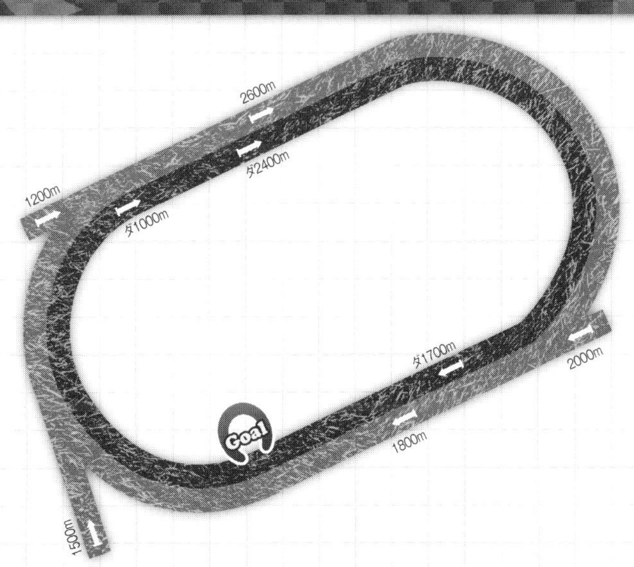

SAPPORO
芝1200m

軸

押さえておこう!!

軸的基本データ(人気別成績)

	勝率	複勝率	単勝回収値	複勝回収値
1番人気	28.4% (-3.8)	58.6% (-5.2)	70円 (-7)	79円 (-5)
2~3番人気	16.7% (+0.6)	44.1% (-1.9)	85円 (+5)	78円 (-4)
4~5番人気	10.5% (+2.2)	32.7% (+3.1)	104円 (+25)	88円 (+10)
6~9番人気	2.4% (-1.2)	15.6% (+0.1)	46円 (-32)	71円 (-6)
10番人気以下	1.7% (+0.8)	5.7% (+1.2)	77円 (+13)	63円 (-1)

※カッコ内は平均値との差

鉄板力 混成ランキング[3着内数順]

儲かる軸馬の条件

上級条件(2勝C以上)

順位	条件	成績	複勝率	複回値
1	前走下級1着/函館芝1200	3-5-5-12/25	52.0%	138円
2	距離短縮	5-6-2-17/30	43.3%	94円
3	社台ファーム生産馬	5-2-4-14/25	44.0%	88円
4	大外枠	6-1-2-11/20	45.0%	123円
5	ノーザンファーム生産馬	7-1-1-19/28	32.1%	89円
6	前走同級4~5着/函館芝1200	4-1-3-5/13	61.5%	145円
7	父ダイワメジャー	3-2-3-9/17	47.1%	126円
8	ダーレージャパンファーム生産馬	2-4-2-4/12	66.7%	107円
9	最内枠	3-2-3-9/17	47.1%	97円
10	古川　吉洋	1-2-2-2/7	71.4%	143円

下級条件(1勝C、未勝利)

順位	条件	成績	複勝率	複回値
1	関西馬	42-33-39-183/297	38.4%	87円
2	前走3角2~3番手	28-24-11-86/149	42.3%	89円
3	前走同級2~3着/函館芝1200	15-17-13-37/82	54.9%	91円
4	ノーザンファーム生産馬	10-6-7-28/51	45.1%	86円
5	前走同級4~5着/札幌芝1200	10-6-6-37/59	37.3%	89円
6	福永　祐一	8-4-5-12/29	58.6%	135円
7	池添　謙一	4-9-3-14/30	53.3%	107円
8	大外枠	5-5-6-21/37	43.2%	97円
9	父ダイワメジャー	3-7-3-16/29	44.8%	94円
10	丹内　祐次	2-6-2-10/20	50.0%	96円

穴

札幌

穴的基本データ（決着割合）

押さえておこう!!

決着	馬連での出現数	馬連での出現率	3連複での出現数	3連複での出現率
超堅（1～3番人気）	44	27.2% (-3.8)	10	6.2% (-2.4)
超堅～順当（1～5番人気）	95	58.6% (+1.0)	51	31.5% (-3.3)
超堅～中穴（1～7番人気）	123	75.9% (-0.7)	97	59.9% (-0.1)
超堅～波乱（1～9番人気）	133	82.1% (-5.9)	124	76.5% (-1.7)
大波乱（4～18番人気）	32	19.8% (+4.6)	16	9.9% (+2.7)

※カッコ内は平均値との差

儲かるヒモの条件　破壊力 混成ランキング［3着内数順］

上級条件（2勝C以上）

順位	条件	成績	複勝率	複回値
1	前走上がり3ハロン1位	7-5-5-36/53	32.1%	98円
2	距離短縮	6-7-4-44/61	27.9%	97円
3	大外枠	7-3-4-23/37	37.8%	172円
4	前走下級1着/函館芝1200	4-5-5-19/33	42.4%	124円
5	福永　祐一	2-3-3-11/19	42.1%	109円
6	前走同級4～5着/函館芝1200	4-1-3-12/20	40.0%	94円
7	父ヨハネスブルグ	1-1-3-7/12	41.7%	118円
8	横山　典弘	0-2-3-7/12	41.7%	109円
9	勝浦　正樹	1-1-3-12/17	29.4%	102円
10	武　豊	2-2-1-6/11	45.5%	101円

下級条件（1勝C、未勝利）

順位	条件	成績	複勝率	複回値
1	前走同級4～5着/札幌芝1200	11-10-11-67/99	32.3%	113円
2	前走3角1番手	9-8-11-63/91	30.8%	107円
3	前走上がり3ハロン1位	8-5-7-48/68	29.4%	91円
4	父ダイワメジャー	5-9-5-32/51	37.3%	194円
5	福永　祐一	8-4-5-16/33	51.5%	119円
6	勝浦　正樹	2-6-7-41/56	26.8%	125円
7	前走同級6～9着/函館芝1200	5-6-4-103/118	12.7%	101円
8	藤岡　康太	5-6-3-28/42	33.3%	102円
9	吉田　隼人	4-4-2-28/38	26.3%	101円
10	母父キングヘイロー	1-3-4-14/22	36.4%	170円

SAPPORO

芝1500m

軸

押さえておこう!!

軸的基本データ（人気別成績）

	勝率	複勝率	単勝回収値	複勝回収値
1番人気	34.1% (+1.9)	63.6% (-0.3)	78円 (±0)	80円 (-3)
2～3番人気	18.6% (+2.5)	50.4% (+4.4)	86円 (+5)	84円 (+2)
4～5番人気	8.1% (-0.2)	31.8% (+2.1)	75円 (-4)	85円 (+7)
6～9番人気	2.8% (-0.9)	14.3% (-1.2)	75円 (-3)	77円 (+1)
10番人気以下	0.9% (+0.0)	5.1% (+0.5)	71円 (+7)	73円 (+8)

※カッコ内は平均値との差

鉄板力 混成ランキング［3着内数順］

儲かる軸馬の条件

上級条件（2勝C以上）

順位	条件	成績	複勝率	複回値
1	関東馬	8-5-8-24/45	46.7%	106円
2	距離延長	5-6-9-22/42	47.6%	104円
3	前走上がり3ハロン1位	5-4-3-8/20	60.0%	101円
4	前走3角2～3番手	3-3-5-16/27	40.7%	98円
5	C.ルメール	2-2-4-4/12	66.7%	108円
6	ノーザンファーム生産馬	3-2-3-8/16	50.0%	103円
7	大外枠	2-1-4-1/8	87.5%	161円
8	前走3角10番手以下	3-3-1-5/12	58.3%	101円
9	社台ファーム生産馬	3-2-1-6/12	50.0%	88円
10	前走下級1着/函館芝1200	1-2-2-2/7	71.4%	184円

下級条件（1勝C、未勝利）

順位	条件	成績	複勝率	複回値
1	距離延長	19-17-19-70/125	44.0%	95円
2	ノーザンファーム生産馬	12-13-17-41/83	50.6%	95円
3	前走3角10番手以下	10-9-8-36/63	42.9%	88円
4	最内枠	7-5-8-16/36	55.6%	103円
5	大外枠	5-6-6-16/33	51.5%	113円
6	福永　祐一	3-4-6-15/28	46.4%	91円
7	父ハーツクライ	2-4-6-8/20	60.0%	135円
8	池添　謙一	5-3-3-15/26	42.3%	104円
9	ダ→芝替わり	2-2-6-19/29	34.5%	102円
10	母父ロードカナロア	4-3-2-7/16	56.3%	102円

穴 札幌

穴的基本データ（決着割合）

押さえておこう!!

決着		馬連での出現数	馬連での出現率	3連複での出現数	3連複での出現率
超堅	(1~3番人気)	50	38.8% (+7.8)	11	8.5% (±0.0)
超堅~順当	(1~5番人気)	82	63.6% (+5.9)	50	38.8% (+4.0)
超堅~中穴	(1~7番人気)	106	82.2% (+5.5)	90	69.8% (+9.8)
超堅~波乱	(1~9番人気)	119	92.2% (+4.3)	108	83.7% (+5.5)
大波乱	(4~18番人気)	17	13.2% (-2.0)	6	4.7% (-2.6)

※カッコ内は平均値との差

儲かるヒモの条件　破壊力 混成ランキング［3着内数順］

上級条件（2勝C以上）

順位	条件	成績	複勝率	複回値
1	距離延長	5-12-9-57/83	31.3%	122円
2	関東馬	8-8-8-65/89	27.0%	103円
3	前走3角2~3番手	3-4-5-25/37	32.4%	134円
4	ノーザンファーム生産馬	3-4-3-13/23	43.5%	115円
5	C.ルメール	2-2-4-4/12	66.7%	108円
6	前走下級1着/函館芝1200	1-3-2-3/9	66.7%	178円
7	父ディープインパクト	3-2-0-6/11	45.5%	285円
8	前走同級4~5着/函館芝1200	2-1-1-0/4	100.0%	298円
9	斤量53キロ以下	1-3-0-23/27	14.8%	150円
10	吉田　隼人	1-1-2-3/7	57.1%	114円

下級条件（1勝C、未勝利）

順位	条件	成績	複勝率	複回値
1	同距離	23-19-17-129/188	31.4%	92円
2	斤量53キロ以下	16-8-9-144/177	18.6%	95円
3	父ディープインパクト	10-6-6-32/54	40.7%	117円
4	最内枠	7-6-9-47/69	31.9%	93円
5	前走同級4~5着/札幌芝1500	6-5-8-42/61	31.1%	152円
6	前走上がり3ハロン1位	6-7-4-37/54	31.5%	90円
7	父ハーツクライ	3-4-6-19/32	40.6%	131円
8	前走同級4~5着/函館芝1200	2-2-6-21/31	32.3%	100円
9	母父ディープインパクト	4-2-3-8/17	52.9%	152円
10	松岡　正海	2-3-4-21/30	30.0%	111円

SAPPORO

芝1800m

軸

押さえておこう!!

軸的基本データ(人気別成績)

	勝率	複勝率	単勝回収値	複勝回収値
1番人気	36.3% (+4.1)	74.1% (+10.2)	76円 (-2)	90円 (+6)
2~3番人気	16.7% (+0.6)	49.6% (+3.6)	88円 (+7)	80円 (-2)
4~5番人気	7.0% (-1.3)	30.4% (+0.7)	73円 (-6)	70円 (-8)
6~9番人気	4.0% (+0.4)	13.5% (-2.0)	98円 (+20)	74円 (-3)
10番人気以下	0.9% (+0.0)	6.6% (+2.0)	78円 (+14)	77円 (+12)

※カッコ内は平均値との差

鉄板力 混成ランキング[3着内数順]

儲かる軸馬の条件

上級条件(2勝C以上)

順位	条件	成績	複勝率	複回値
1	前走3角2~3番手	15-15-4-39/73	46.6%	88円
2	距離延長	12-10-6-27/55	50.9%	103円
3	斤量53キロ以下	6-3-3-20/32	37.5%	86円
4	横山　典弘	2-2-2-1/7	85.7%	139円
5	岩田　康誠	2-1-2-3/8	62.5%	115円
6	吉田　隼人	1-1-2-1/5	80.0%	240円
7	前走下級1着/阪神芝1600外	1-2-1-0/4	100.0%	130円
8	父クロフネ	3-1-0-2/6	66.7%	117円
9	前走同級6~9着/東京芝1600	1-1-2-2/6	66.7%	112円
10	母父ウォーエンブレム	1-1-1-1/4	75.0%	215円

下級条件(1勝C、未勝利)

順位	条件	成績	複勝率	複回値
1	関東馬	22-22-20-62/126	50.8%	101円
2	前走上がり3ハロン1位	12-13-3-20/48	58.3%	98円
3	距離延長	16-6-5-28/55	49.1%	115円
4	前走同級2~3着/札幌芝1800	8-15-4-16/43	62.8%	95円
5	C.ルメール	9-9-4-6/28	78.6%	100円
6	父ハービンジャー	6-2-3-7/18	61.1%	100円
7	父キングカメハメハ	3-5-2-11/21	47.6%	95円
8	父ハーツクライ	3-1-3-5/12	58.3%	103円
9	母父スペシャルウィーク	0-1-6-5/12	58.3%	91円
10	三浦　皇成	2-1-3-1/7	85.7%	137円

穴

札幌

穴的基本データ(決着割合)

押さえておこう!!

決着		馬連での出現数	馬連での出現率	3連複での出現数	3連複での出現率
超堅	(1~3番人気)	60	44.4% (+13.5)	21	15.6% (+7.0)
超堅~順当	(1~5番人気)	89	65.9% (+8.2)	60	44.4% (+9.7)
超堅~中穴	(1~7番人気)	110	81.5% (+4.8)	89	65.9% (+6.0)
超堅~波乱	(1~9番人気)	124	91.9% (+3.9)	114	84.4% (+6.2)
大波乱	(4~18番人気)	18	13.3% (-1.8)	9	6.7% (-0.5)

※カッコ内は平均値との差

儲かるヒモの条件 破壊力 混成ランキング[3着内数順]

上級条件(2勝C以上)

順位	条件	成績	複勝率	複回値
1	関西馬	22-16-21-133/192	30.7%	118円
2	前走3角2~3番手	16-16-6-73/111	34.2%	102円
3	距離短縮	7-6-9-81/103	21.4%	92円
4	休み明け(中10週以上)	7-8-6-38/59	35.6%	126円
5	最内枠	4-2-6-24/36	33.3%	100円
6	斤量57.5キロ以上	4-4-3-31/42	26.2%	209円
7	前走馬体重500キロ以上	1-5-5-51/62	17.7%	91円
8	岩田　康誠	2-1-4-3/10	70.0%	195円
9	父ステイゴールド	1-2-3-16/22	27.3%	137円
10	横山　典弘	2-2-2-4/10	60.0%	97円

下級条件(1勝C、未勝利)

順位	条件	成績	複勝率	複回値
1	距離延長	17-10-9-84/120	30.0%	96円
2	ノーザンファーム生産馬	14-16-5-42/77	45.5%	92円
3	前走上がり3ハロン1位	11-10-3-24/48	50.0%	91円
4	C.ルメール	9-9-4-8/30	73.3%	94円
5	最内枠	8-7-4-35/54	35.2%	112円
6	社台ファーム生産馬	5-2-8-24/39	38.5%	108円
7	父ディープインパクト	6-6-3-17/32	46.9%	96円
8	前走3角1番手	5-4-5-19/33	42.4%	94円
9	父ハービンジャー	6-3-3-16/28	42.9%	97円
10	連闘	3-5-3-35/46	23.9%	137円

SAPPORO
芝2000m

軸

押さえておこう!!

軸的基本データ(人気別成績)

	勝率	複勝率	単勝回収値	複勝回収値
1番人気	35.7% (+3.5)	66.7% (+2.8)	83円 (+6)	90円 (+6)
2～3番人気	14.7% (-1.3)	45.7% (-0.3)	72円 (-9)	78円 (-4)
4～5番人気	6.2% (-2.1)	31.0% (+1.4)	58円 (-21)	84円 (+6)
6～9番人気	4.9% (+1.3)	16.4% (+0.9)	101円 (+24)	80円 (+3)
10番人気以下	0.6% (-0.3)	3.3% (-1.3)	19円 (-45)	37円 (-27)

※カッコ内は平均値との差

鉄板力 混成ランキング[3着内数順]

儲かる軸馬の条件

上級条件(2勝C以上)

順位	条件	成績	複勝率	複回値
1	関東馬	14-12-7-44/77	42.9%	100円
2	休み明け(中10週以上)	11-8-7-22/48	54.2%	108円
3	距離短縮	9-4-6-19/38	50.0%	88円
4	距離延長	6-8-4-27/45	40.0%	89円
5	前走3角10番手以下	9-3-4-21/37	43.2%	101円
6	前走馬体重500キロ以上	5-6-3-17/31	45.2%	91円
7	C.ルメール	5-5-1-4/15	73.3%	127円
8	前走上がり3ハロン1位	5-4-2-9/20	55.0%	88円
9	父ステイゴールド	4-2-1-1/8	87.5%	145円
10	福永　祐一	1-2-2-4/9	55.6%	117円

下級条件(1勝C、未勝利)

順位	条件	成績	複勝率	複回値
1	距離延長	26-18-25-102/171	40.4%	88円
2	距離短縮	11-14-8-35/68	48.5%	113円
3	C.ルメール	15-9-8-17/49	65.3%	104円
4	父ディープインパクト	12-10-9-34/65	47.7%	93円
5	休み明け(中10週以上)	11-8-7-31/57	45.6%	90円
6	母父サンデーサイレンス	6-6-11-27/50	46.0%	91円
7	連闘	8-8-6-27/49	44.9%	108円
8	父ハービンジャー	7-7-8-34/56	39.3%	98円
9	最内枠	4-11-6-19/40	52.5%	91円
10	福永　祐一	6-10-4-15/35	57.1%	116円

穴 札幌

穴的基本データ（決着割合）

押さえておこう!!

決着		馬連での出現数	馬連での出現率	3連複での出現数	3連複での出現率
超堅	（1～3番人気）	44	34.1%（+3.2）	10	7.8%（-0.8）
超堅～順当	（1～5番人気）	78	60.5%（+2.8）	52	40.3%（+5.6）
超堅～中穴	（1～7番人気）	103	79.8%（+3.2）	84	65.1%（+5.2）
超堅～波乱	（1～9番人気）	121	93.8%（+5.8）	109	84.5%（+6.3）
大波乱	（4～18番人気）	21	16.3%（+1.1）	12	9.3%（+2.1）

※カッコ内は平均値との差

儲かるヒモの条件　破壊力 混成ランキング［3着内数順］

上級条件（2勝C以上）

順位	条件	成績	複勝率	複回値
1	休み明け（中10週以上）	12-9-10-51/82	37.8%	111円
2	C.ルメール	5-5-1-5/16	68.8%	119円
3	父ハービンジャー	3-1-2-7/13	46.2%	92円
4	父マンハッタンカフェ	0-1-4-11/16	31.3%	103円
5	前走下級1着/札幌芝1800	1-1-2-6/10	40.0%	147円
6	前走同級2～3着/札幌芝2000	1-2-1-4/8	50.0%	111円
7	父シンボリクリスエス	2-0-1-2/5	60.0%	358円
8	M.デムーロ	1-0-2-5/8	37.5%	166円
9	武　豊	1-2-0-3/6	50.0%	160円
10	前走同級6～9着/函館芝2000	2-1-0-11/14	21.4%	131円

下級条件（1勝C、未勝利）

順位	条件	成績	複勝率	複回値
1	C.ルメール	15-9-8-17/49	65.3%	104円
2	最内枠	4-11-11-58/84	31.0%	95円
3	父ハービンジャー	7-7-10-69/93	25.8%	92円
4	福永　祐一	6-10-4-17/37	54.1%	110円
5	前走同級2～3着/函館芝1800	5-2-7-10/24	58.3%	110円
6	父キングカメハメハ	4-5-5-26/40	35.0%	105円
7	三浦　皇成	3-4-3-20/30	33.3%	141円
8	前走同級6～9着/函館芝1800	3-5-2-30/40	25.0%	123円
9	横山　武史	4-3-2-18/27	33.3%	90円
10	父エイシンフラッシュ	2-6-0-10/18	44.4%	242円

SAPPORO

芝2600m

軸

押さえておこう!!

軸的基本データ(人気別成績)

	勝率	複勝率	単勝回収値	複勝回収値
1番人気	46.4% (+14.2)	66.1% (+2.2)	110円 (+32)	86円 (+3)
2～3番人気	11.6% (-4.5)	40.2% (-5.8)	57円 (-24)	64円 (-18)
4～5番人気	7.1% (-1.2)	30.4% (+0.7)	62円 (-17)	74円 (-3)
6～9番人気	3.7% (+0.0)	18.4% (+3.0)	69円 (-9)	78円 (+1)
10番人気以下	0.5% (-0.4)	6.4% (+1.8)	31円 (-33)	59円 (-5)

※カッコ内は平均値との差

鉄板力 混成ランキング[3着内数順]

儲かる軸馬の条件

上級条件(2勝C以上)

順位	条件	成績	複勝率	複回値
1	関西馬	12-15-9-55/91	39.6%	93円
2	同距離	10-13-7-41/71	42.3%	99円
3	前走3角10番手以下	4-6-6-25/41	39.0%	108円
4	父ステイゴールド	3-7-3-10/23	56.5%	131円
5	大外枠	2-3-2-6/13	53.8%	139円
6	父ディープインパクト	5-1-1-9/16	43.8%	98円
7	C.ルメール	6-1-0-5/12	58.3%	93円
8	母父ブライアンズタイム	3-0-1-2/6	66.7%	172円
9	前走下級1着/函館芝2600	2-2-0-4/8	50.0%	145円
10	母父フジキセキ	1-2-1-2/6	66.7%	123円

下級条件(1勝C、未勝利)

順位	条件	成績	複勝率	複回値
1	距離延長	11-10-5-33/59	44.1%	108円
2	関東馬	11-7-3-38/59	35.6%	88円
3	ノーザンファーム生産馬	5-6-6-23/40	42.5%	86円
4	前走3角10番手以下	4-5-4-14/27	48.1%	103円
5	前走上がり3ハロン1位	8-3-1-10/22	54.5%	88円
6	父ディープインパクト	3-5-1-6/15	60.0%	125円
7	休み明け(中10週以上)	6-1-2-14/23	39.1%	94円
8	C.ルメール	3-3-1-4/11	63.6%	111円
9	父ワークフォース	2-1-3-4/10	60.0%	102円
10	母父ステイゴールド	3-1-1-6/11	45.5%	138円

穴 札幌

穴的基本データ(決着割合)

押さえておこう!!

決着	馬連での出現数	馬連での出現率	3連複での出現数	3連複での出現率
超堅 (1~3番人気)	15	26.8% (-4.1)	2	3.6% (-5.0)
超堅~順当 (1~5番人気)	33	58.9% (+1.2)	17	30.4% (-4.4)
超堅~中穴 (1~7番人気)	42	75.0% (-1.7)	32	57.1% (-2.8)
超堅~波乱 (1~9番人気)	51	91.1% (+3.1)	44	78.6% (+0.4)
大波乱 (4~18番人気)	9	16.1% (+0.9)	6	10.7% (+3.5)

※カッコ内は平均値との差

儲かるヒモの条件 破壊力 混成ランキング[3着内数順]

上級条件 (2勝C以上)

順位	条件	成績	複勝率	複回値
1	父ステイゴールド	3-7-3-16/29	44.8%	104円
2	父ハーツクライ	3-3-3-21/30	30.0%	104円
3	C.ルメール	6-1-0-5/12	58.3%	93円
4	父ジャングルポケット	0-0-4-6/10	40.0%	195円
5	前走下級1着/函館芝2600	2-2-0-5/9	44.4%	129円
6	父フジキセキ	1-2-1-2/6	66.7%	123円
7	父スウェプトオーヴァーボード	2-1-0-0/3	100.0%	223円
8	母父Caerleon	2-1-0-1/4	75.0%	168円
9	母父シンボリクリスエス	1-0-2-1/4	75.0%	165円
10	津村　明秀	1-1-1-1/4	75.0%	123円

下級条件 (1勝C、未勝利)

順位	条件	成績	複勝率	複回値
1	ノーザンファーム生産馬	6-7-8-38/59	35.6%	104円
2	父ディープインパクト	3-5-2-11/21	47.6%	134円
3	C.ルメール	3-3-1-4/11	63.6%	111円
4	最内枠	1-1-4-16/22	27.3%	119円
5	父ステイゴールド	3-1-1-10/15	33.3%	101円
6	福永　祐一	2-0-2-5/9	44.4%	149円
7	斤量57.5キロ以上	2-1-1-11/15	26.7%	99円
8	三浦　皇成	0-1-2-2/5	60.0%	240円
9	母父フレンチデピュティ	1-1-1-1/4	75.0%	170円
10	藤岡　康太	1-1-1-6/9	33.3%	149円

SAPPORO
ダ1000m

軸

押さえておこう!!

軸的基本データ(人気別成績)

	勝率	複勝率	単勝回収値	複勝回収値
1番人気	40.3% (+8.1)	71.0% (+7.1)	98円 (+20)	90円 (+6)
2～3番人気	12.1% (-4.0)	43.5% (-2.4)	61円 (-20)	76円 (-6)
4～5番人気	8.1% (-0.2)	30.6% (+1.0)	73円 (-6)	77円 (±0)
6～9番人気	4.1% (+0.4)	15.5% (+0.0)	99円 (+21)	79円 (+3)
10番人気以下	1.2% (+0.3)	7.3% (+2.7)	101円 (+38)	84円 (+20)

※カッコ内は平均値との差

鉄板力 混成ランキング[3着内数順]

儲かる軸馬の条件

上級条件(2勝C以上)

順位	条件	成績	複勝率	複回値
1	同距離	4-3-3-9/19	52.6%	105円
2	前走下級1着/札幌ダ1000	2-1-2-0/5	100.0%	170円
3	前走3角1番手	2-1-1-2/6	66.7%	165円
4	父プリサイスエンド	0-0-2-0/2	100.0%	210円
5	父トランセンド	1-1-0-0/2	100.0%	160円
6	前走下級1着/函館ダ1000	1-1-0-2/4	50.0%	143円
7	古川　吉洋	2-0-0-0/2	100.0%	120円
8	前走同級4～5着/函館ダ1000	0-1-1-2/4	50.0%	115円
9	母父スペシャルウィーク	1-1-0-1/3	66.7%	107円
10	斤量53キロ以下	0-1-1-2/4	50.0%	88円

下級条件(1勝C、未勝利)

順位	条件	成績	複勝率	複回値
1	距離短縮	21-16-19-77/133	42.1%	89円
2	前走同級2～3着/函館ダ1000	16-18-11-26/71	63.4%	100円
3	休み明け(中10週以上)	9-6-9-30/54	44.4%	97円
4	三浦　皇成	5-5-3-8/21	61.9%	108円
5	横山　武史	3-8-1-15/27	44.4%	94円
6	ノーザンファーム生産馬	3-7-1-14/25	44.0%	107円
7	城戸　義政	5-2-4-11/22	50.0%	94円
8	父ケイムホーム	3-6-2-7/18	61.1%	87円
9	父エンパイアメーカー	3-1-6-3/13	76.9%	159円
10	丹内　祐次	4-3-3-6/16	62.5%	146円

穴 札幌

穴的基本データ(決着割合)

押さえておこう!!

決着		馬連での出現数	馬連での出現率	3連複での出現数	3連複での出現率
超堅	(1~3番人気)	35	28.2% (-2.7)	6	4.8% (-3.7)
超堅~順当	(1~5番人気)	72	58.1% (+0.4)	38	30.6% (-4.1)
超堅~中穴	(1~7番人気)	97	78.2% (+1.6)	69	55.6% (-4.3)
超堅~波乱	(1~9番人気)	114	91.9% (+3.9)	102	82.3% (+4.0)
大波乱	(4~18番人気)	16	12.9% (-2.3)	6	4.8% (-2.4)

※カッコ内は平均値との差

儲かるヒモの条件

破壊力 混成ランキング[3着内数順]

上級条件(2勝C以上)

順位	条件	成績	複勝率	複回値
1	同距離	4-4-4-19/31	38.7%	119円
2	関東馬	2-3-2-21/28	25.0%	104円
3	前走下級1着/札幌ダ1000	2-1-2-2/7	71.4%	121円
4	前走3角1番手	2-1-1-5/9	44.4%	110円
5	社台ファーム生産馬	1-0-1-0/2	100.0%	555円
6	三浦　皇成	0-0-2-0/2	100.0%	445円
7	前走同級6~9着/函館ダ1000	0-1-1-5/7	28.6%	244円
8	父プリサイスエンド	0-0-2-0/2	100.0%	210円
9	父トランセンド	1-1-0-0/2	100.0%	160円
10	母父スペシャルウィーク	1-1-0-1/3	66.7%	107円

下級条件(1勝C、未勝利)

順位	条件	成績	複勝率	複回値
1	斤量53キロ以下	22-27-30-240/319	24.8%	93円
2	前走同級2~3着/函館ダ1000	17-18-11-30/76	60.5%	100円
3	大外枠	4-13-9-76/102	25.5%	94円
4	前走同級6~9着/函館ダ1000	2-11-9-79/101	21.8%	140円
5	横山　武史	3-9-2-28/42	33.3%	111円
6	菱田　裕二	7-4-2-28/41	31.7%	105円
7	吉田　隼人	6-2-4-14/26	46.2%	151円
8	城戸　義政	5-3-4-38/50	24.0%	147円
9	父エンパイアメーカー	3-1-6-5/15	66.7%	137円
10	井上　敏樹	2-6-2-43/53	18.9%	101円

SAPPORO

ダ1700m

軸

軸的基本データ（人気別成績）

押さえておこう!!

	勝　率	複勝率	単勝回収値	複勝回収値
1番人気	31.1% (-1.1)	64.2% (+0.3)	71円 (-7)	82円 (-1)
2～3番人気	15.7% (-0.4)	43.1% (-2.9)	77円 (-4)	77円 (-4)
4～5番人気	8.6% (+0.3)	34.0% (+4.3)	83円 (+4)	88円 (+11)
6～9番人気	3.8% (+0.2)	15.1% (-0.4)	76円 (-2)	75円 (-1)
10番人気以下	1.3% (+0.4)	5.7% (+1.2)	75円 (+11)	73円 (+9)

※カッコ内は平均値との差

鉄板力 混成ランキング［3着内数順］

儲かる軸馬の条件

上級条件（2勝C以上）

順位	条件	成績	複勝率	複回値
1	同距離	24-22-18-79/143	44.8%	89円
2	前走上がり3ハロン1位	9-7-6-22/44	50.0%	88円
3	前走3角1番手	5-5-3-10/23	56.5%	104円
4	前走同級2～3着/函館ダ1700	8-3-1-10/22	54.5%	99円
5	C.ルメール	2-2-6-6/16	62.5%	107円
6	ノーザンファーム生産馬	4-2-4-13/23	43.5%	89円
7	前走下級1着/札幌ダ1700	5-2-3-11/21	47.6%	86円
8	斤量57.5キロ以上	3-3-2-3/11	72.7%	136円
9	父クロフネ	2-5-1-3/11	72.7%	132円
10	前走下級1着/函館ダ1700	2-3-2-8/15	46.7%	102円

下級条件（1勝C、未勝利）

順位	条件	成績	複勝率	複回値
1	前走3角10番手以下	19-17-22-79/137	42.3%	103円
2	連闘	16-20-22-65/123	47.2%	95円
3	母父サンデーサイレンス	13-18-15-49/95	48.4%	95円
4	前走同級4～5着/函館ダ1700	10-9-10-44/73	39.7%	87円
5	勝浦　正樹	6-12-9-34/61	44.3%	101円
6	母父キングカメハメハ	5-9-7-19/40	52.5%	122円
7	父ハーツクライ	8-4-4-15/31	51.6%	105円
8	父エンパイアメーカー	4-5-6-10/25	60.0%	129円
9	横山　和生	2-6-5-12/25	52.0%	126円
10	横山　典弘	4-2-7-15/28	46.4%	92円

穴 札幌

穴的基本データ（決着割合）

押さえておこう!!

決着	馬連での出現数	馬連での出現率	3連複での出現数	3連複での出現率
超堅（1〜3番人気）	80	27.0%(-3.9)	19	6.4%(-2.1)
超堅〜順当（1〜5番人気）	175	59.1%(+1.4)	99	33.4%(-1.3)
超堅〜中穴（1〜7番人気）	225	76.0%(-0.7)	170	57.4%(-2.5)
超堅〜波乱（1〜9番人気）	266	89.9%(+1.9)	233	78.7%(+0.5)
大波乱（4〜18番人気）	51	17.2%(+2.0)	23	7.8%(+0.6)

※カッコ内は平均値との差

儲かるヒモの条件　破壊力 混成ランキング［3着内数順］

上級条件（2勝C以上）

順位	条件	成績	複勝率	複回値
1	前走上がり3ハロン1位	9-8-6-35/58	39.7%	113円
2	前走下級1着/札幌ダ1700	7-3-4-23/37	37.8%	140円
3	C.ルメール	2-2-6-7/17	58.8%	101円
4	斤量57.5キロ以上	3-3-3-15/24	37.5%	98円
5	母父キングカメハメハ	2-3-3-5/13	61.5%	192円
6	柴山　雄一	2-1-3-9/15	40.0%	188円
7	大外枠	1-4-1-27/33	18.2%	119円
8	父メイショウボーラー	1-3-2-4/10	60.0%	117円
9	岩田　康誠	5-1-0-5/11	54.5%	115円
10	母父アフリート	0-5-1-9/15	40.0%	90円

下級条件（1勝C、未勝利）

順位	条件	成績	複勝率	複回値
1	斤量53キロ以下	35-33-37-394/499	21.0%	97円
2	連闘	18-24-28-135/205	34.1%	96円
3	母父サンデーサイレンス	16-21-21-133/191	30.4%	157円
4	最内枠	17-11-26-153/207	26.1%	96円
5	社台ファーム生産馬	17-15-19-166/217	23.5%	130円
6	大外枠	15-12-17-162/206	21.4%	96円
7	前走同級4〜5着/函館ダ1700	11-12-18-80/121	33.9%	117円
8	勝浦　正樹	7-15-16-84/122	31.1%	139円
9	父キングカメハメハ	13-8-12-69/102	32.4%	145円
10	前走同級6〜9着/札幌ダ1700	10-7-16-154/187	17.6%	98円

鉄板力&破壊力ランキング

本書に掲載した各コースのうち、複勝率が高い軸データTOP3と、複勝回収率が高い穴データTOP3の項目をピックアップしました。

※軸データ、穴データ共にサンプル数50以上のものに限る。

軸

1 札幌ダ1000 下級条件

前走同級2～3着/函館ダ1000

着別度数 16-18-11-26/71 複勝率 63.4% 複回値 100円

2 札幌芝1200 下級条件

前走同級2～3着/函館芝1200

着別度数 15-17-13-37/82 複勝率 54.9% 複回値 91円

3 札幌芝1800 上級条件

距離延長

着別度数 12-10-6-27/55 複勝率 50.9% 複回値 103円

穴

1 札幌芝1200 下級条件

父ダイワメジャー

着別度数 5-9-5-32/51 複勝率 37.3% 複回値 194円

2 札幌ダ1700 下級条件

母父サンデーサイレンス

着別度数 16-21-21-133/191 複勝率 30.4% 複回値 157円

3 札幌芝1500 下級条件

前走同級4～5着/札幌芝1500

着別度数 6-5-8-42/61 複勝率 31.1% 複回値 151円

函館競馬場

HAKODATE RACE COURCE

- 芝1000m
- 芝1200m
- 芝1800m
- 芝2000m
- 芝2600m
- ダ1000m
- ダ1700m

HAKODATE

芝1000m

軸

押さえておこう!!

軸的基本データ(人気別成績)

	勝率	複勝率	単勝回収値	複勝回収値
1番人気	41.7% (+9.5)	91.7% (+27.8)	126円 (+48)	98円 (+14)
2～3番人気	20.8% (+4.8)	54.2% (+8.2)	101円 (+21)	78円 (-3)
4～5番人気	4.2% (-4.1)	37.5% (+7.9)	166円 (+87)	119円 (+41)
6～9番人気	2.5% (-1.1)	5.0% (-10.5)	37円 (-41)	15円 (-61)
10番人気以下	0.0% (-0.9)	7.7% (+3.1)	0円 (-64)	83円 (+19)

※カッコ内は平均値との差

鉄板力 混成ランキング[3着内数順]

儲かる軸馬の条件

上級条件(2勝C以上)

順位	条件	成績	複勝率	複回値
1				
2				
3				
4				
5				
6				
7				
8				
9				
10				

下級条件(1勝C、未勝利)

順位	条件	成績	複勝率	複回値
1	関西馬	3-5-6-20/34	41.2%	99円
2	最内枠	1-4-3-4/12	66.7%	130円
3	父マツリダゴッホ	2-1-0-2/5	60.0%	122円
4	母父アグネスデジタル	1-0-1-0/2	100.0%	270円
5	横山　和生	0-1-1-2/4	50.0%	253円
6	菱田　裕二	1-0-1-1/3	66.7%	200円
7	父アポロキングダム	0-1-1-0/2	100.0%	135円
8	父フレンチデピュティ	0-1-1-0/2	100.0%	125円
9	三浦　皇成	1-0-1-0/2	100.0%	125円
10	母父Kingmambo	0-1-1-0/2	100.0%	115円

穴

函館

穴的基本データ（決着割合）

押さえておこう!!

決着		馬連での出現数	馬連での出現率	3連複での出現数	3連複での出現率
超　堅	(1~3番人気)	4	33.3% (+2.4)	2	16.7% (+8.1)
超堅~順当	(1~5番人気)	10	83.3% (+25.6)	9	75.0% (+40.3)
超堅~中穴	(1~7番人気)	12	100.0% (+23.3)	11	91.7% (+31.7)
超堅~波乱	(1~9番人気)	12	100.0% (+12.0)	11	91.7% (+13.4)
大波乱	(4~18番人気)	0	0.0% (-15.2)	0	0.0% (-7.2)

※カッコ内は平均値との差

儲かるヒモの条件

破壊力 混成ランキング［3着内数順］

上級条件（2勝C以上）

順位	条件	成績	複勝率	複回値
1				
2				
3				
4				
5				
6				
7				
8				
9				
10				

下級条件（1勝C、未勝利）

順位	条件	成績	複勝率	複回値
1	関東馬	9-7-6-21/43	51.2%	98円
2	最内枠	1-4-3-2/10	80.0%	156円
3	父マツリダゴッホ	2-1-0-2/5	100.0%	130円
4	横山　和生	0-1-1-0/2	100.0%	505円
5	母父アグネスデジタル	1-0-1-0/2	100.0%	270円
6	父アポロキングダム	0-1-1-0/2	100.0%	135円
7	父フレンチデピュティ	0-1-1-0/2	100.0%	125円
8	三浦　皇成	1-0-1-0/2	100.0%	125円
9	母父Kingmambo	0-1-1-0/2	100.0%	115円
10	大外枠	1-0-1-1/3	66.7%	113円

HAKODATE

芝1200m

軸

押さえておこう!!

軸的基本データ（人気別成績）

	勝率	複勝率	単勝回収値	複勝回収値
1番人気	31.2% (-1.0)	61.4% (-2.5)	78円 (±0)	79円 (-4)
2～3番人気	13.9% (-2.2)	45.6% (-0.4)	69円 (-11)	78円 (-3)
4～5番人気	10.8% (+2.5)	28.5% (-1.2)	103円 (+24)	73円 (-4)
6～9番人気	3.6% (-0.1)	15.1% (-0.4)	68円 (-10)	73円 (-4)
10番人気以下	1.4% (+0.5)	7.2% (+2.6)	75円 (+11)	87円 (+23)

※カッコ内は平均値との差

鉄板力 混成ランキング［3着内数順］

儲かる軸馬の条件

上級条件（2勝C以上）

順位	条件	成績	複勝率	複回値
1	前走3角2～3番手	12-9-8-33/62	46.8%	116円
2	距離短縮	10-10-5-34/59	42.4%	108円
3	前走下級1着/函館芝1200	10-5-7-36/58	37.9%	87円
4	吉田　隼人	6-1-4-13/24	45.8%	113円
5	最内枠	5-1-5-16/27	40.7%	111円
6	父ダイワメジャー	1-4-6-16/27	40.7%	99円
7	前走同級6～9着/函館芝1200	4-3-2-14/23	39.1%	125円
8	母父サクラバクシンオー	4-2-3-9/18	50.0%	111円
9	三浦　皇成	1-4-4-10/19	47.4%	109円
10	社台ファーム生産馬	2-5-2-7/16	56.3%	90円

下級条件（1勝C、未勝利）

順位	条件	成績	複勝率	複回値
1	前走3角2～3番手	54-41-24-142/261	45.6%	94円
2	斤量53キロ以下	26-19-24-126/195	35.4%	88円
3	最内枠	13-16-10-54/93	41.9%	87円
4	池添　謙一	12-12-6-21/51	58.8%	115円
5	菱田　裕二	3-8-7-26/44	40.9%	93円
6	横山　武史	6-3-8-12/29	58.6%	103円
7	丸山　元気	7-4-4-24/39	38.5%	105円
8	母父タイキシャトル	3-4-7-21/35	40.0%	88円
9	父ロードカナロア	4-6-3-11/24	54.2%	131円
10	父ストーミングホーム	1-7-4-5/17	70.6%	137円

穴的基本データ（決着割合）

押さえておこう!!

決着	馬連での出現数	馬連での出現率	3連複での出現数	3連複での出現率
超堅（1～3番人気）	86	29.2%(-1.8)	25	8.5%(-0.1)
超堅～順当（1～5番人気）	165	55.9%(-1.8)	99	33.6%(-1.2)
超堅～中穴（1～7番人気）	218	73.9%(-2.8)	165	55.9%(-4.0)
超堅～波乱（1～9番人気）	248	84.1%(-3.9)	210	71.2%(-7.0)
大波乱（4～18番人気）	56	19.0%(+3.8)	28	9.5%(+2.3)

※カッコ内は平均値との差

儲かるヒモの条件

破壊力 混成ランキング［3着内数順］

上級条件（2勝C以上）

順位	条件	成績	複勝率	複回値
1	前走3角2～3番手	13-12-10-77/112	31.3%	108円
2	距離短縮	12-13-7-72/104	30.8%	112円
3	前走下級1着/函館芝1200	10-7-11-71/99	28.3%	104円
4	前走3角10番手以下	9-6-10-129/154	16.2%	93円
5	父ダイワメジャー	2-4-8-31/45	31.1%	106円
6	前走3角1番手	4-3-7-63/77	18.2%	94円
7	三浦　皇成	1-5-6-13/25	48.0%	172円
8	母父サクラバクシンオー	5-3-4-24/36	33.3%	131円
9	大外枠	3-4-5-36/48	25.0%	118円
10	柴山　雄一	1-4-5-14/24	41.7%	119円

下級条件（1勝C、未勝利）

順位	条件	成績	複勝率	複回値
1	前走3角2～3番手	55-45-34-275/409	32.8%	92円
2	斤量53キロ以下	31-32-35-423/521	18.8%	92円
3	距離短縮	33-29-28-321/411	21.9%	91円
4	休み明け(中10週以上)	20-24-26-244/314	22.3%	97円
5	最内枠	14-18-14-117/163	28.2%	91円
6	池添　謙一	12-13-7-30/62	51.6%	125円
7	母父サンデーサイレンス	10-7-5-94/116	19.0%	91円
8	父マツリダゴッホ	6-4-8-59/77	23.4%	117円
9	母父ブライアンズタイム	3-12-0-34/49	30.6%	144円
10	前走同級6～9着/福島芝1200	0-5-10-53/68	22.1%	142円

HAKODATE

芝1800m

軸

押さえておこう!!

軸的基本データ(人気別成績)

	勝率	複勝率	単勝回収値	複勝回収値
1番人気	38.5% (+6.3)	67.7% (+3.8)	97円 (+19)	86円 (+2)
2~3番人気	16.2% (+0.1)	51.2% (+5.2)	82円 (+1)	88円 (+6)
4~5番人気	5.4% (-2.9)	25.0% (-4.6)	54円 (-25)	57円 (-20)
6~9番人気	4.1% (+0.4)	16.5% (+1.1)	92円 (+14)	75円 (-2)
10番人気以下	0.9% (+0.0)	5.5% (+1.0)	30円 (-34)	69円 (+5)

※カッコ内は平均値との差

鉄板力 混成ランキング[3着内数順]

儲かる軸馬の条件

上級条件(2勝C以上)

順位	条件	成績	複勝率	複回値
1	距離短縮	6-6-6-25/43	41.9%	89円
2	社台ファーム生産馬	4-3-3-7/17	58.8%	118円
3	前走馬体重500キロ以上	5-3-2-12/22	45.5%	92円
4	前走3角10番手以下	3-3-3-10/19	47.4%	114円
5	母父サンデーサイレンス	4-3-2-8/17	52.9%	94円
6	父ステイゴールド	3-2-2-3/10	70.0%	108円
7	父ディープインパクト	1-3-3-10/17	41.2%	101円
8	池添　謙一	3-2-1-4/10	60.0%	108円
9	父Smart Strike	2-1-1-2/6	66.7%	133円
10	父ハービンジャー	2-2-0-4/8	50.0%	101円

下級条件(1勝C、未勝利)

順位	条件	成績	複勝率	複回値
1	前走3角10番手以下	13-15-15-60/103	41.7%	92円
2	距離延長	11-16-13-66/106	37.7%	85円
3	社台ファーム生産馬	13-8-6-40/67	40.3%	93円
4	前走同級4~5着/函館芝1800	7-10-6-26/49	46.9%	102円
5	母父サンデーサイレンス	9-7-7-28/51	45.1%	97円
6	最内枠	11-7-3-20/41	51.2%	98円
7	前走馬体重500キロ以上	7-7-4-21/39	46.2%	87円
8	吉田　隼人	7-6-1-12/26	53.8%	110円
9	C.ルメール	5-6-2-5/18	72.2%	101円
10	父ルーラーシップ	2-6-4-2/14	85.7%	187円

穴 函館

穴的基本データ（決着割合）

押さえておこう!!

決着		馬連での出現数	馬連での出現率	3連複での出現数	3連複での出現率
超堅	(1~3番人気)	46	35.4% (+4.5)	15	11.5% (+3.0)
超堅~順当	(1~5番人気)	83	63.8% (+6.2)	48	36.9% (+2.2)
超堅~中穴	(1~7番人気)	107	82.3% (+5.6)	79	60.8% (+0.8)
超堅~波乱	(1~9番人気)	117	90.0% (+2.0)	109	83.8% (+5.6)
大波乱	(4~18番人気)	15	11.5% (-3.6)	7	5.4% (-1.8)

※カッコ内は平均値との差

儲かるヒモの条件　破壊力 混成ランキング［3着内数順］

上級条件（2勝C以上）

順位	条件	成績	複勝率	複回値
1	関西馬	11-7-10-75/103	27.2%	95円
2	距離短縮	8-7-8-61/84	27.4%	96円
3	距離延長	3-6-3-22/34	35.3%	116円
4	母父サンデーサイレンス	5-3-4-29/41	29.3%	107円
5	前走馬体重500キロ以上	6-3-2-27/38	28.9%	91円
6	前走3角10番手以下	3-3-4-25/35	28.6%	103円
7	社台ファーム生産馬	4-3-3-11/21	47.6%	96円
8	父キングカメハメハ	3-2-2-13/20	35.0%	155円
9	池添　謙一	3-2-1-5/11	54.5%	98円
10	前走下級1着/函館芝1800	0-1-3-3/7	57.1%	136円

下級条件（1勝C、未勝利）

順位	条件	成績	複勝率	複回値
1	最内枠	11-8-6-51/76	32.9%	107円
2	吉田　隼人	7-6-3-32/48	33.3%	94円
3	父ルーラーシップ	2-7-4-12/25	52.0%	138円
4	C.ルメール	5-6-2-5/18	72.2%	101円
5	古川　吉洋	3-4-6-28/41	31.7%	97円
6	父キングカメハメハ	3-3-6-26/38	31.6%	96円
7	藤岡　康太	5-2-4-27/38	28.9%	114円
8	母父アグネスタキオン	2-1-8-30/41	26.8%	91円
9	北村　友一	2-5-2-14/23	39.1%	107円
10	三浦　皇成	3-2-4-12/21	42.9%	102円

HAKODATE

芝2000m

軸

押さえておこう!!

軸的基本データ(人気別成績)

	勝率	複勝率	単勝回収値	複勝回収値
1番人気	33.3% (+1.1)	64.8% (+0.9)	74円 (-4)	84円 (+1)
2~3番人気	20.5% (+4.4)	51.4% (+5.4)	104円 (+24)	88円 (+6)
4~5番人気	5.7% (-2.6)	23.8% (-5.8)	46円 (-33)	55円 (-22)
6~9番人気	3.0% (-0.7)	17.6% (+2.1)	76円 (-2)	88円 (+12)
10番人気以下	1.1% (+0.2)	5.2% (+0.7)	99円 (+35)	67円 (+2)

※カッコ内は平均値との差

鉄板力 混成ランキング[3着内数順]

儲かる軸馬の条件

上級条件(2勝C以上)

順位	条件	成績	複勝率	複回値
1	関東馬	9-7-6-42/64	34.4%	88円
2	前走3角10番手以下	4-3-3-14/24	41.7%	111円
3	距離短縮	4-2-3-10/19	47.4%	141円
4	社台ファーム生産馬	2-3-4-14/23	39.1%	92円
5	父ステイゴールド	1-3-4-9/17	47.1%	125円
6	前走3角1番手	2-3-3-9/17	47.1%	111円
7	最内枠	0-1-5-6/12	50.0%	127円
8	池添　謙一	0-1-4-6/11	45.5%	140円
9	柴山　雄一	1-2-2-4/9	55.6%	92円
10	父シンボリクリスエス	1-0-2-2/5	60.0%	252円

下級条件(1勝C、未勝利)

順位	条件	成績	複勝率	複回値
1	ノーザンファーム生産馬	19-9-8-40/76	47.4%	88円
2	社台ファーム生産馬	9-15-7-32/63	49.2%	88円
3	前走3角10番手以下	11-6-12-47/76	38.2%	86円
4	前走上がり3ハロン1位	12-7-6-27/52	48.1%	86円
5	前走馬体重500キロ以上	11-8-3-18/40	55.0%	97円
6	岩田　康誠	9-8-4-15/36	58.3%	100円
7	前走同級4~5着/函館芝2000	3-9-8-19/39	51.3%	114円
8	父ハービンジャー	7-5-6-25/43	41.9%	88円
9	父ディープインパクト	7-6-3-17/33	48.5%	87円
10	休み明け(中10週以上)	4-4-7-30/45	33.3%	87円

穴

函館

穴的基本データ（決着割合）

押さえておこう!!

決着	馬連での出現数	馬連での出現率	3連複での出現数	3連複での出現率
超堅　（1～3番人気）	44	41.9%（+11.0）	12	11.4%（+2.9）
超堅～順当　（1～5番人気）	63	60.0%（+2.3）	36	34.3%（-0.4）
超堅～中穴　（1～7番人気）	82	78.1%（+1.4）	62	59.0%（-0.9）
超堅～波乱　（1～9番人気）	97	92.4%（+4.4）	88	83.8%（+5.6）
大波乱　（4～18番人気）	12	11.4%（-3.8）	4	3.8%（-3.4）

※カッコ内は平均値との差

儲かるヒモの条件　破壊力 混成ランキング［3着内数順］

上級条件（2勝C以上）

順位	条件	成績	複勝率	複回値
1	関西馬	12-12-15-100/139	28.1%	105円
2	同距離	9-7-13-61/90	32.2%	106円
3	休み明け（中10週以上）	4-5-5-49/63	22.2%	108円
4	距離短縮	4-4-3-32/43	25.6%	120円
5	父ステイゴールド	1-3-4-14/22	36.4%	96円
6	最内枠	0-2-5-14/21	33.3%	117円
7	藤岡　康太	0-3-2-7/12	41.7%	196円
8	池添　謙一	0-1-4-8/13	38.5%	119円
9	吉田　隼人	3-1-0-9/13	30.8%	252円
10	前走下級1着/函館芝2000	1-2-1-6/10	40.0%	123円

下級条件（1勝C、未勝利）

順位	条件	成績	複勝率	複回値
1	斤量53キロ以下	9-6-12-112/139	19.4%	102円
2	前走上がり3ハロン1位	13-7-6-31/57	45.6%	123円
3	岩田　康誠	9-9-4-22/44	50.0%	94円
4	前走同級4～5着/函館芝2000	3-9-9-28/49	42.9%	101円
5	父ヴィクトワールピサ	1-5-4-8/18	55.6%	170円
6	母父フレンチデピュティ	3-3-4-14/24	41.7%	168円
7	勝浦　正樹	1-3-5-26/35	25.7%	171円
8	丹内　祐次	3-1-5-34/43	20.9%	101円
9	横山　武史	2-3-2-9/16	43.8%	104円
10	母父ダンスインザダーク	2-2-2-24/30	20.0%	106円

HAKODATE

芝2600m

軸

押さえておこう!!

軸的基本データ(人気別成績)

	勝率	複勝率	単勝回収値	複勝回収値
1番人気	28.6% (-3.6)	52.4% (-11.5)	84円 (+6)	76円 (-7)
2~3番人気	17.9% (+1.8)	41.7% (-4.3)	92円 (+12)	76円 (-6)
4~5番人気	11.9% (+3.6)	33.3% (+3.7)	104円 (+25)	85円 (+8)
6~9番人気	2.4% (-1.2)	19.3% (+3.8)	44円 (-34)	83円 (+7)
10番人気以下	0.7% (-0.2)	6.6% (+2.0)	43円 (-20)	84円 (+20)

※カッコ内は平均値との差

鉄板力 混成ランキング[3着内数順]

儲かる軸馬の条件

上級条件(2勝C以上)

順位	条件	成績	複勝率	複回値
1	関西馬	4-1-3-15/23	34.8%	86円
2	休み明け(中10週以上)	3-1-2-5/11	54.5%	139円
3	母父サンデーサイレンス	2-0-2-3/7	57.1%	170円
4	ノーザンファーム生産馬	2-1-1-2/6	66.7%	152円
5	関東馬	1-1-2-7/11	36.4%	87円
6	前走3角10番手以下	1-0-2-2/5	60.0%	184円
7	同距離	2-0-1-4/7	42.9%	120円
8	父ハービンジャー	1-0-1-0/2	100.0%	320円
9	吉田 隼人	1-0-1-0/2	100.0%	275円
10	勝浦 正樹	0-0-2-0/2	100.0%	270円

下級条件(1勝C、未勝利)

順位	条件	成績	複勝率	複回値
1	関西馬	14-18-19-83/134	38.1%	88円
2	ノーザンファーム生産馬	8-8-5-27/48	43.8%	87円
3	母父サンデーサイレンス	6-8-1-12/27	55.6%	119円
4	岩田 康誠	1-3-6-7/17	58.8%	116円
5	休み明け(中10週以上)	4-5-1-15/25	40.0%	90円
6	父ハービンジャー	4-2-4-10/20	50.0%	88円
7	最内枠	3-2-4-6/15	60.0%	127円
8	社台ファーム生産馬	3-4-2-12/21	42.9%	107円
9	父ハーツクライ	2-2-5-11/20	45.0%	106円
10	前走同級4~5着/函館芝2600	4-1-4-9/18	50.0%	104円

函館

穴

穴的基本データ（決着割合）

押さえておこう!!

決着	馬連での出現数	馬連での出現率	3連複での出現数	3連複での出現率
超堅（1～3番人気）	7	16.7%(-14.3)	2	4.8%(-3.8)
超堅～順当（1～5番人気）	22	52.4%(-5.3)	8	19.0%(-15.7)
超堅～中穴（1～7番人気）	31	73.8%(-2.9)	23	54.8%(-5.2)
超堅～波乱（1～9番人気）	37	88.1%(+0.1)	33	78.6%(+0.4)
大波乱（4～18番人気）	10	23.8%(+8.6)	5	11.9%(+4.7)

※カッコ内は平均値との差

儲かるヒモの条件　破壊力 混成ランキング［3着内数順］

上級条件（2勝C以上）

順位	条件	成績	複勝率	複回値
1	関西馬	4-3-3-22/32	31.3%	100円
2	休み明け（中10週以上）	3-1-2-8/14	42.9%	109円
3	母父サンデーサイレンス	2-1-2-5/10	50.0%	228円
4	斤量53キロ以下	0-3-2-15/20	25.0%	144円
5	前走3角10番手以下	1-1-2-9/13	30.8%	155円
6	ノーザンファーム生産馬	2-1-1-4/8	50.0%	114円
7	同距離	2-0-1-5/8	37.5%	105円
8	父ハービンジャー	1-0-1-0/2	100.0%	320円
9	吉田　隼人	1-0-1-0/2	100.0%	275円
10	勝浦　正樹	0-0-2-0/2	100.0%	270円

下級条件（1勝C、未勝利）

順位	条件	成績	複勝率	複回値
1	関西馬	15-22-24-157/218	28.0%	96円
2	同距離	12-9-10-67/98	31.6%	102円
3	母父サンデーサイレンス	8-10-1-23/42	45.2%	126円
4	休み明け（中10週以上）	4-6-3-37/50	26.0%	112円
5	父ハービンジャー	5-4-4-23/36	36.1%	94円
6	最内枠	3-3-5-18/29	37.9%	154円
7	前走同級4～5着/函館芝2600	4-2-5-11/22	50.0%	140円
8	斤量53キロ以下	3-5-3-29/40	27.5%	116円
9	社台ファーム生産馬	3-6-2-21/32	34.4%	98円
10	岩田　康誠	1-3-6-10/20	50.0%	99円

HAKODATE

ダ1000m

軸

押さえておこう!!

軸的基本データ（人気別成績）

	勝率	複勝率	単勝回収値	複勝回収値
1番人気	27.1% (-5.1)	65.3% (+1.4)	63円 (-15)	83円 (±0)
2～3番人気	17.0% (+0.9)	48.3% (+2.3)	82円 (+2)	80円 (-2)
4～5番人気	8.0% (-0.3)	31.6% (+2.0)	71円 (-9)	78円 (+1)
6～9番人気	5.3% (+1.7)	14.6% (-0.9)	102円 (+24)	64円 (-12)
10番人気以下	1.1% (+0.2)	7.3% (+2.8)	124円 (+60)	108円 (+43)

※カッコ内は平均値との差

鉄板力 混成ランキング［3着内数順］

儲かる軸馬の条件

上級条件（2勝C以上）

順位	条件	成績	複勝率	複回値
1	前走3角1番手	3-2-2-4/11	63.6%	136円
2	前走下級1着/函館ダ1000	1-3-3-6/13	53.8%	85円
3	同距離	1-3-3-6/13	53.8%	85円
4	前走3角2～3番手	2-1-2-3/8	62.5%	88円
5	父サウスヴィグラス	1-2-0-2/5	60.0%	110円
6	父シニスターミニスター	1-1-0-0/2	100.0%	250円
7	藤岡　康太	1-0-1-0/2	100.0%	200円
8	菱田　裕二	0-1-1-0/2	100.0%	180円
9	浜中　俊	1-0-1-0/2	100.0%	170円
10	大外枠	0-1-1-1/3	66.7%	117円

下級条件（1勝C、未勝利）

順位	条件	成績	複勝率	複回値
1	距離短縮	46-32-33-153/264	42.0%	87円
2	休み明け（中10週以上）	13-9-10-43/75	42.7%	93円
3	岩田　康誠	11-10-6-26/53	50.9%	93円
4	前走同級6～9着/函館ダ1000	9-5-7-37/58	36.2%	109円
5	池添　謙一	6-6-0-10/22	54.5%	108円
6	三浦　皇成	2-4-6-9/21	57.1%	106円
7	横山　武史	4-3-4-11/22	50.0%	113円
8	母父サクラバクシンオー	4-3-3-5/15	66.7%	169円
9	松田　大作	3-2-5-3/13	76.9%	152円
10	松岡　正海	4-3-3-12/22	45.5%	110円

穴 函館

穴的基本データ（決着割合）

押さえておこう!!

決着		馬連での出現数	馬連での出現率	3連複での出現数	3連複での出現率
超堅	(1〜3番人気)	40	27.8% (-3.2)	16	11.1% (+2.6)
超堅〜順当	(1〜5番人気)	78	54.2% (-3.5)	58	40.3% (+5.5)
超堅〜中穴	(1〜7番人気)	121	84.0% (+7.4)	106	73.6% (+13.6)
超堅〜波乱	(1〜9番人気)	130	90.3% (+2.3)	119	82.6% (+4.4)
大波乱	(4〜18番人気)	25	17.4% (+2.2)	9	6.3% (-1.0)

※カッコ内は平均値との差

儲かるヒモの条件

破壊力 混成ランキング［3着内数順］

上級条件（2勝C以上）

順位	条件	成績	複勝率	複回値
1	前走下級1着/函館ダ1000	1-4-3-9/17	47.1%	101円
2	同距離	1-4-3-9/17	47.1%	101円
3	前走3角1番手	3-2-2-6/13	53.8%	115円
4	前走3角2〜3番手	2-2-2-4/10	60.0%	130円
5	最内枠	0-2-1-2/5	60.0%	180円
6	父サウスヴィグラス	1-2-0-3/6	50.0%	92円
7	父シニスターミニスター	1-1-0-0/2	100.0%	250円
8	藤岡　康太	1-0-1-0/2	100.0%	200円
9	浜中　俊	1-0-1-0/2	100.0%	170円
10	斤量53キロ以下	1-1-0-4/6	33.3%	127円

下級条件（1勝C、未勝利）

順位	条件	成績	複勝率	複回値
1	関東馬	59-47-73-587/766	23.4%	92円
2	斤量53キロ以下	28-31-27-252/338	25.4%	93円
3	前走3角1番手	14-20-16-70/120	41.7%	97円
4	芝→ダ替わり	14-14-16-198/242	18.2%	99円
5	大外枠	11-10-9-78/108	27.8%	95円
6	前走同級6〜9着/函館ダ1000	13-7-9-99/128	22.7%	122円
7	父サウスヴィグラス	12-7-9-64/92	30.4%	108円
8	岩田　康誠	12-10-6-30/58	48.3%	94円
9	城戸　義政	4-5-5-44/58	24.1%	90円
10	三浦　皇成	3-4-6-13/26	50.0%	125円

HAKODATE

ダ1700m

軸

押さえておこう!!

軸的基本データ(人気別成績)

	勝率	複勝率	単勝回収値	複勝回収値
1番人気	33.6% (+1.4)	67.2% (+3.3)	75円 (-2)	85円 (+2)
2～3番人気	17.3% (+1.3)	47.2% (+1.2)	86円 (+6)	79円 (-2)
4～5番人気	7.2% (-1.1)	26.4% (-3.2)	64円 (-15)	64円 (-13)
6～9番人気	3.8% (+0.2)	17.7% (+2.2)	83円 (+5)	93円 (+16)
10番人気以下	0.7% (-0.2)	4.7% (+0.1)	62円 (-2)	56円 (-9)

※カッコ内は平均値との差

鉄板力 混成ランキング[3着内数順]

儲かる軸馬の条件

上級条件(2勝C以上)

順位	条件	成績	複勝率	複回値
1	前走馬体重500キロ以上	12-2-9-39/62	37.1%	92円
2	休み明け(中10週以上)	7-4-4-20/35	42.9%	113円
3	前走下級1着/函館ダ1700	8-5-2-12/27	55.6%	86円
4	距離延長	6-4-4-30/44	31.8%	85円
5	古川　吉洋	4-2-4-8/18	55.6%	103円
6	父ゴールドアリュール	3-3-1-7/14	50.0%	142円
7	父ダイワメジャー	2-1-4-7/14	50.0%	117円
8	父クロフネ	3-1-1-4/9	55.6%	88円
9	母父フォーティナイナー	3-1-0-1/5	80.0%	206円
10	前走同級1着/函館ダ1700	2-0-2-0/4	100.0%	183円

下級条件(1勝C、未勝利)

順位	条件	成績	複勝率	複回値
1	距離延長	24-31-22-108/185	41.6%	91円
2	斤量53キロ以下	23-18-16-115/172	33.1%	86円
3	勝浦　正樹	8-11-11-23/53	56.6%	113円
4	父マンハッタンカフェ	8-7-6-4/25	84.0%	144円
5	前走同級2～3着/新潟ダ1800	10-5-5-11/31	64.5%	95円
6	武　豊	10-7-3-16/36	55.6%	90円
7	北村　友一	9-8-2-13/32	59.4%	106円
8	丸山　元気	2-11-6-32/51	37.3%	90円
9	母父ブライアンズタイム	5-4-9-31/49	36.7%	91円
10	古川　吉洋	3-9-5-24/41	41.5%	95円

穴 函館

穴的基本データ（決着割合）

押さえておこう!!

決着		馬連での出現数	馬連での出現率	3連複での出現数	3連複での出現率
超堅	(1〜3番人気)	103	38.0% (+7.1)	34	12.5% (+4.0)
超堅〜順当	(1〜5番人気)	164	60.5% (+2.8)	93	34.3% (-0.4)
超堅〜中穴	(1〜7番人気)	220	81.2% (+4.5)	175	64.6% (+4.6)
超堅〜波乱	(1〜9番人気)	254	93.7% (+5.7)	231	85.2% (+7.0)
大波乱	(4〜18番人気)	41	15.1% (-0.1)	22	8.1% (+0.9)

※カッコ内は平均値との差

儲かるヒモの条件

破壊力 混成ランキング［3着内数順］

上級条件（2勝C以上）

順位	条件	成績	複勝率	複回値
1	関東馬	13-9-13-130/165	21.2%	92円
2	休み明け（中10週以上）	9-6-6-52/73	28.8%	119円
3	前走3角1番手	10-3-6-20/39	48.7%	147円
4	斤量53キロ以下	3-6-5-30/44	31.8%	169円
5	前走同級6〜9着/函館ダ1700	0-5-4-33/42	21.4%	128円
6	大外枠	3-2-3-23/31	25.8%	95円
7	父ダイワメジャー	2-1-4-9/16	43.8%	103円
8	前走同級4〜5着/函館ダ1700	2-0-3-14/19	26.3%	116円
9	藤岡　佑介	2-2-1-9/14	35.7%	96円
10	母父ダンスインザダーク	0-3-2-9/14	35.7%	96円

下級条件（1勝C、未勝利）

順位	条件	成績	複勝率	複回値
1	大外枠	18-22-18-144/202	28.7%	106円
2	ノーザンファーム生産馬	15-18-19-147/199	26.1%	94円
3	母父サンデーサイレンス	15-16-14-125/170	26.5%	103円
4	池添　謙一	12-9-16-48/85	43.5%	94円
5	吉田　隼人	11-7-11-74/103	28.2%	113円
6	藤岡　康太	10-10-3-62/85	27.1%	94円
7	父マンハッタンカフェ	9-7-6-16/38	57.9%	114円
8	母父ダンスインザダーク	6-7-7-48/68	29.4%	99円
9	城戸　義政	6-5-5-65/81	19.8%	136円
10	父ハーツクライ	6-6-3-29/44	34.1%	105円

鉄板力&破壊力ランキング

本書に掲載した各コースのうち、複勝率が高い軸データTOP3と、
複勝回収率が高い穴データTOP3の項目をピックアップしました。

※軸データ、穴データ共にサンプル数50以上のものに限る。

軸

1 函館芝1200 下級条件

池添　謙一

着別度数 12-12-6-21/51　複勝率 58.8%　複回値 115円

2 函館ダ1700 下級条件

勝浦　正樹

着別度数 8-11-11-23/53　複勝率 56.6%　複回値 112円

3 函館ダ1000 下級条件

岩田　康誠

着別度数 11-10-6-26/53　複勝率 50.9%　複回値 93円

穴

1 函館芝1200 下級条件

前走同級6～9着/福島芝1200

着別度数 0-5-10-53/68　複勝率 22.1%　複回値 142円

2 函館ダ1700 下級条件

城戸　義政

着別度数 6-5-5-65/81　複勝率 19.8%　複回値 136円

3 函館芝1200 下級条件

池添　謙一

着別度数 12-13-7-30/62　複勝率 51.6%　複回値 125円

新潟競馬場

NIIGATA RACE COURCE

- 芝1000m直
- 芝1200m内
- 芝1400m内
- 芝1600m外
- 芝1800m外
- 芝2000m内
- 芝2000m外
- 芝2200m内
- 芝2400m内
- ダ1200m
- ダ1800m

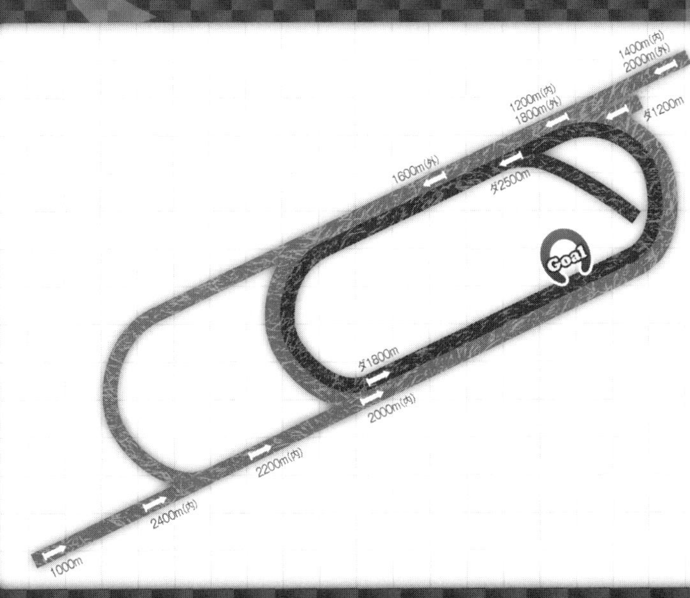

NIIGATA

芝1000m直

軸

押さえておこう!!

軸的基本データ(人気別成績)

	勝率	複勝率	単勝回収値	複勝回収値
1番人気	29.8% (-2.4)	57.5% (-6.4)	91円 (+13)	83円 (±0)
2~3番人気	14.4% (-1.7)	41.2% (-4.8)	79円 (-1)	81円 (-1)
4~5番人気	7.5% (-0.9)	27.6% (-2.0)	70円 (-9)	79円 (+2)
6~9番人気	5.0% (+1.3)	16.7% (+1.2)	96円 (+18)	76円 (-1)
10番人気以下	0.9% (+0.0)	5.1% (+0.5)	45円 (-19)	69円 (+5)

※カッコ内は平均値との差

鉄板力 混成ランキング[3着内数順]

儲かる軸馬の条件

上級条件(2勝C以上)

順位	条件	成績	複勝率	複回値
1	距離短縮	21-24-29-124/198	37.4%	94円
2	関西馬	22-20-20-82/144	43.1%	97円
3	斤量53キロ以下	7-12-8-48/75	36.0%	98円
4	前走3角2~3番手	6-11-8-43/68	36.8%	95円
5	休み明け(中10週以上)	5-10-8-47/70	32.9%	86円
6	前走3角1番手	7-6-5-25/43	41.9%	94円
7	父ダイワメジャー	3-4-8-16/31	48.4%	108円
8	大外枠	3-5-6-18/32	43.8%	116円
9	社台ファーム生産馬	3-5-5-19/32	40.6%	94円
10	母父サンデーサイレンス	6-5-1-10/22	54.5%	106円

下級条件(1勝C、未勝利)

順位	条件	成績	複勝率	複回値
1	距離短縮	44-54-40-253/391	35.3%	88円
2	斤量53キロ以下	28-22-21-140/211	33.6%	87円
3	前走3角2~3番手	15-18-17-76/126	39.7%	97円
4	前走3角1番手	15-12-10-37/74	50.0%	109円
5	大外枠	11-12-4-40/67	40.3%	91円
6	前走3角10番手以下	4-12-6-37/59	37.3%	114円
7	前走同級4~5着/福島芝1200	5-8-5-24/42	42.9%	98円
8	母父フジキセキ	4-6-5-21/36	41.7%	100円
9	父ダイワメジャー	2-6-5-19/32	40.6%	116円
10	前走同級6~9着/福島芝1200	4-5-3-24/36	33.3%	94円

穴 新潟

穴的基本データ（決着割合）

押さえておこう!!

決着	馬連での出現数	馬連での出現率	3連複での出現数	3連複での出現率
超堅（1～3番人気）	49	27.1% (-3.9)	12	6.6% (-1.9)
超堅～順当（1～5番人気）	84	46.4% (-11.3)	42	23.2% (-11.5)
超堅～中穴（1～7番人気）	123	68.0% (-8.7)	78	43.1% (-16.9)
超堅～波乱（1～9番人気）	147	81.2% (-6.8)	117	64.6% (-13.6)
大波乱（4～18番人気）	37	20.4% (+5.3)	21	11.6% (+4.4)

※カッコ内は平均値との差

儲かるヒモの条件　破壊力 混成ランキング［3着内数順］

上級条件（2勝C以上）

順位	条件	成績	複勝率	複回値
1	斤量53キロ以下	12-13-9-148/182	18.7%	93円
2	前走3角2～3番手	6-14-9-71/100	29.0%	97円
3	石橋　脩	5-3-1-10/19	47.4%	107円
4	父クロフネ	3-1-4-8/16	50.0%	126円
5	母父Machiavellian	2-3-3-9/17	47.1%	107円
6	菱田　裕二	2-3-2-8/15	46.7%	179円
7	津村　明秀	1-2-4-16/23	30.4%	122円
8	鮫島　克駿	4-2-0-8/14	42.9%	284円
9	父ロードカナロア	3-3-0-3/9	66.7%	231円
10	母父ステイゴールド	4-1-0-1/6	83.3%	473円

下級条件（1勝C、未勝利）

順位	条件	成績	複勝率	複回値
1	関西馬	12-18-21-222/273	18.7%	99円
2	前走3角1番手	17-13-11-70/111	36.9%	105円
3	前走3角10番手以下	7-15-13-218/253	13.8%	100円
4	大外枠	13-14-6-73/106	31.1%	98円
5	前走同級4～5着/福島芝1200	6-9-5-31/51	39.2%	103円
6	母父フジキセキ	5-8-5-45/63	28.6%	99円
7	母父スペシャルウィーク	5-3-5-21/34	38.2%	199円
8	連闘	2-3-8-34/47	27.7%	113円
9	津村　明秀	8-1-3-39/51	23.5%	107円
10	母父アドマイヤムーン	2-5-3-25/35	28.6%	109円

NIIGATA

芝1200m内

軸

押さえておこう!!

軸的基本データ（人気別成績）

	勝率	複勝率	単勝回収値	複勝回収値
1番人気	29.8% (-2.4)	53.2% (-10.6)	85円 (+7)	77円 (-6)
2～3番人気	17.3% (+1.3)	42.3% (-3.7)	95円 (+15)	82円 (±0)
4～5番人気	6.5% (-1.9)	26.2% (-3.4)	57円 (-22)	74円 (-4)
6～9番人気	4.0% (+0.4)	17.2% (+1.7)	78円 (±0)	84円 (+7)
10番人気以下	1.0% (+0.1)	5.8% (+1.3)	65円 (+1)	66円 (+2)

※カッコ内は平均値との差

鉄板力 混成ランキング［3着内数順］

儲かる軸馬の条件

上級条件（2勝C以上）

順位	条件	成績	複勝率	複回値
1	同距離	10-11-12-47/80	41.3%	103円
2	関西馬	4-6-5-32/47	31.9%	89円
3	前走3角10番手以下	3-3-3-13/22	40.9%	91円
4	前走上がり3ハロン1位	2-1-5-9/17	47.1%	102円
5	前走同級2～3着/福島芝1200	1-2-3-7/13	46.2%	124円
6	前走下級1着/福島芝1200	3-2-1-5/11	54.5%	110円
7	戸崎　圭太	1-3-1-3/8	62.5%	120円
8	斤量53キロ以下	2-3-0-8/13	38.5%	120円
9	前走3角1番手	2-1-2-6/11	45.5%	96円
10	休み明け(中10週以上)	1-2-2-9/14	35.7%	91円

下級条件（1勝C、未勝利）

順位	条件	成績	複勝率	複回値
1	関東馬	51-41-42-253/387	34.6%	86円
2	斤量53キロ以下	14-13-12-73/112	34.8%	89円
3	距離短縮	17-9-11-67/104	35.6%	88円
4	前走同級4～5着/福島芝1200	5-9-6-34/54	37.0%	111円
5	ダ→芝替わり	3-3-12-30/48	37.5%	129円
6	最内枠	4-5-6-20/35	42.9%	120円
7	父マツリダゴッホ	6-5-2-12/25	52.0%	123円
8	鮫島　克駿	5-1-5-9/20	55.0%	127円
9	母父フジキセキ	2-4-4-8/18	55.6%	145円
10	前走同級2～3着/中山芝1200外	4-5-1-12/22	45.5%	89円

穴

新潟

穴的基本データ（決着割合）

押さえておこう!!

決着		馬連での出現数	馬連での出現率	3連複での出現数	3連複での出現率
超堅	(1~3番人気)	26	21.0% (-10.0)	7	5.6% (-2.9)
超堅~順当	(1~5番人気)	53	42.7% (-14.9)	25	20.2% (-14.6)
超堅~中穴	(1~7番人気)	79	63.7% (-13.0)	55	44.4% (-15.6)
超堅~波乱	(1~9番人気)	95	76.6% (-11.4)	77	62.1% (-16.1)
大波乱	(4~18番人気)	23	18.5% (+3.4)	9	7.3% (±0.0)

※カッコ内は平均値との差

儲かるヒモの条件　破壊力 混成ランキング［3着内数順］

上級条件（2勝C以上）

順位	条件	成績	複勝率	複回値
1	同距離	13-14-13-103/143	28.0%	91円
2	前走馬体重500キロ以上	2-3-3-25/33	24.2%	107円
3	前走下級1着/福島芝1200	3-3-1-9/16	43.8%	118円
4	休み明け(中10週以上)	1-4-2-21/28	25.0%	113円
5	斤量53キロ以下	3-3-1-28/35	20.0%	109円
6	前走同級2~3着/福島芝1200	1-2-3-7/13	46.2%	124円
7	戸崎　圭太	1-3-1-3/8	62.5%	120円
8	丸山　元気	2-1-1-0/4	100.0%	280円
9	大外枠	3-0-1-11/15	26.7%	199円
10	母父ダンスインザダーク	2-1-1-3/7	57.1%	131円

下級条件（1勝C、未勝利）

順位	条件	成績	複勝率	複回値
1	距離短縮	20-17-14-204/255	20.0%	116円
2	前走同級4~5着/福島芝1200	6-10-7-65/88	26.1%	98円
3	前走馬体重500キロ以上	10-2-6-50/68	26.5%	96円
4	父マツリダゴッホ	6-7-2-29/44	34.1%	136円
5	鮫島　克駿	5-1-7-16/29	44.8%	135円
6	母父タイキシャトル	6-3-3-21/33	36.4%	123円
7	菱田　裕二	3-4-3-13/23	43.5%	148円
8	父ロードカナロア	5-2-3-15/25	40.0%	110円
9	丸田　恭介	4-3-3-29/39	25.6%	96円
10	柴田　大知	3-4-2-11/20	45.0%	195円

NIIGATA

芝1400m内

軸

押さえておこう!! 軸的基本データ(人気別成績)

	勝率	複勝率	単勝回収値	複勝回収値
1番人気	31.2% (-1.0)	64.3% (+0.4)	78円 (±0)	91円 (+7)
2～3番人気	11.7% (-4.4)	39.9% (-6.1)	64円 (-16)	74円 (-7)
4～5番人気	8.8% (+0.5)	28.2% (-1.4)	86円 (+6)	73円 (-5)
6～9番人気	5.1% (+1.4)	15.2% (-0.3)	90円 (+12)	66円 (-10)
10番人気以下	1.1% (+0.2)	5.4% (+0.8)	68円 (+4)	67円 (+3)

※カッコ内は平均値との差

鉄板力 混成ランキング[3着内数順] 儲かる軸馬の条件

上級条件(2勝C以上)

順位	条件	成績	複勝率	複回値
1	関西馬	8-7-15-49/79	38.0%	95円
2	同距離	8-13-9-57/87	34.5%	86円
3	距離延長	10-3-4-25/42	40.5%	86円
4	前走3角10番手以下	5-2-7-26/40	35.0%	95円
5	ノーザンファーム生産馬	6-2-4-18/30	40.0%	106円
6	休み明け(中10週以上)	2-4-5-20/31	35.5%	100円
7	前走3角1番手	5-2-2-12/21	42.9%	98円
8	父ダイワメジャー	1-5-2-12/20	40.0%	103円
9	社台ファーム生産馬	1-3-4-18/26	30.8%	86円
10	最内枠	3-2-2-8/15	46.7%	116円

下級条件(1勝C、未勝利)

順位	条件	成績	複勝率	複回値
1	距離短縮	22-18-20-79/139	43.2%	87円
2	休み明け(中10週以上)	18-9-9-66/102	35.3%	89円
3	父ディープインパクト	6-5-2-14/27	48.1%	92円
4	戸崎　圭太	6-4-2-4/16	75.0%	109円
5	津村　明秀	6-3-3-10/22	54.5%	109円
6	最内枠	4-4-4-18/30	40.0%	90円
7	前走同級2～3着/東京芝1400	4-4-2-7/17	58.8%	99円
8	父ハーツクライ	2-2-4-7/15	53.3%	138円
9	石橋　脩	2-0-6-5/13	61.5%	121円
10	丸山　元気	1-3-4-5/13	61.5%	113円

穴的基本データ（決着割合）

押さえておこう!!

決着	馬連での出現数	馬連での出現率	3連複での出現数	3連複での出現率
超堅（1~3番人気）	44	28.6% (-2.4)	9	5.8% (-2.7)
超堅~順当（1~5番人気）	79	51.3% (-6.4)	38	24.7% (-10.1)
超堅~中穴（1~7番人気）	108	70.1% (-6.5)	71	46.1% (-13.9)
超堅~波乱（1~9番人気）	125	81.2% (-6.8)	100	64.9% (-13.3)
大波乱（4~18番人気）	33	21.4% (+6.2)	12	7.8% (+0.6)

※カッコ内は平均値との差

儲かるヒモの条件

破壊力 混成ランキング［3着内数順］

上級条件（2勝C以上）

順位	条件	成績	複勝率	複回値
1	関西馬	11-10-17-98/136	27.9%	94円
2	大外枠	3-2-3-18/26	30.8%	108円
3	戸崎　圭太	1-0-5-7/13	46.2%	125円
4	柴田　善臣	0-2-3-6/11	45.5%	259円
5	父ステイゴールド	2-1-2-5/10	50.0%	235円
6	父ヨハネスブルグ	1-1-3-5/10	50.0%	110円
7	父アドマイヤムーン	3-1-1-12/17	29.4%	93円
8	前走同級10着以下/中京芝1200	3-0-1-0/4	100.0%	260円
9	前走下級1着/中京芝1600	3-0-1-0/4	100.0%	240円
10	福永　祐一	1-2-1-1/5	80.0%	182円

下級条件（1勝C、未勝利）

順位	条件	成績	複勝率	複回値
1	ノーザンファーム生産馬	9-8-12-68/97	29.9%	90円
2	父ダイワメジャー	8-4-6-44/62	29.0%	90円
3	最内枠	8-4-5-55/72	23.6%	105円
4	津村　明秀	6-5-4-23/38	39.5%	124円
5	前走馬体重500キロ以上	2-3-7-33/45	26.7%	111円
6	戸崎　圭太	6-4-2-6/18	66.7%	97円
7	前走同級2~3着/東京芝1400	5-4-2-7/18	61.1%	123円
8	父ハーツクライ	3-3-4-17/27	37.0%	115円
9	菱田　裕二	4-2-2-12/20	40.0%	137円
10	母父ブライアンズタイム	0-2-6-14/22	36.4%	128円

NIIGATA

芝1600m外

軸

押さえておこう!!

軸的基本データ(人気別成績)

	勝率	複勝率	単勝回収値	複勝回収値
1番人気	31.1% (-1.1)	66.0% (+2.2)	82円 (+4)	90円 (+6)
2~3番人気	16.3% (+0.2)	43.9% (-2.1)	85円 (+4)	80円 (-2)
4~5番人気	7.5% (-0.8)	28.2% (-1.5)	72円 (-8)	73円 (-4)
6~9番人気	3.9% (+0.2)	14.7% (-0.8)	79円 (+1)	69円 (-7)
10番人気以下	0.9% (+0.0)	4.7% (+0.1)	67円 (+3)	67円 (+2)

※カッコ内は平均値との差

鉄板力 混成ランキング[3着内数順]

儲かる軸馬の条件

上級条件(2勝C以上)

順位	条件	成績	複勝率	複回値
1	関西馬	15-22-11-88/136	35.3%	86円
2	ノーザンファーム生産馬	7-11-9-42/69	39.1%	85円
3	休み明け(中10週以上)	7-5-14-42/68	38.2%	87円
4	前走3角10番手以下	8-8-7-47/70	32.9%	91円
5	距離短縮	8-8-6-29/51	43.1%	107円
6	社台ファーム生産馬	9-9-4-34/56	39.3%	93円
7	前走馬体重500キロ以上	8-7-6-26/47	44.7%	102円
8	父キングカメハメハ	2-3-6-9/20	55.0%	133円
9	大外枠	3-6-0-3/12	75.0%	188円
10	斤量53キロ以下	4-1-4-9/18	50.0%	159円

下級条件(1勝C、未勝利)

順位	条件	成績	複勝率	複回値
1	前走同級2~3着/新潟芝1600外	9-11-7-21/48	56.3%	97円
2	前走馬体重500キロ以上	7-3-7-24/41	41.5%	108円
3	津村　明秀	5-4-4-17/30	43.3%	89円
4	北村　宏司	3-5-4-12/24	50.0%	100円
5	田辺　裕信	8-2-1-8/19	57.9%	119円
6	前走同級2~3着/新潟芝1800外	4-3-4-8/19	57.9%	111円
7	前走同級4~5着/新潟芝1600外	5-3-3-18/29	37.9%	95円
8	父ロードカナロア	5-4-2-10/21	52.4%	94円
9	木幡　巧也	1-3-6-8/18	55.6%	136円
10	前走同級2~3着/中京芝1600	5-2-2-3/12	75.0%	106円

穴的基本データ（決着割合）

押さえておこう!!

決着		馬連での出現数	馬連での出現率	3連複での出現数	3連複での出現率
超堅	(1～3番人気)	61	29.6% (-1.3)	16	7.8% (-0.8)
超堅～順当	(1～5番人気)	112	54.4% (-3.3)	64	31.1% (-3.7)
超堅～中穴	(1～7番人気)	155	75.2% (-1.4)	112	54.4% (-5.6)
超堅～波乱	(1～9番人気)	178	86.4% (-1.6)	147	71.4% (-6.9)
大波乱	(4～18番人気)	27	13.1% (-2.1)	13	6.3% (-0.9)

※カッコ内は平均値との差

儲かるヒモの条件

破壊力 混成ランキング［3着内数順］

上級条件（2勝C以上）

順位	条件	成績	複勝率	複回値
1	同距離	21-18-23-197/259	23.9%	93円
2	関西馬	19-23-13-180/235	23.4%	95円
3	前走3角10番手以下	10-8-12-133/163	18.4%	105円
4	距離延長	7-9-7-124/147	15.6%	105円
5	前走3角2～3番手	5-10-7-78/100	22.0%	126円
6	田辺　裕信	6-2-2-11/21	47.6%	172円
7	斤量53キロ以下	4-1-5-21/31	32.3%	114円
8	父ステイゴールド	1-4-3-19/27	29.6%	152円
9	北村　宏司	2-2-4-16/24	33.3%	110円
10	母父トニービン	2-2-1-9/14	35.7%	547円

下級条件（1勝C、未勝利）

順位	条件	成績	複勝率	複回値
1	前走同級2～3着/新潟芝1600外	9-11-7-21/48	56.3%	97円
2	前走馬体重500キロ以上	9-4-10-68/91	25.3%	92円
3	ダ→芝替わり	7-6-8-174/195	10.8%	95円
4	津村　明秀	7-5-5-44/61	27.9%	93円
5	田辺　裕信	8-2-3-13/26	50.0%	142円
6	木幡　巧也	1-4-8-27/40	32.5%	112円
7	父ロードカナロア	6-4-2-15/27	44.4%	100円
8	柴田　大知	3-6-3-37/49	24.5%	97円
9	母父タイキシャトル	4-3-4-21/32	34.4%	291円
10	前走同級2～3着/新潟芝1800外	4-3-4-10/21	52.4%	101円

NIIGATA

芝1800m外

軸

押さえておこう!!

軸的基本データ(人気別成績)

	勝率	複勝率	単勝回収値	複勝回収値
1番人気	40.7% (+8.4)	69.6% (+5.8)	99円 (+21)	92円 (+9)
2～3番人気	12.4% (-3.7)	45.3% (-0.7)	61円 (-19)	79円 (-2)
4～5番人気	8.4% (+0.1)	31.1% (+1.4)	90円 (+10)	84円 (+7)
6～9番人気	3.9% (+0.2)	14.4% (-1.1)	87円 (+9)	71円 (-6)
10番人気以下	0.4% (-0.5)	3.9% (-0.7)	13円 (-51)	40円 (-25)

※カッコ内は平均値との差

鉄板力 混成ランキング[3着内数順]

儲かる軸馬の条件

上級条件(2勝C以上)

順位	条件	成績	複勝率	複回値
1	関西馬	11-8-11-39/69	43.5%	91円
2	同距離	10-12-8-31/61	49.2%	91円
3	前走上がり3ハロン1位	11-9-3-13/36	63.9%	114円
4	前走3角2～3番手	6-5-1-14/26	46.2%	109円
5	斤量53キロ以下	3-5-3-14/25	44.0%	92円
6	前走3角1番手	2-3-1-5/11	54.5%	133円
7	前走下級1着/東京芝1800	1-2-2-2/7	71.4%	139円
8	北村　宏司	3-2-0-4/9	55.6%	113円
9	母父サンデーサイレンス	4-1-0-8/13	38.5%	99円
10	父キングカメハメハ	1-1-3-7/12	41.7%	92円

下級条件(1勝C、未勝利)

順位	条件	成績	複勝率	複回値
1	関西馬	41-40-36-176/293	39.9%	88円
2	距離短縮	38-43-28-169/278	39.2%	85円
3	前走上がり3ハロン1位	27-26-14-61/128	52.3%	89円
4	前走3角2～3番手	16-19-17-69/121	43.0%	87円
5	父ディープインパクト	20-9-14-60/103	41.7%	87円
6	母父サンデーサイレンス	17-12-8-41/78	47.4%	106円
7	前走馬体重500キロ以上	18-6-8-42/74	43.2%	92円
8	前走3角1番手	5-7-8-25/45	44.4%	105円
9	父キングカメハメハ	9-7-3-28/47	40.4%	94円
10	父ステイゴールド	6-6-7-28/47	40.4%	89円

穴 新潟

穴的基本データ(決着割合)

押さえておこう!!

決着	馬連での出現数	馬連での出現率	3連複での出現数	3連複での出現率
超堅 (1~3番人気)	71	33.2% (+2.2)	19	8.9% (+0.3)
超堅~順当 (1~5番人気)	137	64.0% (+6.3)	81	37.9% (+3.1)
超堅~中穴 (1~7番人気)	175	81.8% (+5.1)	133	62.1% (+2.2)
超堅~波乱 (1~9番人気)	197	92.1% (+4.1)	172	80.4% (+2.2)
大波乱 (4~18番人気)	28	13.1% (-2.1)	15	7.0% (-0.2)

※カッコ内は平均値との差

儲かるヒモの条件

破壊力 混成ランキング[3着内数順]

上級条件(2勝C以上)

順位	条件	成績	複勝率	複回値
1	休み明け(中10週以上)	6-6-8-45/65	30.8%	97円
2	父ステイゴールド	2-1-4-12/19	36.8%	91円
3	母父サンデーサイレンス	4-1-1-20/26	23.1%	92円
4	戸崎　圭太	0-1-4-6/11	45.5%	118円
5	前走下級1着/東京芝1800	1-2-2-4/9	55.6%	108円
6	父マンハッタンカフェ	1-2-1-3/7	57.1%	124円
7	前走下級1着/福島芝1800	2-2-0-1/5	80.0%	112円
8	父ゼンノロブロイ	1-1-2-6/10	40.0%	103円
9	杉原　誠人	0-1-2-6/9	33.3%	258円
10	前走下級1着/中京芝1600	2-1-0-0/3	100.0%	257円

下級条件(1勝C、未勝利)

順位	条件	成績	複勝率	複回値
1	父ハーツクライ	12-7-9-76/104	26.9%	98円
2	前走3角1番手	6-7-10-46/69	33.3%	107円
3	父キングカメハメハ	9-8-5-51/73	30.1%	103円
4	前走同級4~5着/福島芝1800	9-4-7-38/58	34.5%	100円
5	前走同級4~5着/新潟芝1800外	4-6-6-32/48	33.3%	90円
6	父ゼンノロブロイ	4-5-5-38/52	26.9%	93円
7	M.デムーロ	3-3-5-11/22	50.0%	95円
8	岩田　康誠	4-2-4-8/18	55.6%	138円
9	前走同級6~9着/東京芝1800	4-3-3-40/50	20.0%	96円
10	北村　友一	5-1-4-12/22	45.5%	94円

NIIGATA

芝2000m内

軸

押さえておこう!!

軸的基本データ(人気別成績)

	勝率	複勝率	単勝回収値	複勝回収値
1番人気	34.2% (+2.0)	61.6% (-2.2)	91円 (+13)	84円 (+1)
2～3番人気	17.1% (+1.1)	41.1% (-4.9)	86円 (+6)	73円 (-8)
4～5番人気	8.2% (-0.1)	36.3% (+6.7)	82円 (+3)	92円 (+15)
6～9番人気	3.1% (-0.6)	15.4% (-0.1)	63円 (-15)	79円 (+2)
10番人気以下	0.4% (-0.5)	3.4% (-1.1)	41円 (-23)	59円 (-5)

※カッコ内は平均値との差

鉄板力 混成ランキング[3着内数順]

儲かる軸馬の条件

上級条件(2勝C以上)

順位	条件	成績	複勝率	複回値
1				
2				
3				
4				
5				
6				
7				
8				
9				
10				

下級条件(1勝C、未勝利)

順位	条件	成績	複勝率	複回値
1	関東馬	44-44-37-194/319	39.2%	88円
2	同距離	26-27-24-104/181	42.5%	91円
3	前走3角10番手以下	12-16-16-59/103	42.7%	98円
4	前走3角2～3番手	13-15-10-42/80	47.5%	92円
5	前走馬体重500キロ以上	5-7-3-19/34	44.1%	101円
6	前走同級2～3着/福島芝2000	5-4-4-15/28	46.4%	85円
7	父ルーラーシップ	3-3-5-6/17	64.7%	108円
8	父ディープインパクト	5-3-3-15/26	42.3%	89円
9	母父ダンスインザダーク	2-5-2-5/14	64.3%	161円
10	前走同級4～5着/新潟芝2000内	6-3-0-9/18	50.0%	150円

穴

新潟

穴的基本データ（決着割合）

押さえておこう!!

決着	馬連での出現数	馬連での出現率	3連複での出現数	3連複での出現率
超堅（1～3番人気）	21	28.8%（-2.2）	7	9.6%（+1.0）
超堅～順当（1～5番人気）	47	64.4%（+6.7）	27	37.0%（+2.3）
超堅～中穴（1～7番人気）	61	83.6%（+6.9）	44	60.3%（+0.3）
超堅～波乱（1～9番人気）	68	93.2%（+5.2）	58	79.5%（+1.2）
大波乱（4～18番人気）	13	17.8%（+2.6）	9	12.3%（+5.1）

※カッコ内は平均値との差

儲かるヒモの条件　破壊力 混成ランキング［3着内数順］

上級条件（2勝C以上）

順位	条件	成績	複勝率	複回値
1				
2				
3				
4				
5				
6				
7				
8				
9				
10				

下級条件（1勝C、未勝利）

順位	条件	成績	複勝率	複回値
1	ノーザンファーム生産馬	15-7-12-82/116	29.3%	90円
2	父ルーラーシップ	3-4-7-17/31	45.2%	149円
3	前走同級4～5着/新潟芝2000内	6-3-0-14/23	39.1%	117円
4	内田　博幸	0-5-2-15/22	31.8%	101円
5	柴田　大知	5-1-1-17/24	29.2%	98円
6	父ジャングルポケット	4-1-1-16/22	27.3%	332円
7	菱田　裕二	1-3-2-9/15	40.0%	155円
8	前走同級6～9着/東京芝1800	1-3-2-8/14	42.9%	144円
9	三浦　皇成	1-3-2-4/10	60.0%	129円
10	母父ディープインパクト	1-3-2-14/20	30.0%	120円

NIIGATA
芝2000m外

軸

押さえておこう!!

軸的基本データ(人気別成績)

	勝率	複勝率	単勝回収値	複勝回収値
1番人気	27.3% (-4.9)	63.6% (-0.2)	72円 (-6)	87円 (+3)
2~3番人気	19.1% (+3.0)	49.1% (+3.1)	96円 (+16)	87円 (+5)
4~5番人気	8.6% (+0.3)	31.8% (+2.2)	82円 (+3)	76円 (-1)
6~9番人気	3.3% (-0.4)	14.1% (-1.4)	51円 (-27)	62円 (-14)
10番人気以下	1.2% (+0.3)	5.1% (+0.6)	83円 (+20)	55円 (-9)

※カッコ内は平均値との差

鉄板力 混成ランキング[3着内数順]

儲かる軸馬の条件

上級条件(2勝C以上)

順位	条件	成績	複勝率	複回値
1	ノーザンファーム生産馬	12-12-8-50/82	39.0%	92円
2	休み明け(中10週以上)	10-7-11-45/73	38.4%	102円
3	前走上がり3ハロン1位	10-6-8-24/48	50.0%	96円
4	前走馬体重500キロ以上	9-4-8-28/49	42.9%	102円
5	父ディープインパクト	7-7-7-36/57	36.8%	95円
6	距離短縮	6-4-7-24/41	41.5%	90円
7	M.デムーロ	3-5-1-3/12	75.0%	158円
8	最内枠	4-2-2-9/17	47.1%	112円
9	戸崎　圭太	2-4-2-7/15	53.3%	101円
10	父ハーツクライ	1-4-2-9/16	43.8%	85円

下級条件(1勝C、未勝利)

順位	条件	成績	複勝率	複回値
1	関西馬	22-21-15-76/134	43.3%	86円
2	前走3角10番手以下	19-15-17-67/118	43.2%	93円
3	距離延長	17-17-12-66/112	41.1%	89円
4	ノーザンファーム生産馬	16-9-10-44/79	44.3%	92円
5	父ディープインパクト	11-6-8-31/56	44.6%	87円
6	社台ファーム生産馬	12-4-6-31/53	41.5%	86円
7	前走3角2~3番手	8-4-8-28/48	41.7%	93円
8	前走馬体重500キロ以上	9-5-3-17/34	50.0%	98円
9	大外枠	4-6-2-14/26	46.2%	88円
10	丸山　元気	5-4-2-2/13	84.6%	177円

穴 新潟

穴的基本データ（決着割合）

押さえておこう!!

決着	馬連での出現数	馬連での出現率	3連複での出現数	3連複での出現率
超堅　（1～3番人気）	31	28.2%（-2.7）	7	6.4%（-2.2）
超堅～順当　（1～5番人気）	64	58.2%（+0.5）	47	42.7%（+8.0）
超堅～中穴　（1～7番人気）	87	79.1%（+2.4）	72	65.5%（+5.5）
超堅～波乱　（1～9番人気）	100	90.9%（+2.9）	89	80.9%（+2.7）
大波乱　（4～18番人気）	12	10.9%（-4.3）	9	8.2%（+1.0）

※カッコ内は平均値との差

儲かるヒモの条件

破壊力 混成ランキング［3着内数順］

上級条件（2勝C以上）

順位	条件	成績	複勝率	複回値
1	関東馬	14-15-18-177/224	21.0%	100円
2	ノーザンファーム生産馬	12-14-11-85/122	30.3%	99円
3	休み明け（中10週以上）	12-9-12-99/132	25.0%	97円
4	距離延長	7-10-8-109/134	18.7%	97円
5	父ディープインパクト	7-8-8-54/77	29.9%	102円
6	距離短縮	7-5-8-58/78	25.6%	97円
7	斤量53キロ以下	2-2-6-68/78	12.8%	97円
8	M.デムーロ	3-5-1-3/12	75.0%	158円
9	戸崎　圭太	2-4-3-8/17	52.9%	155円
10	最内枠	5-2-2-21/30	30.0%	132円

下級条件（1勝C、未勝利）

順位	条件	成績	複勝率	複回値
1	ノーザンファーム生産馬	16-9-14-67/106	36.8%	98円
2	母父サンデーサイレンス	5-6-7-45/63	28.6%	95円
3	丸山　元気	5-4-3-5/17	70.6%	198円
4	父キングカメハメハ	4-3-2-15/24	37.5%	106円
5	前走同級2～3着/新潟芝1800外	2-3-1-2/8	75.0%	136円
6	母父フレンチデピュティ	2-4-0-10/16	37.5%	93円
7	母父Pulpit	1-1-3-7/12	41.7%	233円
8	父ゼンノロブロイ	2-0-3-11/16	31.3%	165円
9	母父Cozzene	1-0-4-2/7	71.4%	157円
10	父ハービンジャー	2-1-2-16/21	23.8%	119円

NIIGATA

芝2200m内

軸

押さえておこう!!

軸的基本データ（人気別成績）

	勝率	複勝率	単勝回収値	複勝回収値
1番人気	31.8% (-0.4)	62.1% (-1.7)	84円 (+6)	84円 (+1)
2～3番人気	15.9% (-0.2)	42.4% (-3.6)	80円 (-1)	74円 (-7)
4～5番人気	8.3% (+0.0)	31.8% (+2.2)	73円 (-7)	79円 (+2)
6～9番人気	4.2% (+0.6)	15.8% (+0.4)	107円 (+29)	86円 (+9)
10番人気以下	1.0% (+0.1)	6.3% (+1.7)	85円 (+21)	99円 (+35)

※カッコ内は平均値との差

鉄板力 混成ランキング［3着内数順］

儲かる軸馬の条件

上級条件（2勝C以上）

順位	条件	成績	複勝率	複回値
1	関西馬	8-9-2-22/41	46.3%	90円
2	ノーザンファーム生産馬	7-7-3-15/32	53.1%	110円
3	休み明け(中10週以上)	5-4-1-11/21	47.6%	109円
4	前走3角2～3番手	3-2-3-4/12	66.7%	117円
5	父ディープインパクト	3-3-1-7/14	50.0%	137円
6	前走同級2～3着/中京芝2000	1-2-1-0/4	100.0%	178円
7	M.デムーロ	3-0-1-0/4	100.0%	155円
8	母父サンデーサイレンス	2-1-1-5/9	44.4%	89円
9	石橋　脩	2-1-0-0/3	100.0%	197円
10	母父ダンスインザダーク	1-1-1-1/4	75.0%	125円

下級条件（1勝C、未勝利）

順位	条件	成績	複勝率	複回値
1	ノーザンファーム生産馬	11-7-6-26/50	48.0%	96円
2	同距離	6-5-7-23/41	43.9%	89円
3	父ステイゴールド	4-6-4-9/23	60.9%	114円
4	最内枠	5-4-2-7/18	61.1%	141円
5	父ディープインパクト	1-5-2-10/18	44.4%	100円
6	前走同級2～3着/新潟芝2200内	3-2-2-4/11	63.6%	121円
7	父ハーツクライ	2-3-2-8/15	46.7%	119円
8	前走3角1番手	2-4-1-11/18	38.9%	94円
9	前走同級2～3着/福島芝2000	1-3-3-7/14	50.0%	89円
10	勝浦　正樹	2-3-1-3/9	66.7%	134円

穴 新潟

穴的基本データ(決着割合)

押さえておこう!!

決着	馬連での出現数	馬連での出現率	3連複での出現数	3連複での出現率
超堅 (1~3番人気)	20	30.3%(-0.6)	4	6.1%(-2.5)
超堅~順当 (1~5番人気)	35	53.0%(-4.7)	21	31.8%(-2.9)
超堅~中穴 (1~7番人気)	49	74.2%(-2.4)	39	59.1%(-0.9)
超堅~波乱 (1~9番人気)	56	84.8%(-3.1)	50	75.8%(-2.5)
大波乱 (4~18番人気)	15	22.7%(+7.5)	7	10.6%(+3.4)

※カッコ内は平均値との差

儲かるヒモの条件

破壊力 混成ランキング[3着内数順]

上級条件(2勝C以上)

順位	条件	成績	複勝率	複回値
1	石橋 脩	2-1-1-1/5	80.0%	218円
2	前走同級2~3着/中京芝2000	1-2-1-0/4	100.0%	178円
3	M.デムーロ	3-0-1-0/4	100.0%	155円
4	前走下級1着/新潟芝2200内	0-2-1-3/6	50.0%	147円
5	前走同級4~5着/札幌芝2600	1-0-1-0/2	100.0%	515円
6	父ステイゴールド	1-0-1-0/2	100.0%	325円
7	母父サクラバクシンオー	1-0-1-0/2	100.0%	325円
8	川田 将雅	0-2-0-0/2	100.0%	290円
9	前走同級4~5着/東京芝2400	0-1-1-0/2	100.0%	270円
10	前走下級1着/中京芝2200	2-0-0-0/2	100.0%	240円

下級条件(1勝C、未勝利)

順位	条件	成績	複勝率	複回値
1	距離延長	21-18-20-228/287	20.6%	95円
2	関西馬	11-14-12-103/140	26.4%	98円
3	距離短縮	12-13-8-102/135	24.4%	110円
4	ノーザンファーム生産馬	11-10-7-61/89	31.5%	112円
5	前走3角2~3番手	11-8-6-65/90	27.8%	117円
6	休み明け(中10週以上)	7-4-11-84/106	20.8%	152円
7	父ステイゴールド	4-7-7-26/44	40.9%	109円
8	斤量53キロ以下	4-5-6-68/83	18.1%	105円
9	最内枠	6-5-2-26/39	33.3%	111円
10	父ディープインパクト	1-5-5-17/28	39.3%	314円

NIIGATA

芝2400m内

軸

押さえておこう!! 軸的基本データ（人気別成績）

	勝率	複勝率	単勝回収値	複勝回収値
1番人気	30.8% (-1.4)	71.2% (+7.3)	74円 (-3)	92円 (+9)
2～3番人気	15.4% (-0.7)	45.2% (-0.8)	72円 (-8)	79円 (-3)
4～5番人気	6.7% (-1.6)	20.2% (-9.4)	68円 (-11)	53円 (-25)
6～9番人気	4.9% (+1.2)	16.0% (+0.5)	111円 (+33)	76円 (±0)
10番人気以下	1.3% (+0.3)	7.5% (+3.0)	88円 (+25)	81円 (+16)

※カッコ内は平均値との差

鉄板力 混成ランキング［3着内数順］ 儲かる軸馬の条件

上級条件（2勝C以上）

順位	条件	成績	複勝率	複回値
1	父スズカフェニックス	1-0-0-0/1	100.0%	440円
2	前走同級2～3着/札幌芝2600	1-0-0-0/1	100.0%	440円
3	前走3角2～3番手	1-0-0-0/1	100.0%	440円
4	距離短縮	1-0-0-1/2	50.0%	220円
5	関東馬	1-0-0-2/3	33.3%	147円
6				
7				
8				
9				
10				

下級条件（1勝C、未勝利）

順位	条件	成績	複勝率	複回値
1	ノーザンファーム生産馬	8-9-12-34/63	46.0%	89円
2	父ディープインパクト	5-6-6-9/26	65.4%	105円
3	石橋 脩	5-0-2-4/11	63.6%	115円
4	ダーレージャパンファーム生産馬	0-3-3-2/8	75.0%	179円
5	母父エルコンドルパサー	0-4-2-4/10	60.0%	128円
6	前走同級2～3着/新潟芝2200内	1-2-2-4/9	55.6%	87円
7	前走同級4～5着/中山芝2200外	2-1-1-0/4	100.0%	165円
8	母父ブライアンズタイム	1-2-1-3/7	57.1%	159円
9	前走同級2～3着/中山芝2200外	0-2-2-1/5	80.0%	122円
10	母父Sholokhov	3-0-1-2/6	66.7%	122円

穴 新潟

穴的基本データ（決着割合）

押さえておこう!!

決着		馬連での出現数	馬連での出現率	3連複での出現数	3連複での出現率
超堅	(1~3番人気)	15	28.8% (-2.1)	4	7.7% (-0.9)
超堅~順当	(1~5番人気)	23	44.2% (-13.5)	12	23.1% (-11.7)
超堅~中穴	(1~7番人気)	35	67.3% (-9.4)	28	53.8% (-6.1)
超堅~波乱	(1~9番人気)	41	78.8% (-9.1)	36	69.2% (-9.0)
大波乱	(4~18番人気)	10	19.2% (+4.0)	3	5.8% (-1.4)

※カッコ内は平均値との差

儲かるヒモの条件　破壊力 混成ランキング［3着内数順］

上級条件（2勝C以上）

順位	条件	成績	複勝率	複回値
1	関東馬	1-1-1-10/13	23.1%	192円
2	同距離	0-1-1-2/4	50.0%	513円
3	父ゼンノロブロイ	0-0-1-0/1	100.0%	1450円
4	母父トニービン	0-0-1-0/1	100.0%	1450円
5	父シンボリクリスエス	0-1-0-0/1	100.0%	600円
6	前走下級1着/新潟芝2400内	0-1-0-0/1	100.0%	600円
7	田中　勝春	0-1-0-0/1	100.0%	600円
8	休み明け(中10週以上)	0-0-1-2/3	33.3%	483円
9	前走同級10着以下/東京芝2400	0-0-1-2/3	33.3%	483円
10	ノーザンファーム生産馬	0-0-1-2/3	33.3%	483円

下級条件（1勝C、未勝利）

順位	条件	成績	複勝率	複回値
1	休み明け(中10週以上)	8-5-6-74/93	20.4%	103円
2	津村　明秀	2-3-3-17/25	32.0%	92円
3	石橋　脩	5-0-2-7/14	50.0%	90円
4	母父ブライアンズタイム	1-3-2-9/15	40.0%	168円
5	父ハービンジャー	0-3-3-22/28	21.4%	137円
6	ダーレージャパンファーム生産馬	0-3-3-6/12	50.0%	119円
7	父ハーツクライ	5-1-0-21/27	22.2%	101円
8	母父ダンスインザダーク	1-3-2-18/24	25.0%	95円
9	母父ラムタラ	3-1-1-2/7	71.4%	300円
10	北村　宏司	2-2-1-5/10	50.0%	127円

NIIGATA ダ1200m

軸

押さえておこう!!

軸的基本データ（人気別成績）

	勝率	複勝率	単勝回収値	複勝回収値
1番人気	33.4% (+1.2)	64.9% (+1.0)	86円 (+8)	89円 (+5)
2～3番人気	15.0% (-1.1)	42.8% (-3.2)	74円 (-6)	78円 (-4)
4～5番人気	8.0% (-0.3)	28.2% (-1.4)	75円 (-5)	74円 (-4)
6～9番人気	3.9% (+0.2)	16.3% (+0.8)	72円 (-6)	77円 (±0)
10番人気以下	0.9% (+0.0)	5.0% (+0.4)	53円 (-11)	65円 (+1)

※カッコ内は平均値との差

鉄板力 混成ランキング［3着内数順］

儲かる軸馬の条件

上級条件（2勝C以上）

順位	条件	成績	複勝率	複回値
1	前走3角2～3番手	12-12-7-48/79	39.2%	93円
2	大外枠	4-5-3-14/26	46.2%	123円
3	父サウスヴィグラス	6-3-1-15/25	40.0%	105円
4	社台ファーム生産馬	5-1-2-15/23	34.8%	105円
5	前走同級2～3着/福島ダ1150	4-2-1-4/11	63.6%	132円
6	芝→ダ替わり	1-4-2-15/22	31.8%	88円
7	母父フレンチデピュティ	1-1-3-2/7	71.4%	234円
8	秋山　真一郎	0-2-3-2/7	71.4%	159円
9	母父ゴールドアリュール	1-3-1-10/15	33.3%	144円
10	北村　宏司	3-1-1-6/11	45.5%	119円

下級条件（1勝C、未勝利）

順位	条件	成績	複勝率	複回値
1	前走3角2～3番手	95-84-67-297/543	45.3%	86円
2	前走同級2～3着/新潟ダ1200	58-59-37-140/294	52.4%	88円
3	父サウスヴィグラス	25-16-16-55/112	50.9%	87円
4	母父フジキセキ	20-9-14-56/99	43.4%	96円
5	前走同級4～5着/福島ダ1150	14-10-14-51/89	42.7%	98円
6	母父サンデーサイレンス	9-14-11-37/71	47.9%	89円
7	藤田　菜七子	11-11-10-55/87	36.8%	90円
8	父キンシャサノキセキ	10-11-7-39/67	41.8%	88円
9	戸崎　圭太	10-9-7-31/57	45.6%	88円
10	丸山　元気	11-7-7-30/55	45.5%	105円

穴 新潟

穴的基本データ（決着割合）

押さえておこう!!

決着		馬連での出現数	馬連での出現率	3連複での出現数	3連複での出現率
超堅	（1～3番人気）	128	27.8%（-3.2）	30	6.5%（-2.0）
超堅～順当	（1～5番人気）	248	53.8%（-3.9）	142	30.8%（-3.9）
超堅～中穴	（1～7番人気）	340	73.8%（-2.9）	250	54.2%（-5.7）
超堅～波乱	（1～9番人気）	397	86.1%（-1.9）	344	74.6%（-3.6）
大波乱	（4～18番人気）	71	15.4%（+0.2）	34	7.4%（+0.2）

※カッコ内は平均値との差

儲かるヒモの条件 破壊力 混成ランキング［3着内数順］

上級条件（2勝C以上）

順位	条件	成績	複勝率	複回値
1	関西馬	29-24-21-237/311	23.8%	97円
2	同距離	26-24-23-242/315	23.2%	93円
3	前走3角2～3番手	16-12-10-83/121	31.4%	114円
4	斤量53キロ以下	9-7-6-94/116	19.0%	99円
5	距離延長	6-5-5-49/65	24.6%	111円
6	大外枠	5-6-4-27/42	35.7%	140円
7	芝→ダ替わり	1-6-5-57/69	17.4%	119円
8	前走下級1着/新潟ダ1200	2-4-5-23/34	32.4%	117円
9	前走上がり3ハロン1位	6-3-1-33/43	23.3%	147円
10	社台ファーム生産馬	5-2-3-28/38	26.3%	100円

下級条件（1勝C、未勝利）

順位	条件	成績	複勝率	複回値
1	前走同級2～3着/新潟ダ1200	59-60-39-156/314	50.3%	92円
2	母父フジキセキ	20-13-16-147/196	25.0%	156円
3	父キンシャサノキセキ	11-15-8-86/120	28.3%	96円
4	前走同級6～9着/中山ダ1200	6-17-9-170/202	15.8%	103円
5	父スウェプトオーヴァーボード	10-4-10-76/100	24.0%	119円
6	田辺　裕信	9-5-9-28/51	45.1%	92円
7	母父キングカメハメハ	5-8-9-54/76	28.9%	130円
8	前走同級6～9着/東京ダ1400	6-7-8-85/106	19.8%	93円
9	前走同級6～9着/新潟ダ1200	4-8-8-85/105	19.0%	114円
10	母父フォーティナイナー	6-5-8-61/80	23.8%	108円

NIIGATA ダ1800m

軸

押さえておこう!!

軸的基本データ(人気別成績)

	勝率	複勝率	単勝回収値	複勝回収値
1番人気	30.5% (-1.7)	62.4% (-1.5)	76円 (-2)	82円 (-1)
2～3番人気	16.5% (+0.4)	47.9% (+1.9)	77円 (-3)	84円 (+2)
4～5番人気	8.5% (+0.2)	30.1% (+0.5)	77円 (-2)	79円 (+1)
6～9番人気	3.7% (+0.1)	14.7% (-0.8)	79円 (+1)	73円 (-3)
10番人気以下	1.0% (+0.1)	4.8% (+0.2)	62円 (-2)	75円 (+11)

※カッコ内は平均値との差

鉄板力 混成ランキング[3着内数順]

儲かる軸馬の条件

上級条件(2勝C以上)

順位	条件	成績	複勝率	複回値
1	関西馬	23-19-9-75/126	40.5%	88円
2	斤量53キロ以下	2-3-5-13/23	43.5%	102円
3	父キングカメハメハ	5-3-1-13/22	40.9%	96円
4	内田　博幸	2-3-2-5/12	58.3%	153円
5	母父ブライアンズタイム	2-2-2-4/10	60.0%	127円
6	父ゴールドアリュール	2-2-2-8/14	42.9%	92円
7	父クロフネ	1-3-2-6/12	50.0%	85円
8	吉田　隼人	0-5-0-4/9	55.6%	156円
9	父ネオユニヴァース	3-0-2-3/8	62.5%	114円
10	岩田　康誠	3-1-0-1/5	80.0%	154円

下級条件(1勝C、未勝利)

順位	条件	成績	複勝率	複回値
1	斤量53キロ以下	62-45-55-293/455	35.6%	85円
2	前走上がり3ハロン1位	48-41-33-114/236	51.7%	92円
3	前走同級2～3着/福島ダ1700	39-34-28-100/201	50.2%	88円
4	前走同級4～5着/福島ダ1700	24-18-20-86/148	41.9%	92円
5	吉田　隼人	15-10-15-42/82	48.8%	91円
6	父ゼンノロブロイ	17-10-8-39/74	47.3%	105円
7	母父ブライアンズタイム	12-11-12-50/85	41.2%	95円
8	父シンボリクリスエス	14-7-14-50/85	41.2%	86円
9	丸山　元気	12-15-5-33/65	49.2%	95円
10	母父フジキセキ	8-11-11-32/62	48.4%	103円

穴

新潟

穴的基本データ（決着割合）

押さえておこう!!

決着	馬連での出現数	馬連での出現率	3連複での出現数	3連複での出現率
超堅 (1～3番人気)	162	31.3% (+0.3)	58	11.2% (+2.6)
超堅～順当 (1～5番人気)	309	59.7% (+2.0)	198	38.2% (+3.5)
超堅～中穴 (1～7番人気)	403	77.8% (+1.1)	315	60.8% (+0.8)
超堅～波乱 (1～9番人気)	457	88.2% (+0.2)	412	79.5% (+1.3)
大波乱 (4～18番人気)	81	15.6% (+0.5)	35	6.8% (-0.5)

※カッコ内は平均値との差

儲かるヒモの条件　破壊力 混成ランキング［3着内数順］

上級条件（2勝C以上）

順位	条件	成績	複勝率	複回値
1	前走3角2～3番手	8-8-11-67/94	28.7%	104円
2	前走上がり3ハロン1位	5-8-11-42/66	36.4%	108円
3	大外枠	2-2-4-30/38	21.1%	172円
4	母父ブライアンズタイム	2-3-3-18/26	30.8%	161円
5	父ゴールドアリュール	2-3-3-19/27	29.6%	123円
6	内田　博幸	2-3-2-7/14	50.0%	131円
7	前走同級2～3着/福島ダ1700	2-3-2-9/16	43.8%	126円
8	大野　拓弥	2-1-4-16/23	30.4%	91円
9	前走下級1着/新潟ダ1800	2-1-3-15/21	28.6%	141円
10	吉田　隼人	0-5-1-8/14	42.9%	139円

下級条件（1勝C、未勝利）

順位	条件	成績	複勝率	複回値
1	斤量53キロ以下	71-67-75-974/1187	17.9%	101円
2	前走上がり3ハロン1位	40-33-34-157/264	40.5%	90円
3	母父サンデーサイレンス	26-19-24-253/322	21.4%	101円
4	父キングカメハメハ	18-18-14-100/150	33.3%	108円
5	父ゼンノロブロイ	18-14-12-108/152	28.9%	142円
6	母父クロフネ	16-11-11-99/137	27.7%	94円
7	前走同級6～9着/新潟ダ1800	10-7-20-194/231	16.0%	103円
8	津村　明秀	8-12-14-109/143	23.8%	108円
9	勝浦　正樹	14-12-6-58/90	35.6%	109円
10	石橋　脩	7-9-15-75/106	29.2%	112円

鉄板力&破壊力ランキング

本書に掲載した各コースのうち、複勝率が高い軸データTOP3と、
複勝回収率が高い穴データTOP3の項目をピックアップしました。
※軸データ、穴データ共にサンプル数50以上のものに限る。

軸

1 新潟ダ1200 下級条件

前走同級2～3着/新潟ダ1200

着別度数	複勝率	複回値
58-59-37-140/294	52.4%	88円

2 新潟芝1800外 下級条件

前走上がり3ハロン1位

着別度数	複勝率	複回値
27-26-14-61/128	52.3%	89円

3 新潟ダ1800 下級条件

前走上がり3ハロン1位

着別度数	複勝率	複回値
48-41-33-114/236	51.7%	92円

穴

1 新潟ダ1200 下級条件

母父フジキセキ

着別度数	複勝率	複回値
20-13-16-147/196	25.0%	156円

2 新潟芝2200内 下級条件

休み明け（中10週以上）

着別度数	複勝率	複回値
7-4-11-84/106	20.8%	152円

3 新潟ダ1800 下級条件

父ゼンノロブロイ

着別度数	複勝率	複回値
18-14-12-108/152	28.9%	142円

鉄板軸

ヒモ穴

福島競馬場

FUKUSHIMA RACE COURCE

芝1200m	芝2000m	ダ1150m
芝1800m	芝2600m	ダ1700m

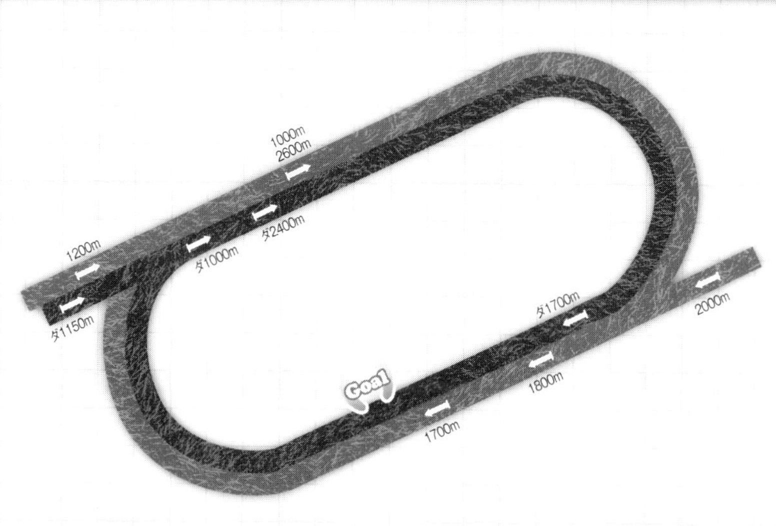

FUKUSHIMA

芝1200m

軸

押さえておこう!!

軸的基本データ(人気別成績)

	勝率	複勝率	単勝回収値	複勝回収値
1番人気	22.6% (-9.7)	54.9% (-9.0)	63円 (-15)	78円 (-6)
2～3番人気	17.3% (+1.2)	43.1% (-2.9)	89円 (+9)	81円 (-1)
4～5番人気	8.6% (+0.3)	29.1% (-0.6)	82円 (+3)	79円 (+2)
6～9番人気	4.4% (+0.7)	16.7% (+1.2)	86円 (+8)	78円 (+2)
10番人気以下	1.3% (+0.4)	5.5% (+0.9)	80円 (+17)	74円 (+10)

※カッコ内は平均値との差

鉄板力 混成ランキング[3着内数順]

儲かる軸馬の条件

上級条件(2勝C以上)

順位	条件	成績	複勝率	複回値
1	関西馬	27-21-18-115/181	36.5%	87円
2	距離短縮	9-9-7-51/76	32.9%	90円
3	前走馬体重500キロ以上	9-9-3-33/54	38.9%	90円
4	前走3角1番手	7-7-4-24/42	42.9%	94円
5	大外枠	3-4-4-18/29	37.9%	88円
6	母父アグネスタキオン	5-0-4-8/17	52.9%	135円
7	戸崎　圭太	4-2-3-14/23	39.1%	92円
8	母父サンデーサイレンス	0-4-3-9/16	43.8%	107円
9	前走同級2～3着/中山芝1200外	1-2-4-4/11	63.6%	105円
10	前走同級6～9着/小倉芝1200	1-2-2-3/8	62.5%	246円

下級条件(1勝C、未勝利)

順位	条件	成績	複勝率	複回値
1	距離短縮	71-73-53-297/494	39.9%	92円
2	関西馬	78-56-55-326/515	36.7%	90円
3	休み明け(中10週以上)	50-60-48-286/444	35.6%	94円
4	前走3角10番手以下	38-31-24-192/285	32.6%	87円
5	ダ→芝替わり	32-27-27-161/247	34.8%	98円
6	最内枠	18-16-14-73/121	39.7%	90円
7	大外枠	17-10-12-64/103	37.9%	86円
8	吉田　隼人	8-9-13-44/74	40.5%	91円
9	母父サンデーサイレンス	8-11-10-45/74	39.2%	96円
10	戸崎　圭太	14-6-7-23/50	54.0%	94円

福島

穴的基本データ（決着割合）

押さえておこう!!

決着		馬連での出現数	馬連での出現率	3連複での出現数	3連複での出現率
超堅	（1～3番人気）	98	24.6%（-6.4）	22	5.5%（-3.0）
超堅～順当	（1～5番人気）	194	48.6%（-9.1）	103	25.8%（-8.9）
超堅～中穴	（1～7番人気）	281	70.4%（-6.2）	205	51.4%（-8.6）
超堅～波乱	（1～9番人気）	325	81.5%（-6.5）	274	68.7%（-9.5）
大波乱	（4～18番人気）	78	19.5%（+4.4）	49	12.3%（+5.1）

※カッコ内は平均値との差

儲かるヒモの条件　破壊力 混成ランキング［3着内数順］

上級条件（2勝C以上）

順位	条件	成績	複勝率	複回値
1	距離短縮	13-10-10-123/156	21.2%	94円
2	大外枠	3-5-5-41/54	24.1%	95円
3	距離延長	2-5-3-37/47	21.3%	94円
4	母父アグネスタキオン	5-0-4-9/18	50.0%	127円
5	母父サンデーサイレンス	1-4-4-24/33	27.3%	106円
6	戸崎　圭太	4-2-3-14/23	39.1%	92円
7	津村　明秀	5-1-2-24/32	25.0%	118円
8	前走同級10着以下/中山芝1200外	2-1-4-20/27	25.9%	190円
9	前走同級6～9着/小倉芝1200	2-3-2-11/18	38.9%	166円
10	前走同級10着以下/東京芝1400	1-2-4-28/35	20.0%	114円

下級条件（1勝C、未勝利）

順位	条件	成績	複勝率	複回値
1	関西馬	86-70-77-675/908	25.7%	97円
2	前走同級6～9着/小倉芝1200	11-10-12-98/131	25.2%	92円
3	母父アグネスタキオン	9-11-8-79/107	26.2%	118円
4	前走同級6～9着/東京芝1400	8-10-9-62/89	30.3%	99円
5	母父クロフネ	8-7-10-36/61	41.0%	181円
6	母父サクラバクシンオー	14-5-5-85/109	22.0%	175円
7	前走同級2～3着/東京芝1400	9-7-8-14/38	63.2%	100円
8	母父フレンチデピュティ	10-7-6-65/88	26.1%	109円
9	丸田　恭介	7-7-8-88/110	20.0%	133円
10	前走同級4～5着/東京芝1400	5-11-5-22/43	48.8%	130円

FUKUSHIMA

芝1800m

軸

押さえておこう!!

軸的基本データ(人気別成績)

	勝率	複勝率	単勝回収値	複勝回収値
1番人気	32.1% (-0.1)	59.7% (-4.1)	81円 (+3)	80円 (-3)
2~3番人気	14.3% (-1.8)	42.8% (-3.2)	72円 (-8)	78円 (-3)
4~5番人気	9.0% (+0.7)	30.3% (+0.7)	95円 (+16)	79円 (+2)
6~9番人気	3.9% (+0.2)	16.7% (+1.3)	85円 (+7)	86円 (+10)
10番人気以下	1.0% (+0.1)	5.0% (+0.4)	60円 (-3)	70円 (+5)

※カッコ内は平均値との差

鉄板力 混成ランキング[3着内数順]

儲かる軸馬の条件

上級条件(2勝C以上)

順位	条件	成績	複勝率	複回値
1	距離短縮	6-12-4-45/67	32.8%	98円
2	父ディープインパクト	7-5-5-13/30	56.7%	114円
3	前走3角1番手	4-7-1-14/26	46.2%	106円
4	社台ファーム生産馬	4-2-4-23/33	30.3%	95円
5	大外枠	3-2-4-13/22	40.9%	88円
6	柴田　大知	3-2-2-5/12	58.3%	173円
7	父メイショウサムソン	4-1-1-5/11	54.5%	127円
8	田辺　裕信	3-1-2-8/14	42.9%	85円
9	前走同級2~3着/東京芝1800	1-3-1-2/7	71.4%	124円
10	前走同級1着/中山芝1800内	2-1-1-0/4	100.0%	160円

下級条件(1勝C、未勝利)

順位	条件	成績	複勝率	複回値
1	関西馬	43-37-24-144/248	41.9%	98円
2	前走3角2~3番手	28-29-24-119/200	40.5%	90円
3	距離短縮	29-26-26-131/212	38.2%	86円
4	前走3角10番手以下	27-25-17-119/188	36.7%	93円
5	斤量53キロ以下	27-24-15-110/176	37.5%	93円
6	最内枠	7-7-11-37/62	40.3%	92円
7	大外枠	6-15-2-37/60	38.3%	89円
8	父ステイゴールド	7-5-7-32/51	37.3%	90円
9	父ダイワメジャー	6-8-2-16/32	50.0%	91円
10	田辺　裕信	3-5-6-6/20	70.0%	156円

穴 福島

穴的基本データ(決着割合)

押さえておこう!!

決着	馬連での出現数	馬連での出現率	3連複での出現数	3連複での出現率
超堅 (1~3番人気)	57	25.8% (-5.1)	14	6.3% (-2.2)
超堅~順当 (1~5番人気)	125	56.6% (-1.1)	70	31.7% (-3.1)
超堅~中穴 (1~7番人気)	166	75.1% (-1.6)	130	58.8% (-1.1)
超堅~波乱 (1~9番人気)	192	86.9% (-1.1)	164	74.2% (-4.0)
大波乱 (4~18番人気)	36	16.3% (+1.1)	14	6.3% (-0.9)

※カッコ内は平均値との差

儲かるヒモの条件 破壊力 混成ランキング[3着内数順]

上級条件(2勝C以上)

順位	条件	成績	複勝率	複回値
1	関西馬	12-11-10-109/142	23.2%	102円
2	距離短縮	7-12-9-82/110	25.5%	131円
3	休み明け(中10週以上)	4-4-11-67/86	22.1%	117円
4	父ディープインパクト	8-6-5-22/41	46.3%	106円
5	前走3角2~3番手	6-4-9-67/86	22.1%	98円
6	前走3角1番手	5-7-4-31/47	34.0%	150円
7	斤量53キロ以下	2-5-8-69/84	17.9%	95円
8	前走馬体重500キロ以上	6-0-8-50/64	21.9%	127円
9	大外枠	3-2-6-19/30	36.7%	174円
10	最内枠	2-2-5-21/30	30.0%	147円

下級条件(1勝C、未勝利)

順位	条件	成績	複勝率	複回値
1	前走3角10番手以下	32-32-30-450/544	17.3%	94円
2	ノーザンファーム生産馬	20-26-18-163/227	28.2%	98円
3	ダ→芝替わり	10-8-12-233/263	11.4%	96円
4	父ディープインパクト	11-12-6-49/78	37.2%	102円
5	柴田 大知	6-9-7-37/59	37.3%	120円
6	母父アグネスタキオン	7-7-3-57/74	23.0%	108円
7	前走同級4~5着/東京芝1600	3-5-8-28/44	36.4%	92円
8	父ルーラーシップ	4-3-7-22/36	38.9%	92円
9	勝浦 正樹	5-7-1-30/43	30.2%	102円
10	石橋 脩	2-4-6-38/50	24.0%	150円

FUKUSHIMA

芝2000m

軸

押さえておこう!!

軸的基本データ(人気別成績)

	勝率	複勝率	単勝回収値	複勝回収値
1番人気	29.1% (-3.2)	58.7% (-5.2)	80円 (+2)	84円 (+1)
2～3番人気	16.2% (+0.1)	41.6% (-4.4)	83円 (+2)	77円 (-5)
4～5番人気	8.7% (+0.3)	28.5% (-1.1)	89円 (+10)	76円 (-2)
6～9番人気	3.9% (+0.3)	17.3% (+1.9)	80円 (+3)	84円 (+8)
10番人気以下	1.0% (+0.1)	6.0% (+1.4)	58円 (-5)	69円 (+5)

※カッコ内は平均値との差

鉄板力 混成ランキング[3着内数順]

儲かる軸馬の条件

上級条件(2勝C以上)

	条件	成績	複勝率	複回値
1	前走3角10番手以下	5-6-4-25/40	37.5%	98円
2	最内枠	4-1-5-7/17	58.8%	132円
3	斤量57.5キロ以上	2-4-3-7/16	56.3%	141円
4	父ステイゴールド	6-2-1-11/20	45.0%	112円
5	母父サンデーサイレンス	2-4-3-16/25	36.0%	88円
6	内田 博幸	2-2-2-3/9	66.7%	130円
7	父シンボリクリスエス	1-2-2-2/7	71.4%	143円
8	母父アグネスタキオン	0-3-2-5/10	50.0%	98円
9	前走上がり3ハロン1位	1-2-2-7/12	41.7%	86円
10	母父Sadler's Wells	2-1-1-0/4	100.0%	238円

下級条件(1勝C、未勝利)

	条件	成績	複勝率	複回値
1	前走3角10番手以下	20-23-19-109/171	36.3%	87円
2	斤量53キロ以下	19-16-16-79/130	39.2%	103円
3	前走上がり3ハロン1位	11-15-11-39/76	48.7%	94円
4	前走馬体重500キロ以上	11-16-7-56/90	37.8%	90円
5	前走同級2～3着/福島芝2000	5-5-7-13/30	56.7%	108円
6	父ステイゴールド	7-3-7-33/50	34.0%	92円
7	戸崎 圭太	8-4-2-12/26	53.8%	93円
8	父ハービンジャー	3-6-5-26/40	35.0%	87円
9	ダ→芝替わり	3-5-5-29/42	31.0%	95円
10	石橋 脩	4-4-4-14/26	46.2%	99円

穴

福島

穴的基本データ（決着割合）

押さえておこう!!

決着		馬連での出現数	馬連での出現率	3連複での出現数	3連複での出現率
超堅	（1～3番人気）	51	28.5%(-2.4)	10	5.6%(-3.0)
超堅～順当	（1～5番人気）	104	58.1%(+0.4)	44	24.6%(-10.2)
超堅～中穴	（1～7番人気）	129	72.1%(-4.6)	86	48.0%(-11.9)
超堅～波乱	（1～9番人気）	150	83.8%(-4.2)	126	70.4%(-7.8)
大波乱	（4～18番人気）	27	15.1%(-0.1)	15	8.4%(+1.2)

※カッコ内は平均値との差

儲かるヒモの条件

破壊力 混成ランキング［3着内数順］

上級条件（2勝C以上）

順位	条件	成績	複勝率	複回値
1	関西馬	7-10-13-123/153	19.6%	91円
2	前走3角10番手以下	5-7-7-64/83	22.9%	113円
3	ノーザンファーム生産馬	5-7-5-57/74	23.0%	132円
4	休み明け(中10週以上)	4-8-5-73/90	18.9%	100円
5	前走馬体重500キロ以上	9-5-2-66/82	19.5%	106円
6	母父サンデーサイレンス	2-4-5-41/52	21.2%	133円
7	最内枠	4-1-6-14/25	44.0%	104円
8	父ステイゴールド	6-3-1-20/30	33.3%	90円
9	斤量57.5キロ以上	2-4-3-11/20	45.0%	113円
10	内田　博幸	2-2-3-6/13	53.8%	145円

下級条件（1勝C、未勝利）

順位	条件	成績	複勝率	複回値
1	父ディープインパクト	9-8-7-49/73	32.9%	107円
2	津村　明秀	6-3-8-52/69	24.6%	134円
3	前走同級2～3着/福島芝2000	5-5-7-16/33	51.5%	99円
4	戸崎　圭太	8-4-3-13/28	53.6%	107円
5	母父ダンスインザダーク	2-4-7-44/57	22.8%	105円
6	石橋　脩	4-4-5-20/33	39.4%	91円
7	父オルフェーヴル	4-4-3-16/27	40.7%	242円
8	前走同級6～9着/東京芝2000	3-4-4-23/34	32.4%	143円
9	木幡　初也	3-3-5-45/56	19.6%	93円
10	ダーレージャパンファーム生産馬	5-2-3-16/26	38.5%	106円

FUKUSHIMA
芝2600m

軸

押さえておこう!!

軸的基本データ（人気別成績）

	勝　率	複勝率	単勝回収値	複勝回収値
1番人気	28.8% (-3.5)	63.8% (-0.1)	88円 (+10)	93円 (+10)
2〜3番人気	15.0% (-1.1)	43.8% (-2.2)	83円 (+3)	80円 (-2)
4〜5番人気	5.6% (-2.7)	23.1% (-6.5)	56円 (-23)	56円 (-21)
6〜9番人気	5.7% (+2.0)	19.2% (+3.7)	121円 (+43)	90円 (+13)
10番人気以下	1.6% (+0.7)	5.7% (+1.1)	105円 (+41)	74円 (+10)

※カッコ内は平均値との差

鉄板力 混成ランキング［3着内数順］

儲かる軸馬の条件

上級条件（2勝C以上）

順位	条件	成績	複勝率	複回値
1	距離延長	11-12-10-58/91	36.3%	89円
2	前走3角2〜3番手	5-5-3-19/32	40.6%	99円
3	斤量53キロ以下	3-4-3-14/24	41.7%	134円
4	最内枠	4-2-2-3/11	72.7%	170円
5	父ステイゴールド	1-2-3-9/15	40.0%	98円
6	丸田　恭介	2-2-1-3/8	62.5%	164円
7	前走同級6〜9着/東京芝2400	1-2-2-6/11	45.5%	122円
8	丸山　元気	2-2-1-4/9	55.6%	109円
9	母父エリシオ	1-2-1-1/5	80.0%	200円
10	父メイショウサムソン	2-2-0-1/5	80.0%	174円

下級条件（1勝C、未勝利）

順位	条件	成績	複勝率	複回値
1	距離延長	35-32-22-139/228	39.0%	88円
2	前走3角10番手以下	16-12-6-40/74	45.9%	115円
3	ノーザンファーム生産馬	9-10-6-33/58	43.1%	86円
4	前走上がり3ハロン1位	10-8-3-14/35	60.0%	107円
5	休み明け（中10週以上）	3-10-8-36/57	36.8%	87円
6	斤量53キロ以下	6-4-7-21/38	44.7%	91円
7	社台ファーム生産馬	2-5-7-19/33	42.4%	96円
8	父ジャングルポケット	4-5-1-11/21	47.6%	95円
9	吉田　隼人	5-2-2-4/13	69.2%	172円
10	前走同級4〜5着/東京芝2400	6-1-2-8/17	52.9%	101円

福島

穴

穴的基本データ（決着割合）

押さえておこう!!

決着		馬連での出現数	馬連での出現率	3連複での出現数	3連複での出現率
超堅	（1～3番人気）	16	20.0%（-10.9）	5	6.3%（-2.3）
超堅～順当	（1～5番人気）	38	47.5%（-10.2）	23	28.8%（-6.0）
超堅～中穴	（1～7番人気）	60	75.0%（-1.7）	44	55.0%（-5.0）
超堅～波乱	（1～9番人気）	68	85.0%（-3.0）	61	76.3%（-2.0）
大波乱	（4～18番人気）	12	15.0%（-0.2）	5	6.3%（-1.0）

※カッコ内は平均値との差

儲かるヒモの条件　破壊力 混成ランキング［3着内数順］

上級条件（2勝C以上）

順位	条件	成績	複勝率	複回値
1	距離延長	13-15-12-112/152	26.3%	92円
2	関西馬	8-6-5-51/70	27.1%	106円
3	前走馬体重500キロ以上	3-3-4-32/42	23.8%	124円
4	最内枠	4-2-2-8/16	50.0%	117円
5	ノーザンファーム生産馬	2-2-4-29/37	21.6%	98円
6	前走同級6～9着/東京芝2400	1-4-2-11/18	38.9%	124円
7	父ステイゴールド	2-2-3-12/19	36.8%	104円
8	丸山　元気	2-2-2-6/12	50.0%	138円
9	丸田　恭介	2-2-1-6/11	45.5%	119円
10	母父エリシオ	1-2-1-1/5	80.0%	200円

下級条件（1勝C、未勝利）

順位	条件	成績	複勝率	複回値
1	休み明け（中10週以上）	4-12-12-78/106	26.4%	110円
2	ノーザンファーム生産馬	10-11-7-56/84	33.3%	90円
3	前走馬体重500キロ以上	6-7-8-78/99	21.2%	97円
4	前走上がり3ハロン1位	10-7-2-15/34	55.9%	96円
5	社台ファーム生産馬	3-6-9-33/51	35.3%	142円
6	丸山　元気	4-2-3-15/24	37.5%	125円
7	吉田　隼人	5-2-2-10/19	47.4%	118円
8	前走同級4～5着/東京芝2400	6-1-2-10/19	47.4%	91円
9	父ディープインパクト	2-3-3-15/23	34.8%	115円
10	石橋　脩	3-3-1-9/16	43.8%	99円

FUKUSHIMA

ダ1150m

軸

押さえておこう!!

軸的基本データ(人気別成績)

	勝 率	複勝率	単勝回収値	複勝回収値
1番人気	30.6% (-1.6)	58.4% (-5.4)	80円 (+2)	80円 (-4)
2~3番人気	17.5% (+1.4)	45.3% (-0.7)	88円 (+7)	81円 (±0)
4~5番人気	9.0% (+0.7)	28.2% (-1.4)	83円 (+4)	78円 (+1)
6~9番人気	2.4% (-1.3)	15.7% (+0.2)	54円 (-24)	74円 (-3)
10番人気以下	1.1% (+0.2)	4.8% (+0.3)	90円 (+27)	73円 (+9)

※カッコ内は平均値との差

鉄板力 混成ランキング[3着内数順]

儲かる軸馬の条件

上級条件(2勝C以上)

順位	条件	成績	複勝率	複回値
1	関西馬	8-7-6-37/58	36.2%	90円
2	前走馬体重500キロ以上	4-5-4-16/29	44.8%	97円
3	前走3角2~3番手	5-3-2-12/22	45.5%	129円
4	前走同級2~3着/阪神ダ1200	2-3-0-2/7	71.4%	113円
5	父サウスヴィグラス	1-2-1-3/7	57.1%	129円
6	吉田　隼人	2-1-0-2/5	60.0%	172円
7	北村　宏司	0-0-2-1/3	66.7%	237円
8	母父フレンチデピュティ	2-0-0-1/3	66.7%	223円
9	杉原　誠人	0-1-1-0/2	100.0%	200円
10	母父ブライアンズタイム	1-1-0-3/5	40.0%	182円

下級条件(1勝C、未勝利)

順位	条件	成績	複勝率	複回値
1	関西馬	64-51-50-244/409	40.3%	90円
2	前走馬体重500キロ以上	33-31-22-123/209	41.1%	87円
3	前走上がり3ハロン1位	21-10-9-38/78	51.3%	96円
4	最内枠	14-9-10-48/81	40.7%	85円
5	前走同級2~3着/新潟ダ1200	9-11-9-28/57	50.9%	100円
6	距離延長	10-10-8-50/78	35.9%	86円
7	父ゴールドアリュール	11-9-3-21/44	52.3%	99円
8	母父フジキセキ	5-10-7-31/53	41.5%	96円
9	前走同級2~3着/東京ダ1300	5-7-10-12/34	64.7%	94円
10	津村　明秀	6-9-7-28/50	44.0%	90円

穴的基本データ（決着割合）

押さえておこう!!

決着		馬連での出現数	馬連での出現率	3連複での出現数	3連複での出現率
超堅	(1～3番人気)	77	30.2% (-0.7)	23	9.0% (+0.5)
超堅～順当	(1～5番人気)	139	54.5% (-3.2)	76	29.8% (-4.9)
超堅～中穴	(1～7番人気)	176	69.0% (-7.6)	136	53.3% (-6.6)
超堅～波乱	(1～9番人気)	209	82.0% (-6.0)	179	70.2% (-8.0)
大波乱	(4～18番人気)	46	18.0% (+2.9)	23	9.0% (+1.8)

※カッコ内は平均値との差

儲かるヒモの条件

破壊力 混成ランキング［3着内数順］

上級条件（2勝C以上）

順位	条件	成績	複勝率	複回値
1	距離短縮	10-11-8-112/141	20.6%	110円
2	関西馬	9-9-10-67/95	29.5%	153円
3	前走馬体重500キロ以上	5-5-6-35/51	31.4%	155円
4	休み明け(中10週以上)	1-4-5-70/80	12.5%	115円
5	前走3角10番手以下	1-3-3-27/34	20.6%	275円
6	父サウスヴィグラス	1-2-2-6/11	45.5%	143円
7	前走同級2～3着/阪神ダ1200	2-3-0-2/7	71.4%	113円
8	距離延長	1-0-3-8/12	33.3%	259円
9	吉田　隼人	2-1-1-2/6	66.7%	255円
10	川須　栄彦	0-0-2-1/3	66.7%	743円

下級条件（1勝C、未勝利）

順位	条件	成績	複勝率	複回値
1	前走同級2～3着/新潟ダ1200	9-11-9-32/61	47.5%	93円
2	父ゴールドアリュール	12-10-3-58/83	30.1%	94円
3	前走同級2～3着/東京ダ1300	5-7-10-12/34	64.7%	94円
4	丸山　元気	6-11-4-54/75	28.0%	97円
5	前走同級6～9着/中山ダ1200	1-7-10-89/107	16.8%	108円
6	母父サクラバクシンオー	4-6-8-78/96	18.8%	98円
7	木幡　初也	2-8-5-75/90	16.7%	111円
8	石橋　脩	2-6-6-27/41	34.1%	109円
9	川須　栄彦	6-1-6-26/39	33.3%	143円
10	前走同級10着以下/東京ダ1300	7-1-4-55/67	17.9%	124円

FUKUSHIMA ダ1700m

軸

押さえておこう!!

軸的基本データ(人気別成績)

	勝率	複勝率	単勝回収値	複勝回収値
1番人気	29.4% (-2.8)	61.9% (-1.9)	73円 (-5)	82円 (-1)
2~3番人気	15.8% (-0.3)	44.3% (-1.7)	81円 (+1)	82円 (+1)
4~5番人気	9.9% (+1.6)	28.4% (-1.2)	88円 (+9)	74円 (-4)
6~9番人気	4.0% (+0.3)	17.4% (+1.9)	77円 (-1)	80円 (+3)
10番人気以下	0.7% (-0.2)	4.2% (-0.3)	52円 (-12)	57円 (-8)

※カッコ内は平均値との差

鉄板力 混成ランキング[3着内数順]

儲かる軸馬の条件

上級条件(2勝C以上)

順位	条件	成績	複勝率	複回値
1	内田 博幸	0-5-4-7/16	56.3%	101円
2	石橋 脩	3-2-3-5/13	61.5%	148円
3	前走同級2~3着/福島ダ1700	2-3-3-4/12	66.7%	113円
4	前走同級2~3着/東京ダ1600	4-2-0-4/10	60.0%	95円
5	父カネヒキリ	3-0-2-1/6	83.3%	192円
6	丸山 元気	2-3-0-4/9	55.6%	113円
7	北村 宏司	2-2-1-4/9	55.6%	111円
8	父ゴールドアリュール	1-1-3-7/12	41.7%	98円
9	勝浦 正樹	1-2-1-4/8	50.0%	229円
10	連闘	0-2-2-3/7	57.1%	206円

下級条件(1勝C、未勝利)

順位	条件	成績	複勝率	複回値
1	距離短縮	111-105-105-460/781	41.1%	86円
2	関西馬	98-86-76-408/668	38.9%	87円
3	前走馬体重500キロ以上	66-53-56-266/441	39.7%	86円
4	休み明け(中10週以上)	52-43-37-237/369	35.8%	89円
5	前走3角10番手以下	36-35-41-199/311	36.0%	86円
6	前走上がり3ハロン1位	38-33-27-89/187	52.4%	91円
7	社台ファーム生産馬	30-33-23-147/233	36.9%	85円
8	芝→ダ替わり	35-24-17-147/223	34.1%	97円
9	大外枠	23-29-16-87/155	43.9%	105円
10	母父サンデーサイレンス	22-23-16-81/142	43.0%	91円

穴

福島

穴的基本データ（決着割合）

押さえておこう!!

決着	馬連での出現数	馬連での出現率	3連複での出現数	3連複での出現率
超堅（1～3番人気）	114	26.6%(-4.3)	35	8.2%(-0.4)
超堅～順当（1～5番人気）	224	52.3%(-5.3)	132	30.8%(-3.9)
超堅～中穴（1～7番人気）	314	73.4%(-3.3)	248	57.9%(-2.0)
超堅～波乱（1～9番人気）	372	86.9%(-1.1)	333	77.8%(-0.4)
大波乱（4～18番人気）	72	16.8%(+1.6)	34	7.9%(+0.7)

※カッコ内は平均値との差

儲かるヒモの条件

破壊力 混成ランキング［3着内数順］

上級条件（2勝C以上）

順位	条件	成績	複勝率	複回値
1	内田 博幸	0-5-5-8/18	55.6%	138円
2	石橋 脩	3-2-4-13/22	40.9%	103円
3	前走同級2～3着/福島ダ1700	2-3-3-7/15	53.3%	90円
4	父ゴールドアリュール	2-2-3-23/30	23.3%	97円
5	母父アフリート	1-1-4-17/23	26.1%	99円
6	前走同級2～3着/東京ダ1600	4-2-0-4/10	60.0%	95円
7	連闘	0-2-3-8/13	38.5%	187円
8	父カネヒキリ	3-0-2-4/9	55.6%	128円
9	前走下級1着/福島ダ1700	2-1-2-19/24	20.8%	99円
10	田辺 裕信	3-0-2-8/13	38.5%	95円

下級条件（1勝C、未勝利）

順位	条件	成績	複勝率	複回値
1	前走上がり3ハロン1位	35-32-28-114/209	45.5%	97円
2	戸崎 圭太	18-22-13-52/105	50.5%	90円
3	父キングカメハメハ	20-13-11-70/114	38.6%	114円
4	前走同級2～3着/新潟ダ1800	12-13-12-40/77	48.1%	103円
5	母父アグネスタキオン	10-13-11-96/130	26.2%	90円
6	前走同級6～9着/中山ダ1800	9-11-12-101/133	24.1%	111円
7	北村 宏司	13-7-9-45/74	39.2%	105円
8	丸田 恭介	4-13-9-101/127	20.5%	103円
9	前走同級4～5着/阪神ダ1800	7-7-9-26/49	46.9%	97円
10	丹内 祐次	7-7-6-67/87	23.0%	91円

鉄板力&破壊力ランキング

本書に掲載した各コースのうち、複勝率が高い軸データTOP3と、複勝回収率が高い穴データTOP3の項目をピックアップしました。

※軸データ、穴データ共にサンプル数50以上のものに限る。

軸

1 福島芝1200 下級条件
戸崎　圭太

着別度数 14-6-7-23/50　複勝率 54.0%　複回値 94円

2 福島ダ1700 下級条件
前走上がり3ハロン1位

着別度数 38-33-27-89/187　複勝率 52.4%　複回値 91円

3 福島ダ1150 下級条件
前走上がり3ハロン1位

着別度数 21-10-9-38/78　複勝率 51.3%　複回値 96円

穴

1 福島芝1200 下級条件
母父クロフネ

着別度数 8-7-10-36/61　複勝率 41.0%　複回値 180円

2 福島芝1200 下級条件
母父サクラバクシンオー

着別度数 14-5-5-85/109　複勝率 22.0%　複回値 175円

3 福島ダ1150 上級条件
前走馬体重500キロ以上

着別度数 5-5-6-35/51　複勝率 31.4%　複回値 155円

鉄板軸

ヒモ穴

中京競馬場

CHUKYO RACE COURCE

芝1200m	芝2000m	ダ1400m
芝1400m	芝2200m	ダ1800m
芝1600m	ダ1200m	ダ1900m

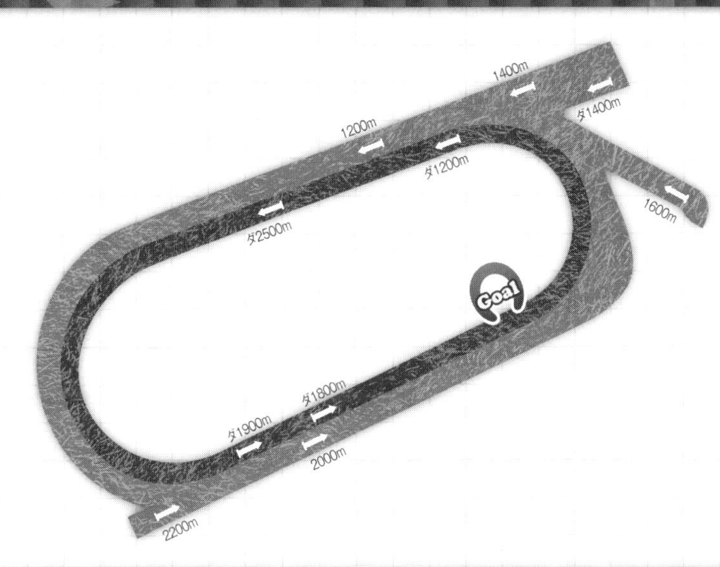

CHUKYO
芝1200m

軸

押さえておこう!!

軸的基本データ（人気別成績）

	勝率	複勝率	単勝回収値	複勝回収値
1番人気	20.6% (-11.6)	51.6% (-12.2)	59円 (-19)	74円 (-10)
2～3番人気	19.7% (+3.6)	46.5% (+0.5)	110円 (+30)	95円 (+13)
4～5番人気	8.7% (+0.4)	25.8% (-3.8)	86円 (+6)	73円 (-5)
6～9番人気	4.0% (+0.4)	18.1% (+2.6)	75円 (-3)	87円 (+10)
10番人気以下	0.9% (+0.0)	4.4% (-0.1)	52円 (-11)	61円 (-3)

※カッコ内は平均値との差

鉄板力 混成ランキング［3着内数順］

儲かる軸馬の条件

上級条件（2勝C以上）

順位	条件	成績	複勝率	複回値
1	前走3角2～3番手	9-10-8-49/76	35.5%	93円
2	休み明け(中10週以上)	7-7-8-50/72	30.6%	85円
3	ノーザンファーム生産馬	8-9-4-29/50	42.0%	89円
4	母父サンデーサイレンス	7-4-5-20/36	44.4%	115円
5	父ディープインパクト	6-5-1-15/27	44.4%	96円
6	前走3角1番手	7-4-1-25/37	32.4%	88円
7	ダーレージャパンファーム生産馬	3-5-2-12/22	45.5%	109円
8	福永　祐一	7-1-1-5/14	64.3%	142円
9	父アドマイヤムーン	3-3-3-16/25	36.0%	87円
10	最内枠	3-2-2-16/23	30.4%	87円

下級条件（1勝C、未勝利）

順位	条件	成績	複勝率	複回値
1	関西馬	59-49-40-245/393	37.7%	90円
2	同距離	42-37-33-190/302	37.1%	86円
3	前走3角2～3番手	20-17-17-63/117	46.2%	105円
4	距離短縮	16-18-12-68/114	40.4%	95円
5	休み明け(中10週以上)	14-14-12-67/107	37.4%	113円
6	斤量53キロ以下	8-8-6-33/55	40.0%	106円
7	ノーザンファーム生産馬	8-5-7-25/45	44.4%	103円
8	最内枠	9-2-5-16/32	50.0%	133円
9	社台ファーム生産馬	8-5-3-15/31	51.6%	110円
10	父ダイワメジャー	5-5-6-20/36	44.4%	98円

穴 中京

穴的基本データ（決着割合）

押さえておこう!!

決着		馬連での出現数	馬連での出現率	3連複での出現数	3連複での出現率
超堅	(1~3番人気)	44	28.4% (-2.5)	10	6.5% (-2.1)
超堅~順当	(1~5番人気)	78	50.3% (-7.4)	36	23.2% (-11.5)
超堅~中穴	(1~7番人気)	109	70.3% (-6.3)	76	49.0% (-10.9)
超堅~波乱	(1~9番人気)	131	84.5% (-3.5)	112	72.3% (-6.0)
大波乱	(4~18番人気)	26	16.8% (+1.6)	14	9.0% (+1.8)

※カッコ内は平均値との差

儲かるヒモの条件　破壊力 混成ランキング［3着内数順］

上級条件（2勝C以上）

順位	条件	成績	複勝率	複回値
1	同距離	33-33-34-430/530	18.9%	97円
2	前走3角2~3番手	11-12-11-107/141	24.1%	93円
3	関東馬	9-9-15-186/219	15.1%	101円
4	ノーザンファーム生産馬	8-10-8-72/98	26.5%	100円
5	母父サンデーサイレンス	7-6-6-40/59	32.2%	106円
6	前走3角1番手	8-5-1-53/67	20.9%	93円
7	藤岡　康太	1-4-5-21/31	32.3%	279円
8	父アドマイヤムーン	3-4-3-38/48	20.8%	91円
9	福永　祐一	7-1-1-7/16	56.3%	124円
10	幸　英明	3-2-3-15/23	34.8%	172円

下級条件（1勝C、未勝利）

順位	条件	成績	複勝率	複回値
1	父ダイワメジャー	5-6-7-39/57	31.6%	95円
2	前走同級4~5着/小倉芝1200	4-8-5-39/56	30.4%	113円
3	福永　祐一	7-3-5-12/27	55.6%	111円
4	前走同級2~3着/阪神芝1200	6-5-2-14/27	48.1%	93円
5	母父タイキシャトル	0-2-6-18/26	30.8%	304円
6	川田　将雅	4-2-1-3/10	70.0%	136円
7	父キンシャサノキセキ	2-4-1-20/27	25.9%	114円
8	前走同級6~9着/阪神芝1400	0-2-4-11/17	35.3%	161円
9	和田　翼	1-4-1-20/26	23.1%	150円
10	C.ルメール	2-2-2-8/14	42.9%	93円

CHUKYO

芝1400m

軸

押さえておこう!!

軸的基本データ(人気別成績)

	勝率	複勝率	単勝回収値	複勝回収値
1番人気	30.7% (-1.5)	57.5% (-6.4)	82円 (+4)	79円 (-5)
2~3番人気	16.0% (-0.1)	45.6% (-0.4)	82円 (+2)	86円 (+5)
4~5番人気	9.6% (+1.3)	30.0% (+0.4)	89円 (+10)	79円 (+1)
6~9番人気	2.7% (-1.0)	16.1% (+0.7)	49円 (-29)	75円 (-2)
10番人気以下	1.1% (+0.2)	4.1% (-0.5)	62円 (-2)	61円 (-4)

※カッコ内は平均値との差

鉄板力 混成ランキング[3着内数順]

儲かる軸馬の条件

上級条件(2勝C以上)

順位	条件	成績	複勝率	複回値
1	関西馬	23-18-20-93/154	39.6%	96円
2	距離短縮	8-10-9-41/68	39.7%	108円
3	ノーザンファーム生産馬	5-5-7-25/42	40.5%	106円
4	前走馬体重500キロ以上	4-6-3-17/30	43.3%	132円
5	前走3角1番手	3-5-3-13/24	45.8%	131円
6	父ダイワメジャー	2-5-3-11/21	47.6%	111円
7	母父トニービン	4-2-1-4/11	63.6%	125円
8	大外枠	4-2-1-8/15	46.7%	110円
9	福永 祐一	2-1-3-8/14	42.9%	86円
10	川田 将雅	1-2-2-4/9	55.6%	99円

下級条件(1勝C、未勝利)

順位	条件	成績	複勝率	複回値
1	関西馬	96-83-89-431/699	38.3%	87円
2	距離短縮	42-34-42-170/288	41.0%	98円
3	休み明け(中10週以上)	26-20-28-147/221	33.5%	90円
4	父ディープインパクト	8-16-18-47/89	47.2%	96円
5	前走3角1番手	4-7-11-38/60	36.7%	99円
6	父ダイワメジャー	11-3-6-26/46	43.5%	108円
7	和田 竜二	7-5-7-13/32	59.4%	115円
8	ダ→芝替わり	7-8-3-40/58	31.0%	98円
9	松山 弘平	7-7-2-21/37	43.2%	110円
10	父ハーツクライ	7-3-3-10/23	56.5%	125円

穴 中京

穴的基本データ（決着割合）

押さえておこう!!

決着	馬連での出現数	馬連での出現率	3連複での出現数	3連複での出現率
超堅　（1~3番人気）	63	27.6%（-3.3）	14	6.1%（-2.4）
超堅~順当　（1~5番人気）	123	53.9%（-3.7）	71	31.1%（-3.6）
超堅~中穴　（1~7番人気）	160	70.2%（-6.5）	126	55.3%（-4.7）
超堅~波乱　（1~9番人気）	192	84.2%（-3.8）	173	75.9%（-2.3）
大波乱　（4~18番人気）	42	18.4%（+3.2）	19	8.3%（+1.1）

※カッコ内は平均値との差

儲かるヒモの条件　破壊力 混成ランキング［3着内数順］

上級条件（2勝C以上）

順位	条件	成績	複勝率	複回値
1	距離短縮	8-12-13-106/139	23.7%	95円
2	前走3角1番手	3-6-4-32/45	28.9%	110円
3	福永　祐一	2-1-4-10/17	41.2%	98円
4	最内枠	2-1-3-25/31	19.4%	134円
5	M.デムーロ	3-2-0-5/10	50.0%	176円
6	父ステイゴールド	2-1-2-12/17	29.4%	119円
7	母父フジキセキ	1-2-2-11/16	31.3%	114円
8	母父サンデーサイレンス	1-1-3-28/33	15.2%	108円
9	松山　弘平	0-4-1-17/22	22.7%	104円
10	父マンハッタンカフェ	0-3-1-6/10	40.0%	214円

下級条件（1勝C、未勝利）

順位	条件	成績	複勝率	複回値
1	距離短縮	48-43-52-459/602	23.8%	105円
2	母父Storm Cat	2-6-6-16/30	46.7%	138円
3	母父クロフネ	4-6-4-28/42	33.3%	121円
4	父アドマイヤムーン	9-3-1-46/59	22.0%	167円
5	北村　友一	1-5-6-32/44	27.3%	152円
6	武　豊	5-2-5-16/28	42.9%	102円
7	母父キングカメハメハ	4-4-4-32/44	27.3%	93円
8	父ジャングルポケット	4-6-1-32/43	25.6%	125円
9	前走同級2~3着/阪神芝1600外	3-3-4-8/18	55.6%	96円
10	前走同級2~3着/東京芝1400	4-3-3-9/19	52.6%	92円

CHUKYO

芝1600m

軸

押さえておこう!!

軸的基本データ（人気別成績）

	勝　率	複勝率	単勝回収値	複勝回収値
1番人気	34.5% (+2.2)	63.9% (+0.0)	82円 (+4)	81円 (-3)
2～3番人気	15.5% (-0.5)	50.6% (+4.6)	76円 (-5)	89円 (+7)
4～5番人気	7.8% (-0.5)	30.3% (+0.6)	78円 (-1)	76円 (-2)
6～9番人気	3.7% (+0.0)	13.7% (-1.8)	80円 (+2)	64円 (-13)
10番人気以下	0.9% (+0.0)	4.5% (-0.1)	44円 (-20)	58円 (-7)

※カッコ内は平均値との差

鉄板力 混成ランキング［3着内数順］

儲かる軸馬の条件

上級条件（2勝C以上）

順位	条件	成績	複勝率	複回値
1	ノーザンファーム生産馬	14-5-6-25/50	50.0%	93円
2	前走上がり3ハロン1位	11-6-8-34/59	42.4%	86円
3	距離延長	10-4-6-22/42	47.6%	99円
4	休み明け(中10週以上)	5-6-5-30/46	34.8%	86円
5	福永　祐一	7-3-4-6/20	70.0%	106円
6	前走馬体重500キロ以上	5-3-5-18/31	41.9%	108円
7	社台ファーム生産馬	4-2-4-17/27	37.0%	92円
8	前走3角1番手	4-3-2-10/19	47.4%	108円
9	最内枠	5-2-2-10/19	47.4%	96円
10	M.デムーロ	5-1-1-8/15	46.7%	85円

下級条件（1勝C、未勝利）

順位	条件	成績	複勝率	複回値
1	社台ファーム生産馬	11-9-16-46/82	43.9%	91円
2	父ダイワメジャー	5-12-13-23/53	56.6%	106円
3	福永　祐一	15-8-6-16/45	64.4%	93円
4	前走馬体重500キロ以上	14-6-9-40/69	42.0%	88円
5	前走同級2～3着/中京芝1600	12-9-7-19/47	59.6%	87円
6	北村　友一	8-7-7-13/35	62.9%	131円
7	父キングカメハメハ	8-1-7-9/25	64.0%	105円
8	松山　弘平	5-5-6-20/36	44.4%	100円
9	前走同級2～3着/阪神芝1800外	6-5-5-11/27	59.3%	91円
10	和田　竜二	8-4-2-15/29	48.3%	116円

中京

穴

穴的基本データ(決着割合)

押さえておこう!!

決着	馬連での出現数	馬連での出現率	3連複での出現数	3連複での出現率
超堅 (1~3番人気)	76	31.9% (+1.0)	27	11.3% (+2.8)
超堅~順当 (1~5番人気)	140	58.8% (+1.1)	97	40.8% (+6.0)
超堅~中穴 (1~7番人気)	187	78.6% (+1.9)	157	66.0% (+6.0)
超堅~波乱 (1~9番人気)	210	88.2% (+0.2)	190	79.8% (+1.6)
大波乱 (4~18番人気)	34	14.3% (-0.9)	14	5.9% (-1.3)

※カッコ内は平均値との差

儲かるヒモの条件　破壊力 混成ランキング[3着内数順]

上級条件(2勝C以上)

順位	条件	成績	複勝率	複回値
1	同距離	18-22-19-141/200	29.5%	99円
2	休み明け(中10週以上)	6-9-5-65/85	23.5%	92円
3	父ディープインパクト	6-5-7-26/44	40.9%	113円
4	関東馬	5-5-8-56/74	24.3%	94円
5	福永　祐一	7-3-4-8/22	63.6%	96円
6	前走3角1番手	5-5-2-19/31	38.7%	143円
7	前走下級1着/阪神芝1600外	3-4-1-7/15	53.3%	176円
8	母父サンデーサイレンス	3-1-2-26/32	18.8%	96円
9	北村　友一	2-1-2-2/7	71.4%	273円
10	前走同級6~9着/東京芝1400	1-1-3-7/12	41.7%	127円

下級条件(1勝C、未勝利)

順位	条件	成績	複勝率	複回値
1	父ダイワメジャー	5-13-18-56/92	39.1%	110円
2	前走同級2~3着/中京芝1600	13-9-7-23/52	55.8%	93円
3	北村　友一	9-7-8-30/54	44.4%	109円
4	松山　弘平	5-6-9-41/61	32.8%	116円
5	武　豊	3-9-2-19/33	42.4%	119円
6	父ハービンジャー	5-4-3-52/64	18.8%	96円
7	ダーレージャパンファーム生産馬	7-2-2-18/29	37.9%	110円
8	津村　明秀	5-4-1-9/19	52.6%	184円
9	前走同級6~9着/阪神芝1600外	3-5-2-28/38	26.3%	140円
10	菱田　裕二	5-3-2-27/37	27.0%	118円

CHUKYO

芝2000m

軸

押さえておこう!!

軸的基本データ(人気別成績)

	勝率	複勝率	単勝回収値	複勝回収値
1番人気	32.3% (+0.1)	62.1% (-1.7)	83円 (+5)	82円 (-1)
2~3番人気	16.7% (+0.6)	47.4% (+1.4)	81円 (+1)	84円 (+2)
4~5番人気	8.1% (-0.2)	29.6% (+0.0)	80円 (+1)	76円 (-2)
6~9番人気	3.6% (-0.1)	15.8% (+0.3)	77円 (-1)	81円 (+5)
10番人気以下	0.8% (-0.1)	4.3% (-0.2)	61円 (-3)	65円 (+1)

※カッコ内は平均値との差

鉄板力 混成ランキング[3着内数順]

儲かる軸馬の条件

上級条件(2勝C以上)

順位	条件	成績	複勝率	複回値
1	前走馬体重500キロ以上	16-7-9-62/94	34.0%	88円
2	前走3角2~3番手	13-4-9-43/69	37.7%	100円
3	父ディープインパクト	9-10-7-36/62	41.9%	89円
4	社台ファーム生産馬	8-6-9-32/55	41.8%	88円
5	母父サンデーサイレンス	7-4-8-26/45	42.2%	94円
6	父キングカメハメハ	6-3-3-17/29	41.4%	87円
7	川田　将雅	7-3-1-11/22	50.0%	100円
8	前走3角1番手	2-4-4-12/22	45.5%	125円
9	父マンハッタンカフェ	2-1-4-14/21	33.3%	88円
10	前走同級2~3着/阪神芝2000	4-1-1-3/9	66.7%	209円

下級条件(1勝C、未勝利)

順位	条件	成績	複勝率	複回値
1	関西馬	135-123-97-510/865	41.0%	86円
2	距離延長	53-59-39-202/353	42.8%	97円
3	前走3角10番手以下	46-29-31-172/278	38.1%	88円
4	休み明け(中10週以上)	37-23-21-123/204	39.7%	91円
5	前走3角2~3番手	29-24-27-95/175	45.7%	93円
6	社台ファーム生産馬	13-18-17-70/118	40.7%	89円
7	父ハーツクライ	19-15-9-41/84	51.2%	101円
8	前走同級2~3着/中京芝2000	14-10-6-20/50	60.0%	103円
9	父ハービンジャー	9-9-11-42/71	40.8%	92円
10	藤岡　康太	11-12-5-31/59	47.5%	87円

穴 中京

穴的基本データ（決着割合）

押さえておこう!!

決着	馬連での出現数	馬連での出現率	3連複での出現数	3連複での出現率
超堅（1~3番人気）	80	28.1%（-2.9）	26	9.1%（+0.6）
超堅~順当（1~5番人気）	167	58.6%（+0.9）	107	37.5%（+2.8）
超堅~中穴（1~7番人気）	215	75.4%（-1.2）	165	57.9%（-2.1）
超堅~波乱（1~9番人気）	251	88.1%（+0.1）	227	79.6%（+1.4）
大波乱（4~18番人気）	38	13.3%（-1.8）	15	5.3%（-1.9）

※カッコ内は平均値との差

儲かるヒモの条件　破壊力 混成ランキング［3着内数順］

上級条件（2勝C以上）

順位	条件	成績	複勝率	複回値
1	前走馬体重500キロ以上	19-9-13-138/179	22.9%	94円
2	距離延長	12-13-15-147/187	21.4%	97円
3	父ディープインパクト	11-13-8-61/93	34.4%	120円
4	前走3角2~3番手	14-7-11-90/122	26.2%	98円
5	社台ファーム生産馬	9-6-13-64/92	30.4%	109円
6	父ハーツクライ	4-4-7-40/55	27.3%	93円
7	川田　将雅	7-3-1-11/22	50.0%	100円
8	和田　竜二	2-3-3-13/21	38.1%	136円
9	武　豊	1-2-4-5/12	58.3%	209円
10	父ダイワメジャー	2-3-2-12/19	36.8%	146円

下級条件（1勝C、未勝利）

順位	条件	成績	複勝率	複回値
1	前走3角2~3番手	33-30-32-218/313	30.4%	128円
2	距離短縮	22-17-31-214/284	24.6%	125円
3	前走同級2~3着/中京芝2000	14-10-6-23/53	56.6%	97円
4	父キングカメハメハ	14-9-6-58/87	33.3%	112円
5	川田　将雅	9-7-8-15/39	61.5%	120円
6	前走同級2~3着/阪神芝1800外	8-6-9-15/38	60.5%	93円
7	丸山　元気	4-6-8-33/51	35.3%	136円
8	父ダイワメジャー	1-6-8-26/41	36.6%	220円
9	ダーレージャパンファーム生産馬	5-4-4-24/37	35.1%	144円
10	母父クロフネ	4-6-3-42/55	23.6%	134円

CHUKYO
芝2200m

軸

押さえておこう!!

軸的基本データ(人気別成績)

	勝　率	複勝率	単勝回収値	複勝回収値
1番人気	29.5% (-2.7)	62.1% (-1.7)	70円 (-8)	82円 (-2)
2～3番人気	13.6% (-2.4)	48.5% (+2.5)	61円 (-19)	84円 (+3)
4～5番人気	10.2% (+1.9)	29.2% (-0.5)	85円 (+6)	75円 (-2)
6～9番人気	4.1% (+0.4)	15.9% (+0.5)	98円 (+20)	77円 (±0)
10番人気以下	1.5% (+0.6)	4.4% (-0.1)	102円 (+38)	60円 (-4)

※カッコ内は平均値との差

鉄板力 混成ランキング[3着内数順]

儲かる軸馬の条件

上級条件(2勝C以上)

順位	条件	成績	複勝率	複回値
1	ノーザンファーム生産馬	9-3-8-21/41	48.8%	94円
2	前走3角2～3番手	3-5-6-20/34	41.2%	89円
3	父ディープインパクト	7-1-3-8/19	57.9%	97円
4	父ハーツクライ	1-2-3-4/10	60.0%	153円
5	福永　祐一	1-3-2-2/8	75.0%	149円
6	父キングカメハメハ	3-1-2-6/12	50.0%	87円
7	ダーレージャパンファーム生産馬	0-2-2-3/7	57.1%	174円
8	前走下級1着/中京芝2000	2-2-0-1/5	80.0%	152円
9	M.デムーロ	1-1-2-4/8	50.0%	98円
10	松田　大作	1-0-2-1/4	75.0%	210円

下級条件(1勝C、未勝利)

順位	条件	成績	複勝率	複回値
1	前走馬体重500キロ以上	14-15-9-53/91	41.8%	88円
2	社台ファーム生産馬	7-14-11-37/69	46.4%	102円
3	父ハーツクライ	9-9-5-30/53	43.4%	85円
4	斤量53キロ以下	5-6-6-23/40	42.5%	97円
5	最内枠	4-6-5-21/36	41.7%	85円
6	前走3角1番手	3-8-3-21/35	40.0%	89円
7	前走同級2～3着/中京芝2000	5-2-6-12/25	52.0%	85円
8	父ハービンジャー	4-3-4-14/25	44.0%	104円
9	母父シンボリクリスエス	4-4-3-8/19	57.9%	99円
10	松山　弘平	3-1-6-9/19	52.6%	120円

穴 中京

穴的基本データ（決着割合）

押さえておこう!!

決着		馬連での出現数	馬連での出現率	3連複での出現数	3連複での出現率
超堅	(1～3番人気)	38	28.8% (-2.1)	9	6.8% (-1.7)
超堅～順当	(1～5番人気)	78	59.1% (+1.4)	49	37.1% (+2.4)
超堅～中穴	(1～7番人気)	103	78.0% (+1.4)	77	58.3% (-1.6)
超堅～波乱	(1～9番人気)	120	90.9% (+2.9)	107	81.1% (+2.8)
大波乱	(4～18番人気)	15	11.4% (-3.8)	5	3.8% (-3.4)

※カッコ内は平均値との差

儲かるヒモの条件 破壊力 混成ランキング［3着内数順］

上級条件（2勝C以上）

順位	条件	成績	複勝率	複回値
1	距離短縮	10-9-8-70/97	27.8%	90円
2	前走馬体重500キロ以上	7-7-6-44/64	31.3%	115円
3	前走3角10番手以下	8-3-5-49/65	24.6%	99円
4	前走3角2～3番手	4-6-6-39/55	29.1%	95円
5	社台ファーム生産馬	5-4-3-22/34	35.3%	150円
6	母父サンデーサイレンス	5-4-2-31/42	26.2%	103円
7	関東馬	3-4-4-49/60	18.3%	94円
8	福永　祐一	1-3-2-3/9	66.7%	132円
9	父ハーツクライ	1-2-3-8/14	42.9%	109円
10	松田　大作	1-0-3-1/5	80.0%	318円

下級条件（1勝C、未勝利）

順位	条件	成績	複勝率	複回値
1	前走馬体重500キロ以上	18-17-16-119/170	30.0%	114円
2	社台ファーム生産馬	9-17-12-78/116	32.8%	115円
3	父ハーツクライ	11-9-8-57/85	32.9%	120円
4	前走同級2～3着/中京芝2000	5-3-6-12/26	53.8%	99円
5	母父クロフネ	6-2-4-17/29	41.4%	122円
6	鮫島　克駿	6-2-2-22/32	31.3%	168円
7	父マンハッタンカフェ	4-4-2-25/35	28.6%	105円
8	C.ルメール	5-4-0-2/11	81.8%	118円
9	父シンボリクリスエス	1-6-2-25/34	26.5%	95円
10	父ゼンノロブロイ	3-1-4-30/38	21.1%	131円

CHUKYO

ダ1200m

軸

押さえておこう!!

軸的基本データ(人気別成績)

	勝率	複勝率	単勝回収値	複勝回収値
1番人気	32.6% (+0.4)	64.8% (+0.9)	81円 (+3)	87円 (+4)
2~3番人気	15.9% (-0.2)	43.6% (-2.4)	83円 (+2)	80円 (-2)
4~5番人気	7.0% (-1.3)	26.9% (-2.7)	69円 (-10)	75円 (-3)
6~9番人気	4.0% (+0.3)	16.2% (+0.7)	73円 (-5)	84円 (+8)
10番人気以下	0.9% (+0.0)	4.5% (+0.0)	51円 (-13)	61円 (-3)

※カッコ内は平均値との差

鉄板力 混成ランキング[3着内数順]

儲かる軸馬の条件

上級条件(2勝C以上)

順位	条件	成績	複勝率	複回値
1	社台ファーム生産馬	2-4-1-3/10	70.0%	141円
2	前走上がり3ハロン1位	2-3-2-6/13	53.8%	96円
3	大外枠	3-0-2-4/9	55.6%	177円
4	父クロフネ	0-4-1-0/5	100.0%	168円
5	父サウスヴィグラス	3-0-2-6/11	45.5%	103円
6	母父サンデーサイレンス	2-2-1-5/10	50.0%	86円
7	父キンシャサノキセキ	0-2-2-2/6	66.7%	175円
8	幸　英明	2-0-1-2/5	60.0%	124円
9	父ゴールドアリュール	1-1-1-5/8	37.5%	110円
10	M.デムーロ	0-1-2-2/5	60.0%	86円

下級条件(1勝C、未勝利)

順位	条件	成績	複勝率	複回値
1	距離短縮	48-31-46-152/277	45.1%	104円
2	前走馬体重500キロ以上	37-26-20-131/214	38.8%	87円
3	斤量53キロ以下	30-24-25-109/188	42.0%	93円
4	休み明け(中10週以上)	28-19-17-130/194	33.0%	86円
5	最内枠	14-11-14-38/77	50.6%	103円
6	大外枠	17-9-11-52/89	41.6%	89円
7	社台ファーム生産馬	14-12-9-41/76	46.1%	94円
8	父サウスヴィグラス	10-13-5-38/66	42.4%	106円
9	父ゴールドアリュール	9-11-8-28/56	50.0%	99円
10	連闘	9-9-9-28/55	49.1%	98円

穴 中京

穴的基本データ（決着割合）

押さえておこう!!

決着	馬連での出現数	馬連での出現率	3連複での出現数	3連複での出現率
超堅（1～3番人気）	86	32.6%（+1.6）	18	6.8%（-1.7）
超堅～順当（1～5番人気）	147	55.7%（-2.0）	68	25.8%（-9.0）
超堅～中穴（1～7番人気）	194	73.5%（-3.2）	138	52.3%（-7.7）
超堅～波乱（1～9番人気）	231	87.5%（-0.5）	193	73.1%（-5.1）
大波乱（4～18番人気）	37	14.0%（-1.2）	23	8.7%（+1.5）

※カッコ内は平均値との差

儲かるヒモの条件

破壊力 混成ランキング［3着内数順］

上級条件（2勝C以上）

順位	条件	成績	複勝率	複回値
1	関西馬	14-14-15-169/212	20.3%	109円
2	同距離	10-10-13-128/161	20.5%	115円
3	前走3角10番手以下	3-2-5-68/78	12.8%	101円
4	父クロフネ	1-4-2-2/9	77.8%	317円
5	大外枠	3-1-3-11/18	38.9%	190円
6	社台ファーム生産馬	2-4-1-7/14	50.0%	101円
7	前走3角1番手	5-0-1-19/25	24.0%	105円
8	父ゴールドアリュール	1-1-2-12/16	25.0%	212円
9	父キンシャサノキセキ	0-2-2-5/9	44.4%	117円
10	鮫島　克駿	0-1-2-3/6	50.0%	305円

下級条件（1勝C、未勝利）

順位	条件	成績	複勝率	複回値
1	社台ファーム生産馬	14-15-12-101/142	28.9%	92円
2	父サウスヴィグラス	11-17-10-98/136	27.9%	117円
3	ノーザンファーム生産馬	5-22-6-81/114	28.9%	113円
4	松山　弘平	7-15-5-55/82	32.9%	93円
5	藤岡　康太	7-8-8-49/72	31.9%	100円
6	ダーレージャパンファーム生産馬	7-7-8-38/60	36.7%	116円
7	母父フレンチデピュティ	6-3-10-66/85	22.4%	119円
8	福永　祐一	9-3-7-21/40	47.5%	105円
9	父パイロ	3-10-5-41/59	30.5%	96円
10	荻野　極	3-7-7-42/59	28.8%	111円

CHUKYO

ダ1400m

軸

押さえておこう!!

軸的基本データ(人気別成績)

	勝率	複勝率	単勝回収値	複勝回収値
1番人気	25.7% (-6.5)	61.1% (-2.7)	65円 (-13)	82円 (-1)
2~3番人気	17.6% (+1.5)	45.9% (-0.1)	90円 (+10)	84円 (+2)
4~5番人気	9.4% (+1.1)	29.3% (-0.3)	82円 (+3)	78円 (+1)
6~9番人気	3.6% (-0.1)	15.2% (-0.3)	73円 (-5)	73円 (-4)
10番人気以下	0.9% (+0.0)	4.3% (-0.2)	84円 (+20)	62円 (-2)

※カッコ内は平均値との差

鉄板力 混成ランキング[3着内数順]

儲かる軸馬の条件

上級条件(2勝C以上)

順位	条件	成績	複勝率	複回値
1	前走3角2~3番手	11-10-6-43/70	38.6%	87円
2	休み明け(中10週以上)	5-2-8-27/42	35.7%	101円
3	前走3角1番手	9-5-1-29/44	34.1%	91円
4	距離延長	3-8-3-29/43	32.6%	100円
5	社台ファーム生産馬	2-4-2-11/19	42.1%	107円
6	父サウスヴィグラス	2-4-1-5/12	58.3%	156円
7	父シニスターミニスター	4-2-1-5/12	58.3%	100円
8	母父サンデーサイレンス	3-2-2-9/16	43.8%	99円
9	前走下級1着/東京ダ1400	3-2-2-13/20	35.0%	90円
10	秋山　真一郎	3-1-2-3/9	66.7%	123円

下級条件(1勝C、未勝利)

順位	条件	成績	複勝率	複回値
1	前走馬体重500キロ以上	57-34-31-163/285	42.8%	90円
2	距離短縮	39-23-34-165/261	36.8%	89円
3	斤量53キロ以下	26-24-23-105/178	41.0%	89円
4	前走上がり3ハロン1位	21-28-20-90/159	43.4%	85円
5	前走3角1番手	19-11-8-54/92	41.3%	88円
6	最内枠	9-10-16-53/88	39.8%	89円
7	藤岡　康太	13-11-10-40/74	45.9%	100円
8	父ゴールドアリュール	11-12-9-37/69	46.4%	107円
9	前走同級4~5着/阪神ダ1400	13-9-6-37/65	43.1%	88円
10	前走同級4~5着/中京ダ1400	7-10-8-33/58	43.1%	98円

穴

中京

穴的基本データ(決着割合)

押さえておこう!!

決着		馬連での出現数	馬連での出現率	3連複での出現数	3連複での出現率
超堅	(1~3番人気)	105	30.0% (-0.9)	26	7.4% (-1.1)
超堅~順当	(1~5番人気)	204	58.3% (+0.6)	118	33.7% (-1.0)
超堅~中穴	(1~7番人気)	266	76.0% (-0.7)	197	56.3% (-3.7)
超堅~波乱	(1~9番人気)	305	87.1% (-0.9)	262	74.9% (-3.4)
大波乱	(4~18番人気)	61	17.4% (+2.2)	30	8.6% (+1.4)

※カッコ内は平均値との差

儲かるヒモの条件

破壊力 混成ランキング[3着内数順]

上級条件(2勝C以上)

順位	条件	成績	複勝率	複回値
1	関東馬	8-11-11-150/180	16.7%	100円
2	休み明け(中10週以上)	8-3-11-106/128	17.2%	117円
3	距離短縮	5-8-8-107/128	16.4%	108円
4	距離延長	5-10-6-101/122	17.2%	96円
5	前走上がり3ハロン1位	8-5-6-46/65	29.2%	92円
6	前走3角1番手	9-5-3-48/65	26.2%	91円
7	最内枠	3-4-3-36/46	21.7%	108円
8	母父サンデーサイレンス	4-2-2-39/47	17.0%	158円
9	前走下級1着/阪神ダ1400	4-1-3-13/21	38.1%	145円
10	父シニスターミニスター	5-2-1-13/21	38.1%	111円

下級条件(1勝C、未勝利)

順位	条件	成績	複勝率	複回値
1	父ゴールドアリュール	12-13-13-87/125	30.4%	90円
2	母父サンデーサイレンス	6-14-13-159/192	17.2%	95円
3	前走同級4~5着/中京ダ1400	8-11-12-65/96	32.3%	93円
4	母父フレンチデピュティ	9-11-8-73/101	27.7%	97円
5	幸 英明	7-7-10-68/92	26.1%	115円
6	父クロフネ	7-9-8-58/82	29.3%	94円
7	北村 友一	5-10-5-50/70	28.6%	105円
8	父ハーツクライ	5-5-6-38/54	29.6%	93円
9	母父Seeking the Gold	5-5-4-25/39	35.9%	188円
10	母父ディープインパクト	1-5-7-27/40	32.5%	108円

CHUKYO ダ1800m 軸

押さえておこう!!

軸的基本データ（人気別成績）

	勝率	複勝率	単勝回収値	複勝回収値
1番人気	35.2% (+3.0)	66.6% (+2.7)	86円 (+8)	87円 (+3)
2～3番人気	15.2% (-0.9)	47.4% (+1.4)	80円 (±0)	83円 (+1)
4～5番人気	7.8% (-0.5)	28.1% (-1.5)	73円 (-6)	73円 (-4)
6～9番人気	3.6% (-0.1)	15.5% (+0.0)	76円 (-1)	78円 (+2)
10番人気以下	0.9% (+0.0)	4.2% (-0.4)	87円 (+23)	63円 (-1)

※カッコ内は平均値との差

鉄板力 混成ランキング［3着内数順］

儲かる軸馬の条件

上級条件（2勝C以上）

順位	条件	成績	複勝率	複回値
1	関西馬	32-27-22-144/225	36.0%	88円
2	前走馬体重500キロ以上	17-17-16-77/127	39.4%	90円
3	同距離	16-14-14-81/125	35.2%	85円
4	前走3角2～3番手	10-11-5-31/57	45.6%	107円
5	距離延長	7-7-9-35/58	39.7%	91円
6	関東馬	7-7-8-32/54	40.7%	91円
7	前走3角1番手	3-7-2-14/26	46.2%	158円
8	父ゴールドアリュール	5-5-2-24/36	33.3%	97円
9	最内枠	3-2-3-15/23	34.8%	105円
10	川田　将雅	2-3-2-8/15	46.7%	96円

下級条件（1勝C、未勝利）

順位	条件	成績	複勝率	複回値
1	前走馬体重500キロ以上	66-72-61-247/446	44.6%	88円
2	前走3角2～3番手	52-71-54-208/385	46.0%	86円
3	斤量53キロ以下	42-45-40-192/319	39.8%	85円
4	前走3角1番手	34-18-27-91/170	46.5%	88円
5	大外枠	20-19-18-81/138	41.3%	89円
6	前走同級4～5着/中京ダ1800	10-13-16-46/85	45.9%	100円
7	藤岡　康太	11-12-7-43/73	41.1%	87円
8	母父フレンチデピュティ	13-8-8-27/56	51.8%	102円
9	連闘	9-8-12-31/60	48.3%	101円
10	松若　風馬	9-11-8-36/64	43.8%	96円

穴 中京

穴的基本データ（決着割合）

押さえておこう!!

決着		馬連での出現数	馬連での出現率	3連複での出現数	3連複での出現率
超堅	（1～3番人気）	147	32.3%（+1.4）	43	9.5%（+0.9）
超堅～順当	（1～5番人気）	262	57.6%（-0.1）	159	34.9%（+0.2）
超堅～中穴	（1～7番人気）	347	76.3%（-0.4）	272	59.8%（-0.2）
超堅～波乱	（1～9番人気）	411	90.3%（+2.3）	369	81.1%（+2.9）
大波乱	（4～18番人気）	66	14.5%（-0.7）	23	5.1%（-2.2）

※カッコ内は平均値との差

儲かるヒモの条件

破壊力 混成ランキング［3着内数順］

上級条件（2勝C以上）

順位	条件	成績	複勝率	複回値
1	前走3角2～3番手	11-13-8-74/106	30.2%	105円
2	前走3角1番手	3-9-3-25/40	37.5%	160円
3	父ゴールドアリュール	5-5-4-42/56	25.0%	95円
4	武　豊	5-1-3-11/20	45.0%	140円
5	斤量53キロ以下	3-1-5-49/58	15.5%	93円
6	川田　将雅	2-3-2-9/16	43.8%	90円
7	太宰　啓介	4-1-1-16/22	27.3%	113円
8	前走同級4～5着/阪神ダ1800	2-0-4-9/15	40.0%	102円
9	前走同級2～3着/阪神ダ1800	2-3-1-11/17	35.3%	95円
10	M.デムーロ	4-0-1-8/13	38.5%	138円

下級条件（1勝C、未勝利）

順位	条件	成績	複勝率	複回値
1	休み明け（中10週以上）	36-38-42-500/616	18.8%	93円
2	社台ファーム生産馬	27-29-31-263/350	24.9%	101円
3	藤岡　康太	15-14-9-75/113	33.6%	99円
4	松山　弘平	11-12-14-77/114	32.5%	110円
5	和田　竜二	7-9-10-58/84	31.0%	105円
6	小崎　綾也	7-4-10-49/70	30.0%	100円
7	西村　淳也	8-6-7-39/60	35.0%	98円
8	古川　吉洋	7-7-4-33/51	35.3%	113円
9	加藤　祥太	9-3-4-49/65	24.6%	156円
10	母父ゼンノロブロイ	7-1-8-75/91	17.6%	111円

CHUKYO ダ1900m

軸

押さえておこう!! 軸的基本データ（人気別成績）

	勝率	複勝率	単勝回収値	複勝回収値
1番人気	35.2% (+3.0)	62.7% (-1.2)	78円 (±0)	80円 (-3)
2～3番人気	18.0% (+1.9)	47.5% (+1.5)	90円 (+10)	85円 (+3)
4～5番人気	6.7% (-1.6)	31.3% (+1.7)	58円 (-21)	83円 (+5)
6～9番人気	3.4% (-0.3)	14.6% (-0.9)	70円 (-7)	71円 (-5)
10番人気以下	0.6% (-0.3)	5.1% (+0.5)	105円 (+42)	70円 (+5)

※カッコ内は平均値との差

鉄板力 混成ランキング［3着内数順］ 儲かる軸馬の条件

上級条件（2勝C以上）

順位	条件	成績	複勝率	複回値
1	休み明け(中10週以上)	3-5-3-13/24	45.8%	116円
2	前走3角10番手以下	5-5-1-16/27	40.7%	93円
3	前走3角2～3番手	3-2-5-22/32	31.3%	88円
4	距離短縮	4-1-4-11/20	45.0%	141円
5	ノーザンファーム生産馬	1-4-4-12/21	42.9%	99円
6	父キングカメハメハ	1-3-3-4/11	63.6%	125円
7	母父サンデーサイレンス	2-1-3-6/12	50.0%	126円
8	関東馬	2-1-3-13/19	31.6%	92円
9	川田　将雅	0-0-5-3/8	62.5%	158円
10	大外枠	1-3-1-4/9	55.6%	119円

下級条件（1勝C、未勝利）

順位	条件	成績	複勝率	複回値
1	前走馬体重500キロ以上	31-36-21-103/191	46.1%	93円
2	関東馬	17-23-17-74/131	43.5%	102円
3	ノーザンファーム生産馬	10-21-6-43/80	46.3%	85円
4	距離短縮	12-15-6-32/65	50.8%	108円
5	休み明け(中10週以上)	4-14-11-42/71	40.8%	97円
6	芝→ダ替わり	11-7-8-33/59	44.1%	91円
7	前走同級2～3着/中京ダ1900	7-6-8-19/40	52.5%	89円
8	父キングカメハメハ	11-4-3-16/34	52.9%	96円
9	前走3角1番手	4-6-7-17/34	50.0%	90円
10	大外枠	4-9-2-22/37	40.5%	87円

穴 中京

穴的基本データ(決着割合)

押さえておこう!!

決着		馬連での出現数	馬連での出現率	3連複での出現数	3連複での出現率
超堅	(1~3番人気)	47	33.1% (+2.2)	13	9.2% (+0.6)
超堅~順当	(1~5番人気)	88	62.0% (+4.3)	53	37.3% (+2.6)
超堅~中穴	(1~7番人気)	110	77.5% (+0.8)	84	59.2% (-0.8)
超堅~波乱	(1~9番人気)	129	90.8% (+2.9)	112	78.9% (+0.7)
大波乱	(4~18番人気)	19	13.4% (-1.8)	9	6.3% (-0.9)

※カッコ内は平均値との差

儲かるヒモの条件　破壊力 混成ランキング[3着内数順]

上級条件(2勝C以上)

順位	条件	成績	複勝率	複回値
1	休み明け(中10週以上)	3-6-5-53/67	20.9%	90円
2	ノーザンファーム生産馬	1-5-5-24/35	31.4%	108円
3	前走3角2~3番手	3-2-6-35/46	23.9%	101円
4	距離短縮	5-2-4-31/42	26.2%	99円
5	同距離	1-5-4-21/31	32.3%	119円
6	前走上がり3ハロン1位	1-4-2-16/23	30.4%	127円
7	前走下級1着/阪神ダ1800	3-1-1-4/9	55.6%	171円
8	川田　将雅	0-0-5-3/8	62.5%	158円
9	松田　大作	1-0-2-3/6	50.0%	192円
10	母父シンボリクリスエス	0-2-1-3/6	50.0%	177円

下級条件(1勝C、未勝利)

順位	条件	成績	複勝率	複回値
1	前走3角2~3番手	20-19-16-94/149	36.9%	99円
2	距離短縮	12-17-11-108/148	27.0%	93円
3	芝→ダ替わり	14-8-10-130/162	19.8%	91円
4	前走3角1番手	4-7-8-27/46	41.3%	97円
5	父クロフネ	4-2-7-17/30	43.3%	120円
6	北村　友一	3-7-2-11/23	52.2%	103円
7	父ゴールドアリュール	2-9-0-17/28	39.3%	159円
8	前走同級4~5着/中京ダ1900	5-3-3-14/25	44.0%	119円
9	M.デムーロ	2-3-5-3/13	76.9%	125円
10	吉田　隼人	3-2-4-16/25	36.0%	140円

本書に掲載した各コースのうち、複勝率が高い軸データTOP3と、複勝回収率が高い穴データTOP3の項目をピックアップしました。

※軸データ、穴データ共にサンプル数50以上のものに限る。

軸

1 中京芝2000 下級条件

前走同級2～3着/中京芝2000

着別度数 14-10-6-20/50 複勝率 60.0% 複回値 103円

2 中京芝1600 下級条件

父ダイワメジャー

着別度数 5-12-13-23/53 複勝率 56.6% 複回値 106円

3 中京ダ1800 下級条件

母父フレンチデピュティ

着別度数 13-8-8-27/56 複勝率 51.8% 複回値 102円

穴

1 中京芝1400 下級条件

父アドマイヤムーン

着別度数 9-3-1-46/59 複勝率 22.0% 複回値 167円

2 中京ダ1800 下級条件

加藤　祥太

着別度数 9-3-4-49/65 複勝率 24.6% 複回値 156円

3 中京芝2000 下級条件

丸山　元気

着別度数 4-6-8-33/51 複勝率 35.3% 複回値 135円

小倉競馬場

KOKURA RACE COURCE

芝1200m　芝2000m　ダ1700m

芝1700m　芝2600m

芝1800m　ダ1000m

鉄板軸

ローカル場

ダ2400m以上

ヒモ穴

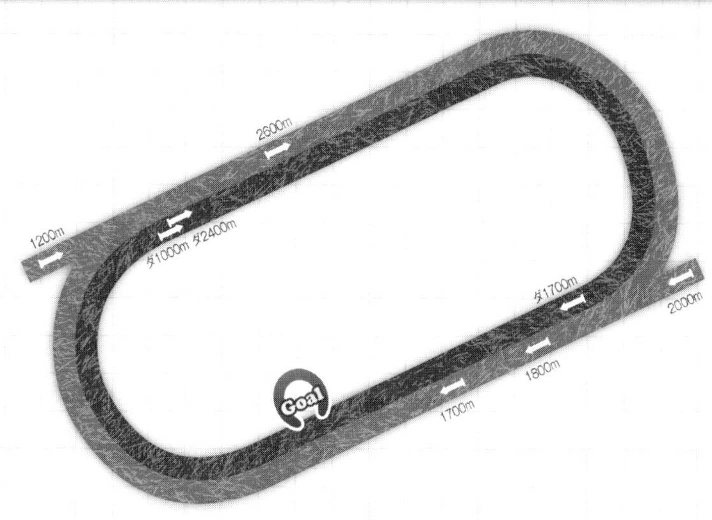

KOKURA

芝1200m

軸

押さえておこう!!

軸的基本データ(人気別成績)

	勝率	複勝率	単勝回収値	複勝回収値
1番人気	27.5% (-4.7)	57.5% (-6.4)	71円 (-7)	79円 (-4)
2～3番人気	16.3% (+0.2)	43.5% (-2.5)	83円 (+3)	81円 (-1)
4～5番人気	7.7% (-0.6)	28.6% (-1.1)	74円 (-5)	80円 (+3)
6～9番人気	4.3% (+0.6)	15.1% (-0.3)	84円 (+6)	78円 (+1)
10番人気以下	1.2% (+0.3)	5.7% (+1.1)	68円 (+5)	76円 (+12)

※カッコ内は平均値との差

鉄板力 混成ランキング[3着内数順]

儲かる軸馬の条件

上級条件(2勝C以上)

順位	条件	成績	複勝率	複回値
1	前走下級1着/小倉芝1200	14-9-12-43/78	44.9%	86円
2	父アドマイヤムーン	5-7-4-15/31	51.6%	121円
3	大外枠	5-6-4-19/34	44.1%	89円
4	武　豊	9-2-2-12/25	52.0%	104円
5	最内枠	3-4-6-27/40	32.5%	87円
6	父ダイワメジャー	6-3-2-17/28	39.3%	107円
7	前走下級1着/阪神芝1200	4-5-2-6/17	64.7%	107円
8	北村　友一	2-3-6-18/29	37.9%	91円
9	小牧　太	3-3-4-6/16	62.5%	152円
10	川須　栄彦	2-4-2-2/10	80.0%	189円

下級条件(1勝C、未勝利)

順位	条件	成績	複勝率	複回値
1	前走3角2～3番手	81-67-64-264/476	44.5%	89円
2	距離短縮	84-64-62-350/560	37.5%	86円
3	ダ→芝替わり	30-25-22-174/251	30.7%	92円
4	父ダイワメジャー	19-21-19-75/134	44.0%	97円
5	前走馬体重500キロ以上	26-15-16-89/146	39.0%	86円
6	最内枠	16-16-19-86/137	37.2%	86円
7	幸　英明	19-16-13-57/105	45.7%	95円
8	前走同級2～3着/中京芝1400	20-12-8-28/68	58.8%	101円
9	浜中　俊	7-17-11-37/72	48.6%	96円
10	川田　将雅	13-11-4-28/56	50.0%	96円

穴 小倉

穴的基本データ（決着割合）

押さえておこう!!

決着	馬連での出現数	馬連での出現率	3連複での出現数	3連複での出現率
超堅　（1〜3番人気）	169	31.2% (+0.3)	47	8.7% (+0.1)
超堅〜順当　（1〜5番人気）	297	54.9% (-2.8)	161	29.8% (-5.0)
超堅〜中穴　（1〜7番人気）	384	71.0% (-5.7)	273	50.5% (-9.5)
超堅〜波乱　（1〜9番人気）	442	81.7% (-6.3)	361	66.7% (-11.5)
大波乱　（4〜18番人気）	110	20.3% (+5.2)	68	12.6% (+5.4)

※カッコ内は平均値との差

儲かるヒモの条件

破壊力 混成ランキング［3着内数順］

上級条件（2勝C以上）

順位	条件	成績	複勝率	複回値
1	前走3角2〜3番手	17-21-21-167/226	26.1%	92円
2	前走下級1着/小倉芝1200	15-13-16-74/118	37.3%	124円
3	前走上がり3ハロン1位	10-11-10-62/93	33.3%	92円
4	大外枠	6-7-7-56/76	26.3%	136円
5	武　豊	9-2-2-14/27	48.1%	97円
6	前走下級1着/阪神芝1200	4-6-2-6/18	66.7%	139円
7	社台ファーム生産馬	4-4-3-29/40	27.5%	126円
8	小牧　太	3-4-4-18/29	37.9%	104円
9	距離延長	4-4-2-37/47	21.3%	140円
10	母父スペシャルウィーク	3-4-1-14/22	36.4%	188円

下級条件（1勝C、未勝利）

順位	条件	成績	複勝率	複回値
1	前走馬体重500キロ以上	33-21-25-202/281	28.1%	115円
2	父ダイワメジャー	22-28-25-185/260	28.8%	126円
3	北村　友一	19-19-15-114/167	31.7%	106円
4	松山　弘平	17-15-17-132/181	27.1%	98円
5	母父タイキシャトル	14-18-12-134/178	24.7%	99円
6	前走同級2〜3着/中京芝1400	20-12-8-28/68	58.8%	101円
7	母父フレンチデピュティ	12-8-14-96/130	26.2%	101円
8	前走同級6〜9着/中京芝1200	12-8-9-81/110	26.4%	98円
9	父ロードカナロア	12-9-6-60/87	31.0%	113円
10	父タイキシャトル	6-9-11-62/88	29.5%	106円

KOKURA

芝1700m

軸

押さえておこう!!

軸的基本データ(人気別成績)

	勝率	複勝率	単勝回収値	複勝回収値
1番人気	16.7% (-15.5)	50.0% (-13.9)	25円 (-53)	55円 (-28)
2~3番人気	33.3% (+17.3)	50.0% (+4.0)	177円 (+97)	77円 (-5)
4~5番人気	0.0% (-8.3)	25.0% (-4.6)	0円 (-79)	64円 (-13)
6~9番人気	4.2% (+0.5)	16.7% (+1.2)	66円 (-12)	52円 (-24)
10番人気以下	0.0% (-0.9)	11.8% (+7.2)	0円 (-64)	78円 (+14)

※カッコ内は平均値との差

鉄板力 混成ランキング[3着内数順]

儲かる軸馬の条件

上級条件(2勝C以上)

順位	条件	成績	複勝率	複回値
1				
2				
3				
4				
5				
6				
7				
8				
9				
10				

下級条件(1勝C、未勝利)

順位	条件	成績	複勝率	複回値
1	関西馬	5-5-3-14/27	48.1%	93円
2	距離短縮	3-3-1-7/14	50.0%	111円
3	前走上がり3ハロン1位	2-2-1-0/5	100.0%	148円
4	前走3角10番手以下	2-1-1-2/6	66.7%	152円
5	斤量53キロ以下	2-0-1-1/4	75.0%	160円
6	川田 将雅	2-1-0-1/4	75.0%	103円
7	大外枠	1-0-1-1/3	66.7%	170円
8	父マンハッタンカフェ	1-0-0-0/1	100.0%	390円
9	母父Machiavellian	1-0-0-0/1	100.0%	390円
10	母父ベーカバド	0-0-1-0/1	100.0%	340円

穴 小倉

穴的基本データ（決着割合）

押さえておこう!!

決着	馬連での出現数	馬連での出現率	3連複での出現数	3連複での出現率
超堅（1~3番人気）	2	33.3% (+2.4)	1	16.7% (+8.1)
超堅~順当（1~5番人気）	3	50.0% (-7.7)	2	33.3% (-1.4)
超堅~中穴（1~7番人気）	4	66.7% (-10.0)	4	66.7% (+6.7)
超堅~波乱（1~9番人気）	5	83.3% (-4.7)	5	83.3% (+5.1)
大波乱（4~18番人気）	0	0.0% (-15.2)	0	0.0% (-7.2)

※カッコ内は平均値との差

儲かるヒモの条件 破壊力 混成ランキング［3着内数順］

上級条件（2勝C以上）

順位	条件	成績	複勝率	複回値
1				
2				
3				
4				
5				
6				
7				
8				
9				
10				

下級条件（1勝C、未勝利）

順位	条件	成績	複勝率	複回値
1	前走上がり3ハロン1位	2-2-2-1/7	85.7%	157円
2	斤量53キロ以下	2-0-1-3/6	50.0%	107円
3	川田　将雅	2-1-0-1/4	75.0%	103円
4	幸　英明	0-1-1-2/4	50.0%	165円
5	大外枠	1-0-1-3/5	40.0%	102円
6	父マンハッタンカフェ	1-0-0-0/1	100.0%	390円
7	母父Machiavellian	1-0-0-0/1	100.0%	390円
8	母父フジキセキ	0-0-1-0/1	100.0%	360円
9	前走同級4~5着/小倉芝1800	0-0-1-0/1	100.0%	360円
10	母父ベーカバド	0-0-1-0/1	100.0%	340円

KOKURA

芝1800m

軸

軸的基本データ（人気別成績）

押さえておこう!!

	勝率	複勝率	単勝回収値	複勝回収値
1番人気	32.5% (+0.3)	60.6% (-3.2)	79円 (+1)	80円 (-4)
2～3番人気	15.0% (-1.1)	44.6% (-1.4)	74円 (-6)	79円 (-3)
4～5番人気	8.3% (+0.0)	30.7% (+1.1)	75円 (-4)	77円 (±0)
6～9番人気	4.2% (+0.6)	16.1% (+0.6)	79円 (+1)	71円 (-5)
10番人気以下	0.9% (+0.0)	5.1% (+0.6)	61円 (-2)	66円 (+1)

※カッコ内は平均値との差

鉄板力 混成ランキング［3着内数順］

儲かる軸馬の条件

上級条件（2勝C以上）

順位	条件	成績	複勝率	複回値
1	ノーザンファーム生産馬	10-11-10-47/78	39.7%	93円
2	前走3角2～3番手	15-8-8-38/69	44.9%	92円
3	休み明け(中10週以上)	6-4-8-34/52	34.6%	94円
4	父ディープインパクト	6-5-6-20/37	45.9%	115円
5	前走3角1番手	7-2-3-18/30	40.0%	110円
6	前走上がり3ハロン1位	1-5-6-18/30	40.0%	98円
7	関東馬	5-1-4-23/33	30.3%	87円
8	父ネオユニヴァース	2-3-4-5/14	64.3%	156円
9	最内枠	4-3-2-15/24	37.5%	103円
10	社台ファーム生産馬	2-3-4-20/29	31.0%	85円

下級条件（1勝C、未勝利）

順位	条件	成績	複勝率	複回値
1	距離延長	49-51-52-220/372	40.9%	89円
2	斤量53キロ以下	21-11-16-94/142	33.8%	86円
3	前走馬体重500キロ以上	19-14-8-59/100	41.0%	86円
4	最内枠	13-11-14-54/92	41.3%	94円
5	母父サンデーサイレンス	14-13-10-41/78	47.4%	101円
6	北村　友一	6-12-11-32/61	47.5%	88円
7	前走同級2～3着/中京芝1600	16-7-5-16/44	63.6%	93円
8	浜中　俊	14-7-6-35/62	43.5%	87円
9	母父フレンチデピュティ	9-7-10-24/50	52.0%	99円
10	松山　弘平	8-9-6-34/57	40.4%	94円

穴 小倉

穴的基本データ（決着割合）

押さえておこう!!

決着		馬連での出現数	馬連での出現率	3連複での出現数	3連複での出現率
超堅	（1～3番人気）	89	32.1%（+1.2）	18	6.5%（-2.1）
超堅～順当	（1～5番人気）	155	56.0%（-1.7）	81	29.2%（-5.5）
超堅～中穴	（1～7番人気）	217	78.3%（+1.7）	168	60.6%（+0.7）
超堅～波乱	（1～9番人気）	245	88.4%（+0.5）	212	76.5%（-1.7）
大波乱	（4～18番人気）	48	17.3%（+2.1）	19	6.9%（-0.4）

※カッコ内は平均値との差

儲かるヒモの条件　破壊力 混成ランキング［3着内数順］

上級条件（2勝C以上）

順位	条件	成績	複勝率	複回値
1	関西馬	33-35-34-312/414	24.6%	96円
2	距離短縮	20-14-19-170/223	23.8%	100円
3	前走3角2～3番手	17-11-10-74/112	33.9%	114円
4	ノーザンファーム生産馬	11-15-11-72/109	33.9%	122円
5	同距離	15-15-7-105/142	26.1%	91円
6	前走馬体重500キロ以上	10-9-7-67/93	28.0%	92円
7	距離延長	3-9-12-76/100	24.0%	97円
8	父ディープインパクト	7-6-8-31/52	40.4%	135円
9	前走3角1番手	7-4-5-32/48	33.3%	153円
10	最内枠	4-4-6-24/38	36.8%	175円

下級条件（1勝C、未勝利）

順位	条件	成績	複勝率	複回値
1	ノーザンファーム生産馬	39-33-23-228/323	29.4%	91円
2	母父サンデーサイレンス	14-15-15-128/172	25.6%	93円
3	大外枠	12-5-19-139/175	20.6%	94円
4	北村　友一	7-12-14-56/89	37.1%	100円
5	前走同級2～3着/中京芝1600	16-8-5-16/45	64.4%	102円
6	松山　弘平	9-11-8-66/94	29.8%	92円
7	父ダイワメジャー	8-12-4-54/78	30.8%	94円
8	幸　英明	5-6-10-67/88	23.9%	122円
9	母父シンボリクリスエス	7-8-5-35/55	36.4%	99円
10	前走同級2～3着/中京芝2000	10-5-4-15/34	55.9%	97円

KOKURA

芝2000m

軸

軸的基本データ（人気別成績）

押さえておこう!!

	勝率	複勝率	単勝回収値	複勝回収値
1番人気	29.8% (-2.4)	60.7% (-3.2)	72円 (-6)	80円 (-4)
2～3番人気	16.8% (+0.7)	46.0% (+0.0)	80円 (-1)	82円 (±0)
4～5番人気	9.0% (+0.7)	29.0% (-0.6)	81円 (+2)	74円 (-3)
6～9番人気	3.5% (-0.1)	16.8% (+1.3)	73円 (-5)	81円 (+5)
10番人気以下	1.0% (+0.1)	4.9% (+0.4)	69円 (+5)	65円 (+1)

※カッコ内は平均値との差

鉄板力 混成ランキング［3着内数順］

儲かる軸馬の条件

上級条件（2勝C以上）

順位	条件	成績	複勝率	複回値
1	斤量53キロ以下	5-6-6-25/42	40.5%	93円
2	前走3角10番手以下	4-8-4-22/38	42.1%	106円
3	父ディープインパクト	3-6-7-22/38	42.1%	98円
4	前走上がり3ハロン1位	7-5-1-17/30	43.3%	86円
5	川田　将雅	5-3-3-9/20	55.0%	88円
6	社台ファーム生産馬	2-2-4-10/18	44.4%	103円
7	母父トニービン	2-2-3-8/15	46.7%	122円
8	大外枠	4-2-1-14/21	33.3%	91円
9	前走3角1番手	2-3-2-14/21	33.3%	87円
10	関東馬	0-2-4-8/14	42.9%	104円

下級条件（1勝C、未勝利）

順位	条件	成績	複勝率	複回値
1	同距離	90-90-73-353/606	41.7%	88円
2	前走3角10番手以下	28-41-34-177/280	36.8%	85円
3	ノーザンファーム生産馬	43-23-22-123/211	41.7%	87円
4	前走上がり3ハロン1位	26-26-16-66/134	50.7%	94円
5	父ディープインパクト	20-24-14-76/134	43.3%	88円
6	関東馬	16-18-19-91/144	36.8%	100円
7	斤量53キロ以下	11-14-15-84/124	32.3%	88円
8	最内枠	13-17-9-47/86	45.3%	94円
9	父ハーツクライ	11-15-12-42/80	47.5%	91円
10	父ステイゴールド	8-6-13-45/72	37.5%	89円

小倉

穴的基本データ(決着割合)

押さえておこう!!

決着		馬連での出現数	馬連での出現率	3連複での出現数	3連複での出現率
超堅	(1~3番人気)	74	28.2% (-2.7)	29	11.1% (+2.5)
超堅~順当	(1~5番人気)	145	55.3% (-2.3)	84	32.1% (-2.7)
超堅~中穴	(1~7番人気)	204	77.9% (+1.2)	163	62.2% (+2.3)
超堅~波乱	(1~9番人気)	232	88.5% (+0.6)	206	78.6% (+0.4)
大波乱	(4~18番人気)	36	13.7% (-1.4)	16	6.1% (-1.1)

※カッコ内は平均値との差

儲かるヒモの条件

破壊力 混成ランキング[3着内数順]

上級条件(2勝C以上)

順位	条件	成績	複勝率	複回値
1	距離延長	9-15-8-89/121	26.4%	117円
2	ノーザンファーム生産馬	8-11-9-69/97	28.9%	104円
3	前走3角10番手以下	6-10-6-52/74	29.7%	105円
4	休み明け(中10週以上)	7-9-6-66/88	25.0%	96円
5	斤量53キロ以下	6-8-7-70/91	23.1%	97円
6	父ディープインパクト	4-7-7-34/52	34.6%	96円
7	母父サンデーサイレンス	3-6-3-34/46	26.1%	139円
8	大外枠	4-4-2-24/34	29.4%	104円
9	父ハービンジャー	4-4-1-13/22	40.9%	149円
10	母父トニービン	3-2-3-12/20	40.0%	131円

下級条件(1勝C、未勝利)

順位	条件	成績	複勝率	複回値
1	前走上がり3ハロン1位	20-20-12-62/114	45.6%	99円
2	父ハーツクライ	12-17-16-86/131	34.4%	109円
3	前走同級6~9着/中京芝2000	11-10-8-87/116	25.0%	105円
4	川田　将雅	10-10-8-18/46	60.9%	143円
5	前走同級2~3着/中京芝2000	7-12-7-32/58	44.8%	97円
6	幸　英明	5-10-11-65/91	28.6%	91円
7	前走同級2~3着/小倉芝1800	5-8-12-24/49	51.0%	99円
8	母父ダンスインザダーク	9-8-7-74/98	24.5%	91円
9	藤岡　佑介	9-7-4-39/59	33.9%	92円
10	前走同級6~9着/小倉芝2000	1-5-11-95/112	15.2%	124円

KOKURA

芝2600m

軸

押さえておこう!!

軸的基本データ(人気別成績)

	勝率	複勝率	単勝回収値	複勝回収値
1番人気	36.1% (+3.9)	57.4% (-6.5)	95円 (+17)	80円 (-4)
2～3番人気	13.1% (-3.0)	38.5% (-7.5)	63円 (-17)	66円 (-15)
4～5番人気	9.0% (+0.7)	36.9% (+7.3)	77円 (-2)	92円 (+15)
6～9番人気	3.3% (-0.3)	18.8% (+3.3)	49円 (-29)	85円 (+8)
10番人気以下	1.7% (+0.8)	4.8% (+0.2)	117円 (+53)	44円 (-20)

※カッコ内は平均値との差

鉄板力 混成ランキング[3着内数順]

儲かる軸馬の条件

上級条件(2勝C以上)

順位	条件	成績	複勝率	複回値
1	藤岡　康太	1-2-2-1/6	83.3%	170円
2	関東馬	3-2-0-5/10	50.0%	120円
3	前走馬体重500キロ以上	2-1-1-9/13	30.8%	92円
4	前走3角2～3番手	1-0-3-8/12	33.3%	88円
5	前走上がり3ハロン1位	2-1-1-5/9	44.4%	86円
6	前走下級1着/小倉芝2600	3-0-0-2/5	60.0%	140円
7	父ハーツクライ	2-0-1-3/6	50.0%	125円
8	父ハービンジャー	1-1-1-3/6	50.0%	120円
9	父キングカメハメハ	1-1-1-1/4	75.0%	103円
10	同距離	3-0-0-4/7	42.9%	100円

下級条件(1勝C、未勝利)

順位	条件	成績	複勝率	複回値
1	関西馬	25-30-23-124/202	38.6%	91円
2	距離延長	21-22-20-89/152	41.4%	92円
3	ノーザンファーム生産馬	9-9-6-38/62	38.7%	85円
4	前走3角10番手以下	6-10-7-39/62	37.1%	94円
5	前走馬体重500キロ以上	11-4-5-32/52	38.5%	87円
6	関東馬	8-4-5-35/52	32.7%	86円
7	父ハーツクライ	6-1-6-10/23	56.5%	121円
8	休み明け(中10週以上)	4-4-5-24/37	35.1%	86円
9	父ディープインパクト	2-6-3-15/26	42.3%	109円
10	最内枠	4-5-1-9/19	52.6%	120円

穴 小倉

穴的基本データ（決着割合）

押さえておこう!!

決着		馬連での出現数	馬連での出現率	3連複での出現数	3連複での出現率
超堅	(1〜3番人気)	16	26.2% (-4.7)	3	4.9% (-3.6)
超堅〜順当	(1〜5番人気)	34	55.7% (-1.9)	18	29.5% (-5.2)
超堅〜中穴	(1〜7番人気)	49	80.3% (+3.7)	37	60.7% (+0.7)
超堅〜波乱	(1〜9番人気)	54	88.5% (+0.5)	50	82.0% (+3.8)
大波乱	(4〜18番人気)	13	21.3% (+6.1)	7	11.5% (+4.3)

※カッコ内は平均値との差

儲かるヒモの条件　破壊力 混成ランキング［3着内数順］

上級条件（2勝C以上）

順位	条件	成績	複勝率	複回値
1	関東馬	4-3-0-18/25	28.0%	117円
2	ノーザンファーム生産馬	2-2-2-9/15	40.0%	105円
3	藤岡　康太	1-2-2-1/6	83.3%	170円
4	前走3角2〜3番手	2-0-3-12/17	29.4%	122円
5	前走馬体重500キロ以上	2-2-1-14/19	26.3%	99円
6	父ハーツクライ	2-1-1-5/9	44.4%	159円
7	前走同級10着以下/東京芝2400	1-1-1-1/4	75.0%	453円
8	前走下級1着/小倉芝2600	3-0-0-2/5	60.0%	140円
9	父ハービンジャー	1-1-1-3/6	50.0%	120円
10	同距離	3-0-0-4/7	42.9%	100円

下級条件（1勝C、未勝利）

順位	条件	成績	複勝率	複回値
1	父ハーツクライ	6-1-7-18/32	43.8%	107円
2	松若　風馬	2-3-3-10/18	44.4%	156円
3	前走同級10着以下/中京芝2200	2-1-4-16/23	30.4%	228円
4	藤岡　佑介	3-2-1-7/13	46.2%	183円
5	丹内　祐次	0-3-3-10/16	37.5%	114円
6	松山　弘平	1-2-2-9/14	35.7%	212円
7	母父スペシャルウィーク	1-3-1-4/9	55.6%	186円
8	鮫島　克駿	2-1-2-12/17	29.4%	155円
9	母父ダンスインザダーク	3-2-0-12/17	29.4%	107円
10	母父クロフネ	3-1-1-6/11	45.5%	106円

KOKURA

ダ1000m

軸

押さえておこう!!

軸的基本データ（人気別成績）

	勝率	複勝率	単勝回収値	複勝回収値
1番人気	28.5% (-3.7)	62.0% (-1.9)	73円 (-5)	82円 (-2)
2～3番人気	16.5% (+0.4)	46.6% (+0.6)	85円 (+5)	81円 (-1)
4～5番人気	9.5% (+1.2)	29.6% (-0.1)	90円 (+11)	73円 (-5)
6～9番人気	4.1% (+0.5)	16.7% (+1.2)	74円 (-3)	79円 (+3)
10番人気以下	0.6% (-0.3)	4.2% (-0.3)	35円 (-29)	54円 (-11)

※カッコ内は平均値との差

鉄板力 混成ランキング［3着内数順］

儲かる軸馬の条件

上級条件（2勝C以上）

順位	条件	成績	複勝率	複回値
1	距離短縮	2-1-2-8/13	38.5%	88円
2	前走馬体重500キロ以上	1-1-1-2/5	60.0%	138円
3	母父サンデーサイレンス	2-0-0-0/2	100.0%	300円
4	前走同級6～9着/阪神ダ1200	1-1-0-0/2	100.0%	230円
5	休み明け(中10週以上)	1-0-1-3/5	40.0%	106円
6	酒井　学	1-0-0-0/1	100.0%	340円
7	ダーレージャパンファーム生産馬	1-0-0-0/1	100.0%	340円
8	父タイキシャトル	1-0-0-0/1	100.0%	260円
9	水口　優也	1-0-0-0/1	100.0%	260円
10	母父アグネスデジタル	0-1-0-0/1	100.0%	200円

下級条件（1勝C、未勝利）

順位	条件	成績	複勝率	複回値
1	斤量53キロ以下	36-32-28-123/219	43.8%	86円
2	前走3角1番手	40-26-22-103/191	46.1%	87円
3	最内枠	15-12-9-44/80	45.0%	89円
4	大外枠	14-11-9-46/80	42.5%	91円
5	父サウスヴィグラス	15-11-5-42/73	42.5%	92円
6	幸　英明	12-7-7-29/55	47.3%	91円
7	前走同級2～3着/中京ダ1200	11-9-4-12/36	66.7%	102円
8	母父サンデーサイレンス	6-7-9-24/46	47.8%	97円
9	前走同級6～9着/中京ダ1200	8-5-5-21/39	46.2%	103円
10	父キンシャサノキセキ	3-9-5-12/29	58.6%	114円

穴 小倉

穴的基本データ（決着割合）

押さえておこう!!

決着		馬連での出現数	馬連での出現率	3連複での出現数	3連複での出現率
超　堅	（1〜3番人気）	56	28.0%（-2.9）	16	8.0%（-0.6）
超堅〜順当	（1〜5番人気）	109	54.5%（-3.2）	65	32.5%（-2.2）
超堅〜中穴	（1〜7番人気）	157	78.5%（+1.8）	119	59.5%（-0.5）
超堅〜波乱	（1〜9番人気）	185	92.5%（+4.5）	163	81.5%（+3.3）
大波乱	（4〜18番人気）	26	13.0%（-2.2）	8	4.0%（-3.2）

※カッコ内は平均値との差

儲かるヒモの条件　破壊力 混成ランキング［3着内数順］

上級条件（2勝C以上）

順位	条件	成績	複勝率	複回値
1	前走3角2〜3番手	1-1-1-8/11	27.3%	99円
2	前走馬体重500キロ以上	1-1-1-4/7	42.9%	99円
3	母父サンデーサイレンス	2-0-0-0/2	100.0%	300円
4	前走同級6〜9着/阪神ダ1200	1-1-0-1/3	66.7%	153円
5	秋山　真一郎	0-1-0-0/1	100.0%	600円
6	酒井　学	1-0-0-0/1	100.0%	340円
7	ダーレージャパンファーム生産馬	1-0-0-0/1	100.0%	340円
8	父キンシャサノキセキ	0-1-0-1/2	50.0%	300円
9	前走同級10着以下/阪神ダ1200	0-1-0-1/2	50.0%	300円
10	母父タイキシャトル	1-0-0-0/12	100.0%	260円

下級条件（1勝C、未勝利）

順位	条件	成績	複勝率	複回値
1	大外枠	15-13-15-118/161	26.7%	93円
2	父サウスヴィグラス	17-13-7-95/132	28.0%	98円
3	幸　英明	12-8-10-52/82	36.6%	119円
4	前走同級2〜3着/中京ダ1200	11-9-4-12/36	66.7%	102円
5	松若　風馬	9-8-7-53/77	31.2%	91円
6	前走同級4〜5着/中京ダ1200	7-6-6-21/40	47.5%	115円
7	前走同級6〜9着/小倉ダ1000	3-5-9-66/83	20.5%	96円
8	前走同級6〜9着/阪神ダ1200	5-6-6-55/72	23.6%	95円
9	母父タイキシャトル	4-6-5-42/57	26.3%	124円
10	川田　将雅	3-7-3-6/19	68.4%	128円

K O K U R A

ダ1700m

軸

押さえておこう!!

軸的基本データ（人気別成績）

	勝率	複勝率	単勝回収値	複勝回収値
1番人気	27.4% (-4.8)	60.8% (-3.0)	70円 (-8)	82円 (-2)
2～3番人気	16.2% (+0.2)	43.9% (-2.1)	81円 (+1)	79円 (-3)
4～5番人気	8.2% (-0.1)	28.5% (-1.2)	72円 (-7)	81円 (+3)
6～9番人気	4.1% (+0.5)	15.0% (-0.4)	78円 (±0)	72円 (-4)
10番人気以下	1.2% (+0.3)	5.8% (+1.3)	85円 (+21)	79円 (+15)

※カッコ内は平均値との差

鉄板力 混成ランキング［3着内数順］

儲かる軸馬の条件

上級条件（2勝C以上）

順位	条件	成績	複勝率	複回値
1	前走馬体重500キロ以上	16-21-18-82/137	40.1%	89円
2	前走3角2～3番手	13-12-8-53/86	38.4%	97円
3	前走3角1番手	8-9-4-28/49	42.9%	92円
4	母父サンデーサイレンス	3-5-5-18/31	41.9%	100円
5	幸　英明	3-4-4-15/26	42.3%	102円
6	大外枠	4-4-3-14/25	44.0%	88円
7	松山　弘平	1-5-4-11/21	47.6%	108円
8	最内枠	1-2-6-20/29	31.0%	86円
9	父ネオユニヴァース	4-1-3-10/18	44.4%	97円
10	前走同級2～3着/中京ダ1800	5-2-1-7/15	53.3%	90円

下級条件（1勝C、未勝利）

順位	条件	成績	複勝率	複回値
1	前走馬体重500キロ以上	62-67-52-259/440	41.1%	85円
2	最内枠	19-24-15-89/147	39.5%	96円
3	母父サンデーサイレンス	19-13-17-81/130	37.7%	89円
4	浜中　俊	20-10-11-51/92	44.6%	101円
5	藤岡　康太	11-9-14-46/80	42.5%	97円
6	父シンボリクリスエス	12-12-5-38/67	43.3%	93円
7	藤岡　佑介	9-12-7-34/62	45.2%	103円
8	母父フレンチデピュティ	10-6-9-26/51	49.0%	114円
9	母父フジキセキ	9-6-10-26/51	49.0%	98円
10	父エンパイアメーカー	12-5-7-31/55	43.6%	94円

穴 小倉

穴的基本データ（決着割合）

押さえておこう!!

決着		馬連での出現数	馬連での出現率	3連複での出現数	3連複での出現率
超堅	(1～3番人気)	114	26.3% (-4.7)	31	7.1% (-1.4)
超堅～順当	(1～5番人気)	221	50.9% (-6.8)	128	29.5% (-5.2)
超堅～中穴	(1～7番人気)	316	72.8% (-3.9)	233	53.7% (-6.3)
超堅～波乱	(1～9番人気)	365	84.1% (-3.9)	300	69.1% (-9.1)
大波乱	(4～18番人気)	75	17.3% (+2.1)	40	9.2% (+2.0)

※カッコ内は平均値との差

儲かるヒモの条件

破壊力 混成ランキング［3着内数順］

上級条件（2勝C以上）

順位	条件	成績	複勝率	複回値
1	前走馬体重500キロ以上	21-26-26-188/261	28.0%	105円
2	前走3角2～3番手	18-15-9-101/143	29.4%	108円
3	距離延長	6-14-11-123/154	20.1%	94円
4	大外枠	6-6-4-39/55	29.1%	136円
5	幸　英明	4-5-5-27/41	34.1%	122円
6	北村　友一	4-3-5-21/33	36.4%	208円
7	最内枠	2-3-7-43/55	21.8%	92円
8	父ネオユニヴァース	5-2-4-23/34	32.4%	93円
9	父カネヒキリ	2-1-5-6/14	57.1%	174円
10	母父ブライアンズタイム	2-2-4-28/36	22.2%	140円

下級条件（1勝C、未勝利）

順位	条件	成績	複勝率	複回値
1	前走上がり3ハロン1位	22-25-25-153/225	32.0%	100円
2	浜中　俊	20-11-13-68/112	39.3%	96円
3	父キングカメハメハ	17-15-9-77/118	34.7%	137円
4	父シンボリクリスエス	12-12-8-77/109	29.4%	100円
5	父エンパイアメーカー	12-5-11-77/105	26.7%	96円
6	母父ダンスインザダーク	6-13-7-81/107	24.3%	101円
7	母父アグネスタキオン	5-12-9-100/126	20.6%	91円
8	前走同級6～9着/中京ダ1800	6-8-11-153/178	14.0%	93円
9	前走同級6～9着/阪神ダ1800	7-6-11-91/115	20.9%	116円
10	前走同級2～3着/中京ダ1400	13-6-4-21/44	52.3%	94円

LOCAL

ダ2400m以上

軸

押さえておこう!!

軸的基本データ(人気別成績)

	勝率	複勝率	単勝回収値	複勝回収値
1番人気	20.5% (-11.7)	52.1% (-11.8)	48円 (-30)	70円 (-14)
2~3番人気	20.5% (+4.5)	52.1% (+6.1)	106円 (+25)	101円 (+19)
4~5番人気	9.6% (+1.3)	26.7% (-2.9)	93円 (+13)	77円 (±0)
6~9番人気	3.2% (-0.5)	18.2% (+2.8)	60円 (-18)	85円 (+8)
10番人気以下	2.3% (+1.4)	6.5% (+2.0)	91円 (+28)	70円 (+5)

※カッコ内は平均値との差

鉄板力 混成ランキング[3着内数順]

儲かる軸馬の条件

上級条件(2勝C以上)

順位	条件	成績	複勝率	複回値
1	前走3角10番手以下	6-5-6-30/47	36.2%	89円
2	前走同級2~3着/東京ダ2100	3-3-2-3/11	72.7%	129円
3	大外枠	2-3-3-10/18	44.4%	94円
4	母父マンハッタンカフェ	2-3-1-4/10	60.0%	128円
5	父キングカメハメハ	1-3-2-13/19	31.6%	96円
6	ノーザンファーム生産馬	3-2-1-14/20	30.0%	95円
7	関東馬	1-3-2-14/20	30.0%	88円
8	柴田　大知	4-1-0-3/8	62.5%	110円
9	田辺　裕信	0-1-4-6/11	45.5%	103円
10	前走同級6~9着/中山ダ1800	2-0-2-2/6	66.7%	252円

下級条件(1勝C、未勝利)

順位	条件	成績	複勝率	複回値
1	距離延長	40-50-53-237/380	37.6%	89円
2	関西馬	28-28-40-166/262	36.6%	92円
3	同距離	36-21-25-108/190	43.2%	98円
4	関東馬	34-26-18-96/174	44.8%	105円
5	前走3角2~3番手	16-17-18-71/122	41.8%	94円
6	前走3角10番手以下	12-19-12-66/109	39.4%	94円
7	休み明け(中10週以上)	12-9-7-29/57	49.1%	99円
8	芝→ダ替わり	10-5-11-32/58	44.8%	130円
9	斤量53キロ以下	4-15-5-38/62	38.7%	103円
10	社台ファーム生産	12-5-6-20/43	53.5%	126円

穴 ローカル

穴的基本データ（決着割合）

押さえておこう!!

決着	馬連での出現数	馬連での出現率	3連複での出現数	3連複での出現率
超堅　（1～3番人気）	7868	30.7% (-0.2)	2166	8.5% (-0.1)
超堅～順当（1～5番人気）	14721	57.5% (-0.2)	8826	34.5% (-0.3)
超堅～中穴（1～7番人気）	19588	76.5% (-0.1)	15288	59.7% (-0.2)
超堅～波乱（1～9番人気）	22488	87.8% (-0.2)	19961	78.0% (-0.2)
大波乱（4～18番人気）	3906	15.3% (+0.1)	1866	7.3% (+0.1)

※カッコ内は平均値との差

儲かるヒモの条件

破壊力 混成ランキング［3着内数順］

上級条件（2勝C以上）

順位	条件	成績	複勝率	複回値
1	母父サンデーサイレンス	4-7-1-38/50	24.0%	90円
2	母父ブライアンズタイム	3-4-3-14/24	41.7%	160円
3	父キングカメハメハ	4-3-2-20/29	31.0%	149円
4	前走同級2～3着/東京ダ2100	3-3-2-4/12	66.7%	118円
5	母父エルコンドルパサー	2-1-3-11/17	35.3%	168円
6	田辺　裕信	1-1-4-9/15	40.0%	143円
7	前走同級6～9着/中山ダ1800	2-0-3-5/10	50.0%	273円
8	母父アフリート	2-0-3-5/10	50.0%	150円
9	戸崎　圭太	1-1-3-11/16	31.3%	119円
10	関西馬	2-1-2-8/13	38.5%	102円

下級条件（1勝C、未勝利）

順位	条件	成績	複勝率	複回値
1	関東馬	228-26-24-248/326	23.9%	132円
2	距離延長	21-23-28-215/287	25.1%	112円
3	前走3角2～3番手	14-13-14-75/116	35.3%	143円
4	前走3角10番手以下	9-8-16-97/130	25.4%	186円
5	同距離	11-8-6-48/73	34.2%	98円
6	休み明け（中10週以上）	11-6-7-51/75	32.0%	109円
7	社台ファーム生産馬	9-4-7-19/39	51.3%	143円
8	斤量53キロ以下	3-10-6-60/79	24.1%	165円
9	前走同級6～9着/東京ダ2100	6-5-4-16/31	48.4%	216円
10	勝浦　正樹	3-7-3-16/29	44.8%	181円

鉄板力&破壊力ランキング

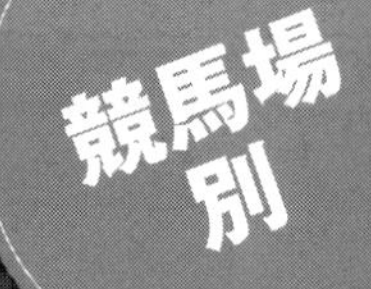

本書に掲載した各コースのうち、複勝率が高い軸データTOP3と、複勝回収率が高い穴データTOP3の項目をピックアップしました。

※軸データ、穴データ共にサンプル数50以上のものに限る。

軸

1 小倉芝1200 下級条件

前走同級2～3着/中京芝1400

着別度数 20-12-8-28/68 複勝率 58.8% 複回値 101円

2 小倉芝1800 下級条件

母父フレンチデピュティ

着別度数 9-7-10-24/50 複勝率 52.0% 複回値 99円

3 小倉芝2000 下級条件

前走上がり3ハロン1位

着別度数 26-26-16-66/134 複勝率 50.7% 複回値 94円

穴

1 小倉ダ1700 下級条件

父キングカメハメハ

着別度数 17-15-9-77/118 複勝率 34.7% 複回値 137円

2 小倉芝1200 上級条件

大外枠

着別度数 6-7-7-56/76 複勝率 26.3% 複回値 136円

3 小倉芝1800 上級条件

父ディープインパクト

着別度数 7-6-8-31/52 複勝率 40.4% 複回値 135円

鉄板軸

ヒモ穴

データで解析！

軸穴を活用した正しい馬券術

軸該当数は多ければ多いほど好走率は高まるのか？

これまで、本シリーズを手に取ってくれた読者の方々は、恐らく何の疑いもなく、「軸」と「穴」の混成ランキングデータを活用されていたと思います。綿密なデータから出された「買い」のデータですから、当然そんなおかしな結果になっているはずはないのですが、それでも本当に信頼して良いデータなのかどうかは気になるところでしょう。そこで今作では、前作の「3分で美味しい軸馬が見つかる本」、及び「3分で美味しい穴馬が見つかる本」で掲載したデータを徹底検証するページを設けました。

データで弾き出された「買い項目」が、果たして当たっているのかどうか。当たっていても、外れていても、徹底検証することで、今後の馬券戦略のヒントになるものが浮かび上がってくるかも知れませんので、是非お役立て下さい。

さて、検証の第一弾は「軸該当数は多ければ多いほど好走率は高まるのか？」についてです。本書の根幹をなす混成ランキングデータから導き出された「買い」の条件だけに、「該当数が多ければ多いほど良いはず」と考えるのは当然のことと思います。では果たしてどうなのか。その検証となります。

最初に見て頂きたいのは、「対象レース全成績（オッズ縛りなし）」のデータです。これは前作発売後（2019年4月6日）から、今年の5月30日終了時点までの、新馬戦と障害レースを除く、前作の掲載コースに出走した馬すべての合算データとなります。ここにある勝率などの各データは、出走馬全頭分をベタ買いした場合の数字で、これが「基準データ」となります。

対象レース全成績（オッズ縛りなし）

	総数	1着	2着	3着	勝率	連対率	複勝率	単回率	複回率
合計	92152	6651	6632	6641	7.2	14.4	21.6	73.7	74.5

軸／該当数別成績（オッズ縛りなし）

軸該当数	総数	1着	2着	3着	勝率	連対率	複勝率	単回率	複回率
0	37835	2381	2570	2569	6.3	13.1	19.9	71.7	73.8
1	32208	2370	2318	2386	7.4	14.6	22.0	74.8	75.0
2	15474	1276	1184	1126	8.2	15.9	23.2	74.7	74.0
3	5221	471	444	453	9.0	17.5	26.2	75.1	79.1
4	1217	123	101	94	10.1	18.4	26.1	65.5	69.1
5	172	26	12	12	15.1	22.1	29.1	221.9	72.8
6	25	4	3	1	16.0	28.0	32.0	125.2	81.2
1個以上	54317	4270	4062	4072	7.9	15.3	22.8	75.0	74.9
2個以上	22109	1900	1744	1686	8.6	16.5	24.1	75.5	74.9
3個以上	6635	624	560	560	9.4	17.8	26.3	77.3	77.1
4個以上	1414	153	116	107	10.8	19.0	26.6	85.6	69.7

※新馬と障害を除く、前作の掲載コースに出走した馬すべての成績
(2019.4.6 ～ 2021.5.30 終了時点)

この基準データと比較して見てもらいたいのが、「軸／該当数別成績（オッズ縛りなし）」になります。こちらは、前作の軸の部分に幾つ該当していたか…に対応した成績表となります。まず、軸0の欄を見てもらいましょう。軸0ということはつまり、軸の項目（混成ランキングデータ）に1つも該当項目がなかった馬のデータになります。対象レース全成績（基準データ）と比較してどうでしょう？微妙に数字が悪くなっていることが分かると思います。

つまり、軸該当0は、ベタ買いした数字より悪いということになります。見方を変えれば、軸該当0の馬を買い続けると、必ずマイナスに収束するということになります。そのことから、当然、本書では該当0の馬はオススメできません。

続いて軸1の欄を見てもらいましょう。こちらは対象レース全成績（基準データ）の数字よりも、微妙にアップしていることが分かると思います。軸該当1の馬は基準データに近い数字までに回復

すると考えて良いでしょう。

同様に、軸2~軸6までを見ていっても、勝率、連対率、複勝率と数字がアップしていっているのが分かります。軸データはそもそも、来る可能性が高い馬、つまり複勝率重視で抽出しているものなので、回収率は気にする必要はないのですが、その回収率データでさえも、軸4のところを除いて綺麗な推移を示していることが分かります。このことから、軸該当の合計数に比例して、全体の数字も良くなると考えて問題はないでしょう。特に、「軸3個以上」に該当する場合は、基準データより複勝率で4・7%もアップするので、一つの「買い基準」として考えて差し支えないと思います。

さて、これまで紹介したデータは、〝オッズに縛りを設けない〟ケースでのものでしたが、今度は「単勝オッズ20倍以下」という縛りがあるデータの方を見ていきましょう。そもそも本シリーズで掲載している混成ランキングデータは、「単勝オッズ20倍以下限定、複勝回収率85%以上、複勝率30%以上」という縛りのもと抽出しているものなので、こちらのデータこそが本当に参考にすべきものなのかも知れません。

オッズ縛りなしのデータとオッズ縛りありのデータでは、当然ですが抽出対象が微妙に変わってきますから、発生数も違えば、結果も変わってきておかしくはありません。ですが、結論から申し上げますと、縛りあり、つまり単勝オッズ20倍以下の馬限定のデータでも、縛りなしデータ同様の数字の動きを示すことが分かりました。

たとえば、軸0の場合、対象レース全成績(基準データ)よりも数字が悪いものの、軸1になると、基準データとほぼ同様の数字となり、軸2以上になると、回収率データを除く他のデータに関しては概ね数字がアップしていっていることが分かります。

軸5、軸6辺りの数字はサンプル数が少ないので参考程度にとどめておいた方が良さそうですが、それでも「軸3個以上」という括りで見た時に、基準データの複勝率より2・3%もアップしていることが確認できます。人気如何にかかわらず、複勝率データが40％を超えるのであれば、十分に「買い基準」と捉えて良いでしょう。馬券を買う際、軸馬としての役目は存分に果たしてくれると思います。

対象レース全成績（オッズ縛りあり）

全頭	総数	1着	2着	3着	勝率	連対率	複勝率	単回率	複回率
合計	42527	5955	5445	4902	14.0	26.8	38.3	80.4	79.9

軸／該当数別成績（オッズ縛りあり）

軸	総数	1着	2着	3着	勝率	連対率	複勝率	単回率	複回率
0	16134	2086	2051	1849	12.9	25.6	37.1	77.4	78.9
1	14932	2110	1908	1750	14.1	26.9	38.6	80.6	80.5
2	7740	1173	1009	855	15.2	28.2	39.2	85.6	80.5
3	2862	440	371	363	15.4	28.3	41.0	82.2	82.6
4	724	119	91	75	16.4	29.0	39.4	74.9	75.6
5	121	24	12	10	19.8	29.8	38.0	98.9	73.5
6	14	3	3	0	21.4	42.9	42.9	72.1	71.4
1個以上	26393	3869	3394	3053	14.7	27.5	39.1	82.2	80.6
2個以上	11461	1759	1486	1303	15.3	28.3	39.7	84.2	80.6
3個以上	3721	586	477	448	15.7	28.6	40.6	81.3	80.9
4個以上	859	146	106	85	17.0	29.3	39.2	78.3	75.2

※新馬と障害を除く、前作の掲載コースに出走した馬すべての成績
(2019.4.6 ～ 2021.5.30 終了時点)

検証①から見えたポイント

軸該当0は基準値より数値が低くかなりの危険馬

軸該当1でほぼ基準値、軸該当2で基準値超え

軸該当3個以上で複勝率40％超え。買い基準

軸該当馬の1番人気はどれだけ信頼できるのか？

ここでは、前ページで検証した「基準データ」と「軸該当馬データ」の比較をさらに細分化して、「基準の1番人気のデータ」と、「軸該当の1番人気データ」を比較してみます。このデータは、闇雲に1番人気を買うのと、軸データに該当している1番人気とでは、信頼度に差が出るのかどうかを検証するものです。

左表の右スペースの部分に、軸区別なしの人気別成績（基準データ）を掲載していますので、比較しやすいかと思います。

まず軸0（軸該当0）と基準データの1番人気の比較をしてみましょう。こちらは、検証①の時と同様、やはり軸0が基準データを下回る結果となっています。勝率、連対率、複勝率、単勝回収率、複勝回収率と、見事に5つの項目すべてで基準を下回っているわけですから、これはこれで貴重なデータと言えるかも知れません。なぜなら、今回のこのデータと、検証①の結果とを合わせて考えれば、軸0の馬は相当に危険な馬であることが明確に読み取れるからです。ちなみに、2番人気で比較しても、軸0はすべて基準データを下回っていますから、これは相当なものです。1、2番人気に推されているような馬がいた場合、まずは軸の項目に1つでも該当しているかどうかをチェックするだけで、大きな意味がありそうです。

続いて、軸1の1番人気のデータを見てみましょう。こちらも検証①の時と同様、全体的に数値がアップして、基準データに限りなく近い数字に

軸／該当数および人気別成績（単勝オッズ20以下）

											軸区別なしの人気別成績（基準）				
軸該当数	人気	総数	1着	2着	3着	勝率	連対率	複勝率	単回率	複回率	勝率	連対率	複勝率	単回率	複回率
0	1	2235	697	407	287	31.2	49.4	62.2	76.7	82.1	32.2	50.5	63.7	78.7	83.8
0	2	2488	426	472	355	17.1	36.1	50.4	72.4	81.5	19.2	37.7	51.5	79.5	83.1
0	3	2482	332	373	342	13.4	28.4	42.2	79.9	81.9	13.7	28.1	41.5	81.6	80.5
1	1	2409	787	431	339	32.7	50.6	64.6	79.3	85.2	32.2	50.5	63.7	78.7	83.8
1	2	2296	439	424	323	19.1	37.6	51.7	79.2	83.1	19.2	37.7	51.5	79.5	83.1
1	3	2325	329	314	315	14.2	27.7	41.2	82.3	79.6	13.7	28.1	41.5	81.6	80.5
2	1	1288	428	256	153	33.2	53.1	65.0	82.0	85.1	32.2	50.5	63.7	78.7	83.8
2	2	1230	273	206	158	22.2	38.9	51.8	91.3	84.1	19.2	37.7	51.5	79.5	83.1
2	3	1227	163	179	153	13.3	27.9	40.3	80.2	78.0	13.7	28.1	41.5	81.6	80.5
3	1	513	159	95	71	31.0	49.5	63.4	73.7	82.0	32.2	50.5	63.7	78.7	83.8
3	2	478	107	95	70	22.4	42.3	56.9	90.0	91.5	19.2	37.7	51.5	79.5	83.1
3	3	457	63	68	61	13.8	28.7	42.0	85.4	82.6	13.7	28.1	41.5	81.6	80.5
4	1	161	59	19	20	36.6	48.4	60.9	89.3	81.1	32.2	50.5	63.7	78.7	83.8
4	2	113	19	25	9	16.8	38.9	46.9	67.0	74.1	19.2	37.7	51.5	79.5	83.1
4	3	122	20	16	19	16.4	29.5	45.1	100.5	91.0	13.7	28.1	41.5	81.6	80.5
5	1	26	8	3	6	30.8	42.3	65.4	66.5	81.2	32.2	50.5	63.7	78.7	83.8
5	2	22	6	2	1	27.3	36.4	40.9	99.5	61.4	19.2	37.7	51.5	79.5	83.1
5	3	14	4	2	0	28.6	42.9	42.9	108.6	70.7	13.7	28.1	41.5	81.6	80.5
6	1	3	1	1	0	33.3	66.7	66.7	60.0	96.7	32.2	50.5	63.7	78.7	83.8
6	2	7	2	2	0	28.6	57.1	57.1	118.6	101.4	19.2	37.7	51.5	79.5	83.1
6	3	2	0	0	0	0.0	0.0	0.0	0.0	0.0	13.7	28.1	41.5	81.6	80.5

軸／該当数まとめ・人気別成績（単勝オッズ20以下）

											軸区別なしの人気別成績（基準）				
軸該当数	人気	総数	1着	2着	3着	勝率	連対率	複勝率	単回率	複回率	勝率	連対率	複勝率	単回率	複回率
1個以上	1	4400	1442	805	589	32.8	51.1	64.5	79.7	84.6	32.2	50.5	63.7	78.7	83.8
1個以上	2	4146	846	754	561	20.4	38.6	52.1	83.9	84.0	19.2	37.7	51.5	79.5	83.1
1個以上	3	4147	579	579	548	14.0	27.9	41.1	82.6	79.7	13.7	28.1	41.5	81.6	80.5
2個以上	1	1991	655	374	250	32.9	51.7	64.2	80.2	83.9	32.2	50.5	63.7	78.7	83.8
2個以上	2	1850	407	330	238	22.0	39.8	52.7	89.7	85.2	19.2	37.7	51.5	79.5	83.1
2個以上	3	1822	250	265	233	13.7	28.3	41.1	83.0	79.9	13.7	28.1	41.5	81.6	80.5
3個以上	1	703	227	118	97	32.3	49.1	62.9	76.9	81.8	32.2	50.5	63.7	78.7	83.8
3個以上	2	620	134	124	80	21.6	41.6	54.5	86.5	87.4	19.2	37.7	51.5	79.5	83.1
3個以上	3	595	87	86	80	14.6	29.1	42.5	88.8	83.8	13.7	28.1	41.5	81.6	80.5
4個以上	1	190	68	23	26	35.8	47.9	61.6	85.7	81.3	32.2	50.5	63.7	78.7	83.8
4個以上	2	142	27	29	10	19.0	39.4	46.5	74.6	73.5	19.2	37.7	51.5	79.5	83.1
4個以上	3	138	24	18	19	17.4	30.4	44.2	99.9	87.6	13.7	28.1	41.5	81.6	80.5

※新馬と障害を除く、前作の掲載コースに出走した馬すべての成績
（2019.4.6 ～ 2021.5.30 終了時点）

なっていることが分かります。同様に、2番人気、3番人気の馬も数値がアップしており、人気に関係なく、軸が1つ該当するだけで、基準値と同等の数字になると考えて良さそうです。

軸2も1番人気、2番人気の馬においては、着実に数値が上昇し、回収率の面も含めて基準データを超えてきます。1番人気の複勝率においては、軸0が62・2%に対して、軸2では65・0%まで上昇しますから、確実に軸該当馬の方が「買い」であると判断できます。この辺は検証①とほぼ同様の結果と言えると思います。

ところが、問題はここからです。軸3のデータに目を向けてみると、2番人気、3番人気の馬は軸2と比較して着実に数値をあげて、基準データを上回る数字を示しているのに対し、なぜか1番人気だけは大きく数値を落とします。あまりに下落しすぎて、勝率、連対率、複勝率ともに、基準データを下回ってしまっています。その後、軸4になって、少し回復するデータもあるのですが、ここはサンプル数も少ないので、あまりアテになる数字とは言いにくいところです。実際、2番人気、3番人気のデータも乱高下しているので、ここより下の軸5、軸6のデータはあまり見なくても良いかも知れません。

この傾向は、「何個以上」という括りで見てみても言えます。たとえば「軸1個以上」というデータだけを見れば、基準値を上回ってまっとうな数値が現れます。これを「2個以上」という括りにしても、辛うじて同様の数値になります。ところが、「3個以上」で括ると、2番人気、3番人気が比較的に上昇を示すのに対して、1番人気は連対率、複勝率、単勝回収率、複勝回収率と、ほぼすべての項目で数字が下落するのです。

このことから、軸該当馬は軸該当0の馬と比較して総じて数字は良くなるけど、その中でも特段、1番人気の成績が良いというわけではないということが分かります。軸該当0ではそもそもお話になりませんが、取りあえず1つ、2つだけ該当していれば基準データと同等レベルの期待値はもてるということになります。

検証①の結果と合わせて考えると、オッズ20倍以下という縛りの中で、軸1や～軸3はベタ買いの数字（基準値）よりも良い成績を収めるけれども、1番人気の成績がとりわけ良いというものではない…ということになります。データ的には〝ごく平凡〟と言えます。

検証②から見えたポイント

- **軸該当0の1番人気は基準値より期待値が低い**
- **軸該当1以上であっても1番人気の比較では基準値と大差ない**
- **軸3個以上の該当馬なら、1番人気よりも、2番人気、3番人気の方がオススメ**

穴該当数は多ければ多いほど回収率は高まるのか？

これまで検証①と検証②では、軸データについて色々と見てきました。今度は穴データを見ていきましょう。過去に本シリーズをご購入されている読者の方はご存知かと思いますが、本シリーズの軸データと穴データでは、混成ランキングの出し方に違いがあります。軸の方が「単勝オッズ20倍以下限定、複勝回収率85％以上かつ複勝率30％以上」のデータで抽出している一方、穴の方は「複勝回収率90％以上、かつ複勝率10％以上」のデータで抽出しています。オッズの縛りを設けず、どんな人気薄の馬であっても条件さえ満たせば拾い上げられる形にしているのが穴の方の特徴と言えます。

データの出し方の違いをみてもお分かりいただけるかと思いますが、穴の方は軸選びには向きません。複勝率の最低ラインを10％に設定していますから、ヒモ候補としては魅力的な数字ですが、軸候補としてはかなり頼りない数字になります。そんなことを踏まえた上で、まずは「対象レース全成績（オッズ縛りなし）」と「穴／該当数別成績（オッズ縛りなし）」のデータを見比べてみてください。対象レース全成績（オッズ縛りなし）」のデータは、検証①で掲載したものと同じで、所謂基準データです。この基準データと比較してどうでしょう。

まずは穴0（穴該当0）を見てみます。もう、これは見事という他ないのですが、検証①、検証②同様、ここでも基準データをすべて下回っています。穴データだけに、勝率、連対率、複勝率は基準より低くとも、回収率の面では基準を上回っても良さそうなものですが、そこもダメ。つまり、軸であろうが、穴であろうが、とにかく混成ランキングデータを1つもクリアしてないような馬は、期待値が低いということになります。積極的に買うべき馬ではないということが分かります。

続いて、穴1のデータを見てみましょう。これも検証①、検証②データ同様、見事に基準値を超えてきます。回収率に重きを置いたデータでありながら、勝率、連対率、複勝率もしっかりと数値が上がってきているところが特徴と言えます。

さらに、穴2のデータでも、着実なステップアップが見られ、こちらも勝率、連対率、複勝率、単勝回収率、複勝回収率、すべての項目で数値がアップしています。特に、複勝率は穴0のデータと比較して、20・4%から25・4%と5%アップ。単勝回収率に至っては、穴0の70・7%から95・1%と24・4%もアップ。偶然の大幅アップの可能性もありますが、穴3を見てみると、単勝回収率はさらにアップして遂に118・4%という大台超えを果たします。勝率や複勝回収率がやや数値を落としますが、悲観するほどの落ち方ではな

対象レース全成績（オッズ縛りなし）

	総数	1着	2着	3着	勝率	連対率	複勝率	単回率	複回率
合計	92152	6651	6632	6641	7.2	14.4	21.6	73.7	74.5

穴／該当数別成績（オッズ縛りなし）

穴該当数	総数	1着	2着	3着	勝率	連対率	複勝率	単回率	複回率
0	64849	4309	4394	4527	6.6	13.4	20.4	70.7	73.4
1	20586	1709	1674	1584	8.3	16.4	24.1	74.5	76.5
2	5238	487	433	411	9.3	17.6	25.4	95.1	78.8
3	1213	107	106	100	8.8	17.6	25.8	118.4	74.2
4	234	37	22	16	15.8	25.2	32.1	136.2	96.4
5	29	2	3	3	6.9	17.2	27.6	11.0	116.9
6	3	0	0	0	0.0	0.0	0.0	0.0	0.0
1個以上	27303	2342	2238	2114	8.6	16.8	24.5	80.8	77.1
2個以上	6717	633	564	530	9.4	17.8	25.7	100.3	78.7
3個以上	1479	146	131	119	9.9	18.7	26.8	118.9	78.4
4個以上	266	39	25	19	14.7	24.1	31.2	121.0	97.5

※新馬と障害を除く、前作の掲載コースに出走した馬すべての成績
(2019.4.6 ～ 2021.5.30 終了時点)

く、穴4を見てみると、すべての項目で大幅に数値がアップ。勝率15・8％、連対率25・2％、複勝率32・1％、単勝回収率136・2％、複勝回収率96・4％は物凄い数字です。サンプル数も200以上ありますから、信用に足ります。また、該当数が増えれば増えるほど全体の数値が上がっていくという意味では、軸データよりもハッキリとした傾向が出たと言えるかも知れません。

該当数に比例して成績が良くなることは、「何個以上」の括りで見てみると、さらにハッキリしてきます。1個以上より2個以上、2個以上より3個以上、そして3個以上より4個以上の方が全体の数値がアップしていることが見てとれます。

検証①で紹介した、軸データ(オッズ縛りなし)の「軸1個以上」「軸2個以上」「軸3個以上」と比較しても遜色なく、むしろ回収率が穴データの方が優秀な分、インパクトはこちらの方が大きい印象です。

同じ単勝オッズ縛りなしという条件にも関わらず、穴データが各項目で軸データと互角以上の数値を叩き出しているということは、穴データの方の該当馬が思いのほか走っているということになります。これは穴データの方が抽出している項目の内容が優れているともとれますが、軸に比べて穴の方が激走のパターン(項目)が変わりにくいということなのかも知れません。

いずれにしましても、穴データの方は、単勝オッズの縛りを設けてない分、たとえ複数該当馬であっても軸には据えにくいところですが、ヒモ相手としては十分期待できることが分かりました。特に、分かり易い形で、該当数が増えれば増えるほど激走率も高まりますから、とんでもない人気薄であっても抑えた方が良いでしょう。

また、穴データの方は単勝回収率が総じて高い傾向にあるので、時に単勝馬券を織り交ぜて買うのもアリかも知れません。穴3以上の馬であれば、一発の可能性を十分秘めていることになります。「穴／その可能性を裏付けるデータもあります。

最大該当数別成績（オッズ縛りなし）」の表を見て下さい。これはどういうデータかと言いますと、そのレースにおける穴の最大該当数が幾つだったか、つまり最大個数発生別のデータというわけです。

このデータを見ても、やはり最大該当数がアップすればするほど、全般の成績がアップしていますが、特に顕著なのが穴の最大該当数が３だった場合と、４だった場合です。サンプル数はそれなりにありますが、共に単勝回収率で１００％超え。穴５、穴６はさすがにサンプル数が少なく、今回のデータでは不発に終わっていますが、今後どこかでとんでもない単勝馬券が発生する可能性はありそうです。今後、同パターンを見つけた場合は、単勝馬券を少額だけ遊びで買ってみるのも面白いかも知れません。

穴／最大該当数別成績（オッズ縛りなし）

穴該当数	総数	1着	2着	3着	勝率	連対率	複勝率	単回率	複回率
0	9188	657	658	656	7.2	14.3	21.5	70.3	70.4
1	9756	873	825	779	8.9	17.4	25.4	65.5	74.9
2	3187	313	263	247	9.8	18.1	25.8	99.2	79.1
3	825	77	69	69	9.3	17.7	26.1	152.1	76.1
4	210	35	17	16	16.7	24.8	32.4	148.6	100.9
5	23	2	3	2	8.7	21.7	30.4	13.9	120.0
6	3	0	0	0	0.0	0.0	0.0	0.0	0.0
1個以上	14004	1300	1177	1113	9.3	17.7	25.6	79.5	76.4
2個以上	4248	427	352	334	10.1	18.3	26.2	111.4	79.8
3個以上	1061	114	89	87	10.7	19.1	27.3	148.0	81.7
4個以上	236	37	20	18	15.7	24.2	31.8	133.6	101.5

※新馬と障害を除く、前作の掲載コースに出走した馬すべての成績（2019.4.6～2021.5.30終了時点）

検証③から見えたポイント

穴データは純粋に該当数が多ければ多いほど期待値が高まる

穴データは発生頻度こそ少ないものの全体的な数値は軸以上

レアな穴5、穴6に遭遇できたら単勝馬券もアリ

軸と穴、両方で該当している馬は好走しやすいのか？

ここまで、軸データと穴データの解析を行ってきました。両データに共通して言えることとして、該当数0だと基準データ（ベタ買いデータ）よりも数値が悪く、該当数が1つでもあると基準データとほぼ同様の数値になり、さらに該当数が2以上になると基準データを上回る数値になることが分かりました。では、軸データと穴データ、両方に該当する馬はどんな成績になるのでしょうか。これもデータを出してみました。

左にある「軸穴組み合わせ別成績（オッズ縛りなし）」をご覧ください。大きい表でボリュームもあるので、少し見るのに苦労するかも知れませんが、こちらは軸データと穴データの全組み合わせパターンを表記したものになります。

ご覧いただいて分かる通り、表の始まりは「軸0＋穴0」という組み合わせからスタートしています。本稿において、先ほどから再三にわたって問題提起している「軸0」、及び「穴0」ですが、ここでも安定の成績の悪さを露呈しています。0と0を足しても0にしかならないせいなのか、合わせ技による浮上…ということなど起きず、やはりここでも抜けて成績が悪いことが分かります。

ただ、総数のところをご覧いただければ分かる通り、実は発生パターンで言えば、この「軸0＋穴0」の組み合わせが一番多いのです。これは見方を変えれば、普段のレースでは、期待値の低い、危険な馬が一杯出走していると取ることもできます。

軸穴組み合わせ別成績（オッズ縛りなし）

軸	穴	総数	1着	2着	3着	勝率	連対率	複勝率	単回率	複回率
0	0	31761	1942	2103	2128	6.1	12.7	19.4	67.8	72.6
0	1	5142	366	406	379	7.1	15.0	22.4	84.9	80.2
0	2	825	64	54	56	7.8	14.3	21.1	139.5	83.0
0	3	103	9	7	6	8.7	15.5	21.4	80.4	55.7
0	4	4	0	0	0	0.0	0.0	0.0	0.0	0.0
1	0	21797	1506	1491	1574	6.9	13.7	21.0	74.6	74.5
1	1	8495	701	658	668	8.3	16.0	23.9	73.8	75.1
1	2	1586	136	137	123	8.6	17.2	25.0	87.2	80.2
1	3	288	24	28	19	8.3	18.1	24.7	53.7	77.8
1	4	37	3	4	1	8.1	18.9	21.6	31.4	54.9
1	5	5	0	0	1	0.0	0.0	20.0	0.0	28.0
2	0	8467	612	594	602	7.2	14.2	21.4	75.6	74.0
2	1	4748	443	408	345	9.3	17.9	25.2	71.5	74.7
2	2	1807	178	144	142	9.9	17.8	25.7	75.5	72.1
2	3	393	30	34	34	7.6	16.3	24.9	76.7	66.3
2	4	56	13	3	3	23.2	28.6	33.9	170.7	107.5
2	5	3	0	1	0	0.0	33.3	33.3	0.0	406.7
3	0	2380	199	171	189	8.4	15.5	23.5	60.2	72.2
3	1	1676	140	158	156	8.4	17.8	27.1	54.8	82.0
3	2	758	82	75	67	10.8	20.7	29.6	100.2	84.2
3	3	318	35	29	32	11.0	20.1	30.2	196.0	90.2
3	4	81	15	9	8	18.5	29.6	39.5	226.7	127.0
3	5	8	0	2	1	0.0	25.0	37.5	0.0	148.8
4	0	399	43	30	33	10.8	18.3	26.6	43.4	69.0
4	1	447	48	39	29	10.7	19.5	26.0	66.2	64.1
4	2	223	20	21	20	9.0	18.4	27.4	119.1	88.4
4	3	92	6	6	8	6.5	13.0	21.7	37.8	47.2
4	4	48	5	5	4	10.4	20.8	29.2	54.0	77.1
4	5	7	1	0	0	14.3	14.3	14.3	28.6	15.7
4	6	1	0	0	0	0.0	0.0	0.0	0.0	0.0
5	0	39	6	4	1	15.4	25.6	28.2	49.5	63.1
5	1	69	9	3	7	13.0	17.4	27.5	91.4	48.0
5	2	34	6	2	3	17.6	23.5	32.4	167.4	98.5
5	3	18	3	2	1	16.7	27.8	33.3	1328.3	155.6
5	4	8	1	1	0	12.5	25.0	25.0	25.0	63.8
5	5	4	1	0	0	25.0	25.0	25.0	30.0	25.0
6	0	6	1	1	0	16.7	33.3	33.3	53.3	55.0
6	1	9	2	2	0	22.2	44.4	44.4	292.2	106.7
6	2	5	1	0	0	20.0	20.0	20.0	36.0	22.0
6	3	1	0	0	0	0.0	0.0	0.0	0.0	0.0
6	5	2	0	0	1	0.0	0.0	50.0	0.0	315.0
6	6	2	0	0	0	0.0	0.0	0.0	0.0	0.0

※新馬と障害を除く、前作の掲載コースに出走した馬すべての成績
（2019.4.6 ～ 2021.5.30 終了時点）

次に総数が多いのが「軸1＋穴0」の組み合わせで、「軸0＋穴0」の組み合わせよりはさすがに全ての項目で数値が良くなりますが、それでも積極的に買うにはまだ心許ない成績と言えます。

それ以外の組み合わせを見ていっても、表の前半部分（上部）である、軸0～軸1辺りのところでは、これといった特徴は見られません。合計の該当数がアップすれば、それに伴って各数値も少し

アップする…という程度の印象です。ところが、軸2の辺りになると、勝率、連対率、複勝率を中心に如実に成績が良くなってきていることが分かります。軸2で全体の数値がアップ。そこに穴の該当数が加わることでさらに信頼度がアップする形になっています。

これが軸3になるともっと凄いことになります。「軸3＋穴0」の組み合わせこそ平凡ですが、「軸3＋穴1」になると、複勝率が27・1％に上昇。「軸3＋穴2」になるとさらに複勝率が上昇して29・6％に。そして「軸3＋穴3」になると遂に複勝率は30・2％に到達し、以後、サンプル数は減るものの、「軸3＋穴4」、「軸3＋穴5」のデータでは複勝率が40％近くにまで上昇します。

これらのことを総合的に鑑みると、一つの傾向が見えてきます。それは、軸該当は2以上必要で、その上で穴該当があればあるほど信頼度が大幅にアップするということ。中でも「軸と穴の合計で6以上」の組み合わせパターンは回収率の面からも注目と言えそうです。たとえば、「軸2＋穴4」、「軸3＋穴3」、「軸3＋穴4」、「軸4＋穴2」、「軸4＋穴3」、「軸4＋穴4」などは、今後もそれなりに発生することがありそうなので、これらを見つけた時は要注目でしょう。

今回のデータでは、軸データと穴データで統一性をもたせるため、敢えて軸データの縛り（単勝オッズ20倍以下）は設けずに抽出しています。軸のデータと穴のデータを同時に調べることができるというのは、今回の本書の最大の特徴と言えます。その特徴を最大限に生かすための施策と捉えてもらえたらと思います（仮に縛りを設けてしまうと上記した激アツパターンの発生機会が大きく減ってしまうことになります）。

縛りをなくしたことで、純粋な「軸馬」としての信頼度は少し薄れてしまいますが、穴データとくっつけることで、「高期待値馬」に生まれ変わります。実際、「軸3＋穴3」などの馬は、「来る確率が高い馬」というよりは、「あらゆる意味でオイシイ馬」と見立てた方がシックリくると思います。

最終的に馬券でどう生かすかは人それぞれの馬券戦略によって異なってくると思いますが、「軸2以上かつ、軸穴合計6以上」の馬に関しては、本書的に激アツ馬として認定しても問題ないと思います。今後も編集部では、この合計6以上の馬に注目して、データを解析し、馬券に落とし込むための作戦を考えていきたいと思います。

検証④から見えたポイント

軸2+穴の組み合わせで期待値急上昇

軸3以上+穴2以上の組み合わせだと単回収率100%超え連発

軸+穴で合計6以上マークしたら激アツ馬認定

軸と穴、合計の該当数が多いほど好走率は高まるのか？

前ページの検証④では、軸と穴の組み合わせによる激走パターンを分析しました。そこでは「軸2以上、かつ軸穴合計で6以上」というのが一つの激アツパターンと認定されました。そのことは、左ページにある「軸＋穴／最大該当数別成績（オッズ縛りなし）」のデータを見ていただければ改めて納得してもらえるかと思います。

ご覧の通り、軸と穴の該当数が多い馬ほど、良い成績を収めていることが分かります。該当合計数の多さに比例して成績はアップしていきますが、合計6になると、複勝率は29・2％という高水準になります。

「何個以上」という括りで見てみても、3個以上よりは4個以上、4個以上よりは5個以上、そして5個以上よりは6個以上と、分かり易く成績が上昇しています。その中でも「6個以上」の成績は複勝率29・5％という高数値の上、単勝回収率も162・4％と超優秀。このデータはサンプル数が1000ありますから、信頼できる数字であると共に再現性も高いはずです。

実際、軸＋穴で合計6をマークする馬はそれなりの頻度で発生します。たとえば今年においても、春に行われたファルコンSに出走していたルークズネストが、軸4、穴2で合計6。かなり期待値の高い馬でしたが、結果は3番人気ながら見事に勝利を収めています。単勝の配当は760円。1番人気の馬が2着に入って馬連の配当は750円でした。

軸＋穴／最大該当数別成績（オッズ縛りなし）

軸＋穴	総数	1着	2着	3着	勝率	連対率	複勝率	単勝回収率	複勝回収率
0	31761	1942	2103	2128	6.1	12.7	19.4	67.8	72.6
1	26939	1872	1897	1953	6.9	14.0	21.2	76.6	75.6
2	17787	1377	1306	1326	7.7	15.1	22.5	77.7	74.9
3	8817	787	723	663	8.9	17.1	24.6	71.4	74.8
4	4174	385	360	350	9.2	17.8	26.2	62.6	76.1
5	1674	169	156	132	10.1	19.4	27.3	82.9	73.5
6	677	78	57	63	11.5	19.9	29.2	155.2	85.9
7	219	29	20	19	13.2	22.4	31.1	137.7	92.1
8	79	9	9	6	11.4	22.8	30.4	337.7	98.7
9	16	2	1	0	12.5	18.8	18.8	25.0	38.8
10	5	1	0	0	20.0	20.0	20.0	24.0	20.0
11	2	0	0	1	0.0	0.0	50.0	0.0	315.0
12	2	0	0	0	0.0	0.0	0.0	0.0	0.0
3以上	15665	1460	1326	1234	9.3	17.8	25.7	76.1	75.8
4以上	6848	673	603	571	9.8	18.6	27.0	82.1	77.1
5以上	2674	288	243	221	10.8	19.9	28.1	112.6	78.7
6以上	1000	119	87	89	11.9	20.6	29.5	162.4	87.5

※新馬と障害を除く、前作の掲載コースに出走した馬すべての成績
(2019.4.6 ～ 2021.5.30 終了時点)

上位人気同士の馬で決着したため、配当的に派手さはありませんが、単勝1倍台の馬を負かしたのが合計6の馬(ルークズネスト)であったという事実は大きいと思います。ちなみに軸該当数が0〜1だった4頭(ニシノアジャスト、ラングロワ、トーセンウォーリア、ホーキーポーキー)はすべて着外。元々人気がなかった馬たちではありますが、それでも軸該当の後押しがないと苦戦を強いられることを如実にあらわした例だと思います。

それはもう一つのサンプルレースであるきさらぎ賞の結果を見ても同様でしょう。軸該当数が1しかないトーセンクライマーとドゥラモンドは共に着外という結果に。ドゥラモンドの方は5番人気とそれなりに支持を受けてのブービー負けですから、やはり上位陣と比べて〝走れる条件が希薄だった〟という他ないでしょう。

一方、このレースで唯一合計6をマークしていたヨーホーレイクは2番人気で2着という結果。惜しくも勝ち切れませんでしたが、1番人気の馬に先着したように、走る裏付け(条件)は揃っていたということでしょう。こちらも結果的に1〜3番人気の馬が上位を独占したので、配当的な派手さはありませんでしたが、最高ポイントをマーク

2021年 3月20日(祝)　東京11R　ファルコンS

着	馬名	性齢	斤量	騎手	人気	単オッズ	厩舎	軸該当数	穴該当数
1	1①ルークズネスト	牡3	56	幸	3	7.6	浜田	4	2
2	3④グレナディアガーズ	牡3	57	川田	1	1.8	中内田	3	1
3	7⑬モントライゼ	牡3	57	ルメール	2	4.4	松永幹	4	1
4	3⑤サルビア	牝3	54	池添	6	20.8	鈴木孝	4	1
5	4⑦インフィナイト	牝3	54	藤井	9	34.3	音無	3	1
6	5⑧ファルヴォーレ	牡3	56	秋山真	7	29.5	高橋義	2	1
7	8⑮ヴィジュネル	牡3	56	藤岡康	10	36.7	渡辺	3	2
8	4⑥ニシノアジャスト	牡3	56	勝浦	11	39.0	小手川	1	0
9	6⑩ロードマックス	牡3	56	福永	4	11.6	藤原英	3	1
10	7⑫ショックアクション	牡3	57	戸崎	5	17.4	大久保	3	1
11	8⑭アスコルターレ	牡3	57	鮫島駿	8	30.6	西村	3	0
12	5⑨フォイアーロート	牡3	56	中井	12	76.9	浅見	2	0
13	6⑪ラングロワ	牝3	54	秋山稔	14	183.8	堀井	1	1
14	2③トーセンウォーリア	牡3	56	菱田	13	156.3	池上	1	2
15	2②ホーキーポーキー	牝3	54	城戸	15	264.4	武市	0	1

馬連①④750円／３連複①④⑬1090円／３連単①④⑬6600円

2021年 2月 7日(日)　中京11R　きさらぎ賞

3歳・オープン・G3(別定)(国際)(特指)　芝 2000m　11頭立

着	馬名	性齢	斤量	騎手	人気	単オッズ	厩舎	軸該当数	穴該当数
1	2②ラーゴム	牡3	56	北村友	3	4.7	斉藤崇	3	1
2	3③ヨーホーレイク	牡3	56	武豊	2	3.4	友道	4	2
3	7⑨ランドオブリバティ	牡3	56	三浦	1	2.7	鹿戸	3	1
4	5⑤タガノカイ	牡3	56	泉谷	9	51.6	宮	4	1
5	8⑪アランデル	牡3	56	池添	8	30.1	大竹	2	2
6	6⑦ショウナンアレス	牡3	56	松山	6	19.3	池添兼	3	2
7	4④ダノンジェネラル	牡3	56	川田	4	6.2	中内田	2	2
8	6⑥トーセンクライマー	牡3	56	荻野極	11	258.5	加藤征	1	0
9	1①ジャンカルド	牡3	56	和田竜	7	25.2	武井	2	1
10	8⑩ドゥラモンド	牡3	56	岩田望	5	15.6	手塚	1	1
11	7⑧アクセル	牡3	56	柴山	10	149.4	武幸	2	1

馬連②③610円／３連複②③⑨670円／３連単②③⑨4990円

していた馬がキッチリと馬券に絡んだレースでした。

この2レースを見て言えることは、「軸に幾つ該当しているか？」という部分を知っておくだけで、信頼して良い馬か、信頼してはいけない馬かのヒントにはなるということ。また、相手として抑えるべきか否かのジャッジにも繋がりそうです。馬券はどうしても大きな配当を狙いがちですが、堅く収まりそうなレースであっても、しっかりと目を絞って買えば儲けを生むことはできます。そういったレースを狙う上でも、軸穴合算データは役に立つのではないでしょうか。

検証⑤から見えたポイント

軸+穴で6個以上なら
単勝回収率160%超の驚愕データ

軸+穴で6個以上なら重賞でも激アツ

軸該当0~1の馬は重賞で軽視

軸の該当数が3つ以上あった馬はどれくらい好走するのか？

前ページの検証⑤では、軸＋穴の合計数が多い馬ほど好走しやすいのかどうか、そして実際に合計6以上の馬が出走していたレースにスポットを当てて見てきました。この検証⑤の結果に限らず、また繰り返しの記述になりますが、まず何より肝心なのは、軸に該当する項目があるか否かという点です。軸0ではとことん期待値が低く、軸1で漸くほぼ基準値。軸2以上となると穴と合算した際に威力を発揮し、軸3以上となると穴の補助がなくても軸としての期待値かなり高いことが証明されました。

また、検証③で解説した通り、穴の方は純粋に該当数が増えれば増えるほど期待値が高まり、回収率の観点からも十分魅力的です。しかしその分、軸と比較して発生頻度が低く、連軸に据えるにはやや不向きです。

では発生頻度が高く、また軸として鉄板級の信頼度と言えるのはどんな馬でしょうか？　それこそが、検証①でも紹介した「軸3個以上」に該当している馬ということになります。

左のページには、前作「3分で美味しい～」の発売以降で、「軸3個以上」に該当した馬同士のワンツーフィニッシュとなった重賞レースの一覧を掲載しています。

軸の項目に3個以上該当するということは即ち、好走のための良い条件が揃っているということ。つまり、必然的に人気を背負うような馬が「軸3」に該当するケースが多くなります。実際、こ

軸の該当数が3つ以上ある馬同士でワンツー決着した重賞レース一覧
(2019.4.6~2021.5.30終了時点)

開催日	レース名 コース・距離	馬名	人気	単勝オッズ	着順	軸該当数	穴該当数	馬連	3連複	3連単
2019/9/16	セントライト記念(GⅡ) 中山芝2200外	リオンリオン	1	5.3	1着	4	0	4530円	10190円	58690円
		サトノルークス	8	14.5	2着	5	0			
2019/11/2	ファンタジーS(GⅢ) 京都芝1400外	レシステンシア	6	13.6	1着	3	1	3090円	5700円	43510円
		マジックキャッスル	1	4.4	2着	3	0			
2019/11/23	京都2歳S(GⅢ) 京都芝2000内	マイラプソディ	1	1.5	1着	4	0	170円	310円	640円
		ミヤマザクラ	2	2.8	2着	5	0			
2019/11/30	ステイヤーズS(GⅢ) 中山芝3600内	モンドインテロ	6	12.5	1着	4	1	2120円	39100円	257890円
		アルバート	1	3.7	2着	6	1			
2019/11/30	チャレンジC(GⅢ) 阪神芝2000	ロードマイウェイ	2	4.7	1着	3	2	4840円	8830円	43330円
		トリオンフ	8	19.9	2着	3	4			
2020/2/15	クイーンC(GⅢ) 東京芝1600	ミヤマザクラ	2	3.8	1着	3	3	960円	39360円	119180円
		マジックキャッスル	4	5.8	2着	3	2			
2020/5/3	天皇賞・春(GⅠ) 京都芝3200外	フィエールマン	1	2.0	1着	3	3	5770円	13500円	55200円
		スティッフェリオ	11	64.2	2着	4	3			
2020/9/21	セントライト記念(GⅡ) 中山芝2200外	バビット	4	5.9	1着	4	0	1460円	2000円	12600円
		サトノフラッグ	1	3.7	2着	3	0			
2020/10/11	京都大賞典(GⅡ) 京都芝2400外	グローリーヴェイズ	3	6.2	1着	4	1	1170円	3280円	17470円
		キセキ	1	3.5	2着	3	2			
2020/11/7	京王杯2歳S(GⅡ) 東京芝1400	モントライゼ	2	3.0	1着	3	0	6140円	26110円	115050円
		ロードマックス	9	57.5	2着	3	0			
2021/1/24	アメリカJCC(GⅡ) 中山芝2200外	アリストテレス	1	2.4	1着	5	0	1100円	5000円	14640円
		ヴェルトライゼンデ	3	6.8	2着	4	0			
2021/2/7	きさらぎ賞(GⅢ) 中京芝2000	ラーゴム	3	4.7	1着	3	1	610円	670円	4990円
		ヨーホーレイク	2	3.4	2着	4	2			
2021/2/20	ダイヤモンドS(GⅢ) 東京芝3400	グロンディオーズ	7	17.2	1着	3	2	2520円	3050円	28150円
		オーソリティ	1	2.9	2着	3	2			
2021/3/20	ファルコンS(GⅢ) 中京芝1400	ルークズネスト	3	7.6	1着	4	2	750円	1090円	6600円
		グレナディアガーズ	1	1.8	2着	3	1			
2021/5/16	ヴィクトリアM(GⅠ) 東京芝1600	グランアレグリア	1	1.3	1着	3	2	3620円	8460円	28750円
		ランブリングアレー	10	75.2	2着	3	1			

の表を見ていただいても分かる通り、15レースのうち11レースで1番人気の馬が絡んでいます。これは決してガッカリすることではなく、むしろ「軸3以上＝鉄板級」ということを証明する上で、心強いデータ（傾向）と言えます。

また、この表からは「穴」の発生頻度の少なさを感じ取ることができると思います。少ないが故に、発生した場合の好走率は高く、事実、19年のチャレンジCでは、「軸3＋穴4」という強烈な数字をマークしていたトリオンフが8番人気ながら2着に。また、20年の天皇賞・春では、「軸4＋穴3」というこれまた強烈な数字を叩き出していたスティッフェリオが、11番人気という低評価を覆して2着に入り高配当を演出しています。

サンプル数は極端に少なくなりますが、「軸3以上」の馬同士で、ワンツースリーフィニッシュを決めた重賞レースの一覧も掲載しておきます。つまりこちらは、先ほどのワンツーフィニッシュのレースのうち、さらに3着の馬も「軸3以上」の馬だったケースということになります。

昨年は発生件数が極端に少なかったワンツースリーフィニッシュですが、今年は既に4回発生しているように、発生のタイミングには多少のムラがあるようです。

また、ワンツースリーフィニッシュの発生件数こそ少ないものの、3着内のうち2頭が軸3以上該当馬というケースはかなり多いはずで、これらのパターンは、買い方（たとえば軸3該当馬の2頭軸から総流しをかけるなど）によって的中を引き寄せることは可能となります。

過去の傾向から、本書発売直後のタイミングというのは、混成ランキング該当馬が多く発生します。そしてそれに伴って、思いがけない高配当などが飛び出すものです。そんなチャンスを確実にモノにするためにも、軸＋穴の激アツパターンを抜け目なく見つけ出してください。きっと「大万馬券獲得」という幸運は、すぐ傍まで来ているはずです。

軸の該当数が3つ以上ある馬同士でワンツースリー決着した重賞レース一覧
（2019.4.6〜2021.5.30終了時点）

開催日	レース名 コース・距離	馬名	人気	単勝 オッズ	着順	軸該 当数	穴該 当数	馬連	3連複	3連単
2020/5/3	天皇賞・春（GI） 京都芝3200外	フィエールマン	1	2.0	1着	3	3	5770円	13500円	55200円
		スティッフェリオ	11	64.2	2着	4	3			
		ミッキースワロー	4	11.9	3着	3	3			
2020/10/11	京都大賞典（GII） 京都芝2400外	グローリーヴェイズ	3	6.2	1着	4	1	1170円	3280円	17470円
		キセキ	1	3.5	2着	3	2			
		キングオブコージ	2	5.2	3着	3	1			
2021/2/7	きさらぎ賞（GIII） 中京芝2000	ラーゴム	3	4.7	1着	3	1	610円	670円	4990円
		ヨーホーレイク	2	3.4	2着	4	2			
		ランドオブリバティ	1	2.7	3着	3	1			
2021/2/20	ダイヤモンドS（GIII） 東京芝3400	グロンディオーズ	7	17.2	1着	3	2	2520円	3050円	28150円
		オーソリティ	1	2.9	2着	3	2			
		ポンデザール	2	3.6	3着	3	2			
2021/3/20	ファルコンS（GIII） 中京芝1400	ルークズネスト	3	7.6	1着	4	2	750円	1090円	6600円
		グレナディアガーズ	1	1.8	2着	3	1			
		モントライゼ	2	4.4	3着	4	1			
2021/5/16	ヴィクトリアM（GI） 東京芝1600	グランアレグリア	1	1.3	1着	3	2	3620円	8460円	28750円
		ランブリングアレー	10	75.2	2着	3	1			
		マジックキャッスル	5	14.7	3着	3	1			

検証⑥から見えたポイント

軸3以上の馬に人気馬が多いのは混成データの優秀性の証左でもある

穴3以上の馬はあまり発生しないが好走確率は極めて高い

軸3以上の馬が複数頭出走のケースは上位独占狙いだけでない馬券戦術も考慮せよ

最先端の儲かる理論を
発信し続ける馬券攻略雑誌

競馬王

1993年創刊。亀谷敬正、今井雅宏、井内利彰、棟広良隆、JRDB、久保和功、山崎エリカ、伊吹雅也、大谷清文、キムラヨウヘイ、TARO、メシ馬など、競馬予想界のトップランナー達を擁し、「読者全員を勝たせる」ことを目指している馬券攻略誌。ニコニコ公式ch『競馬王チャンネル』では、各レースにおける馬券術該当馬を公開中。

競馬王チャンネル
http://ch.nicovideo.jp/keibaoh

コース別馬券攻略
鉄板軸&ヒモ穴が簡単に見つかる本

2021年7月23日初版第1刷発行

編　　者　競馬王編集部
編集協力　市川智美
発 行 者　松丸仁
デザイン　雨奥崇訓（oo-parts design）
印刷・製本　株式会社 暁印刷
発 行 所　株式会社 ガイドワークス
編集部　〒169-8578　東京都新宿区高田馬場4-28-12　03-6311-7956
営業部　〒169-8578　東京都新宿区高田馬場4-28-12　03-6311-7777
URL　http://guideworks.co.jp